～キテレツ洋書ブックガイド～
世界珍本読本

Bizarre Book
from around the World

どどいつ文庫

社会評論社

まえがき

　ハイ、というわけで、本書は、世界のキテレツ洋書専門店を不遜にも名乗る超零細輸入書籍個人書店「どどいつ文庫」が過去約15年のあいだに取り扱ってきた珍本から、200冊分を選び、その特徴を詳細に記したものです。

　ヒドい。オカシい。ヘンだ。アホだ。時と場合によって同じコトバが正反対の影響をひとおよぼすことは多いですが、否定的な印象の強いコトバで適度にブレーキをかけながらでないと、ホメるのがちょっと恥ずかしいようなところがチャームポイントになっている本を紹介する場合、ホメ言葉のつもりが悪口に見えてしまう程度ならばまだよいのですが、ふさわしいホメ言葉を探している間に、本を説明するための文章が、いつの間にかネジくれて意味不明の状態に陥っていくという悲惨な事故がおこりがちです。

　ところが、オカシい本をオカしげな文章で説明しようとして失敗してる状態のほうが、結果として本の雰囲気にあっている場合も時々はあるのを口実に、用語用字の不統一や誤字脱字を含め、文章の意味不明部分を積極的に放置することが当店の骨細な営業方針になっています。

　今回の出版に当たっては、弊店唯一最大の特色である宣伝文の支離滅裂さ加減を、適度に薄めるための努力を加えていますので、読みやすさの点では改善された部分がどこかに少しは隠れてあるはずなのですが、そのような細かい長所は思い切り無視してどこまでも、気のむくままに、これはヒドい！これはアホぢゃ！とお楽しみいただければ幸いであるまする。

どどいつ文庫・東京ショウルウムは、新宿区と豊島区と中野区と練馬区の境界線ちかくから転進。怠倒区と舞雲狂区と亀他区と唖裸可愛区の境界線ちかくの2号店でタラリタラリと営業中です。本の配達その他モロモロでショウルウムが留守になることもありますため、ご来店のさいには、ご来店ご希望日時をできれば第2希望まで電気メールでお知らせくださいませ。

2

目次

2 まえがき
3 目次
5 放置自転車写真集
6 野外に放置されたショッピングカート写真集
7 氷上再舗装用特殊自動車写真集
8 元祖アートカー写真集
9 写真でみる霊柩車の流行や流行遅れ
10 荷物のせ過ぎバイク＆カー写真集
11 宣伝用はりぼてカー写真集
12 サイバー靴フェチ画集
13 殺人ハイヒール靴写真＆イラスト集
14 纏足用の靴コレクション
15 ヴァイブレーター大図鑑
16 おかしなチューインガム包装紙コレクション
17 アンティーク医療器具イラスト図鑑
18 悪趣味弁当箱
19 コンドーム外箱コレクション
20 ニッポン野球カード
21 インドの奇天烈マッチ箱デザイン集
22 ジッポライターが語るベトナム戦争秘史
23 糖尿病切手コレクション
24 世界の地下鉄路線図大図鑑
25 世界の労災事故警告ピクトグラムコレクション
26 アフリカ文字採集図鑑
27 お金に描かれしヘンなイラスト集
28 メタルバンド名前事典
29 断絶王室絵ハガキ写真集
30 地下核シェルターの歴史
31 鉄条網完全図解カタログ
32 「世界」という意味ではない「World」看板コレクション
33 葬式関連アイテム全分野の収集マニア養成ガイド
34 アメリカのゴキブリ
35 毛虫野外観察写真図鑑
36 金属植物写真集
37 消えた最先端製図用特殊文房具博覧会
38 胎児学標本の歴史
39 メキシコの医療市場で見付けたヘンなパッケージデザイン
40 UKロック世代少女期のお人形
41 とある駄本書店まがいの空白の履歴書
42 ゴミ捨て場から救出された教授コメント付き受験履歴書の写真集
43 盲学校生徒写真集
44 看板文字に「ファック」を足したオキュバイ写真集
45 ゴミ屋敷おそうじ突入現場お写真集
46 泡沫サイテー芸能人自己PR悪趣味写真集
47 類人猿ヒューマンポートレイト写真集
48 ヘンテコ入れ墨自慢写真集
49 有名人の同姓同名さんたちを訪ねる写真旅
50 ゲーマーと本人なりの見比べ写真集
51 口の中のピンホールカメラから見た世界
52 あり得ないモノに出没する謎の人面騒動コレクション
53 顔に見える風景写真集
54 野外トイレ写真紀行
55 海外トイレ紀行
56 女性アーティスト野外おしっこ世界放尿
57 メキシコセレブたちの悪趣味豪邸写真集
58 廃墟の壁の写真集
59 廃滅の本だな写真集
60 廃車ハンティング全米ツアー
61 レゴで作った始めにレゴありき聖書
62 犯罪現場再現ミニチュア人形館写真集
63 テレビドラマを再現したインテリア集
64 オウムの名場面コスプレ写真集
65 恐怖のピエロ達
66 1970年代人気ホルモン過剰男優写真集
67 マイワールド徹底追及マニア活動実況写真集
68 スピード写真BOX写真集
69 ハイエナ見世物家族写真集
70 世界最古ハンバーガーチェーン発達史
71 文字系入れ墨写真集
72 エクストリーム・アイロニング
73 路上生活少女少年写真集
74 辺境の地の知られざる超巨大野外作業現場
75 モロッコの女耳なし芳一写真集
76 全盛期の見せ物小屋業界御用達ナンバーワン写真家の遺作集
77 擬似家族仮面写真集
78 黒人シャム双生児姉妹スター伝
79 21世紀の珍本とは？
80 全身裏返しテディベア写真集
81 毎日作るドクロアート
82 有名事件裁判の実況中継画集
83 ディスカウントショップ名画集
84 ソ連共産党幹部たちが議事中の退屈しのぎに描いた似顔絵落書き集
85 実現後に中途挫折した先端プロジェクト悲惨実例
86 大量消費生産物の驚異的集積で描かれした写真モザイク画集
87 イギリス召使い肖像画の歴史展図録
88 特許申請済みのバカ
89 皮膚科医のアウトロー刺青コレクション
90 臭い本
91 有名スキャンダルの立体絵本
92 ガセネタ騒動500年史
93 犬が描いた絵画作品集
94 何気ない日常の仕草のコツをハウツーイラスト伝授
95 イヤラしい指づかい実習本
96 世界最古のストリートアート
97 安全必需用具用品アート展図録
98 お掃除目線の改良版世界美術名品集
99 地下映画館マニアおぢいサンの秘密建築名作品集
100 電脳廃人2340年史
101 へんな地図アートのコレクション
102 浪費アーチスト作品集
103 超現実主義亡命派展覧会
104 パフォーマンス怪人回顧展
105 ゲリラパフォーマー怪人図鑑
106 街角やり逃げアート写真集
107 ひきこもりアーチスト拷問収容所展
108 無名素人とんちんかん絵画名品選
109 お土産用悪趣味ビロード画
110 没収した女高生の落書きノートを素材にしたイラストアート競作集
111 1960-70年代俗悪表紙イラスト怪作集
112 残虐ガチむち拷問画集
113 悪趣味アート展図録
114 サヴァン症アーチストのウルトラ記憶力観察画集
115 飛ばない自家製飛行機アート写真集
116 幻視画家の大宮殿幻想画集
117 街で見かけたヘンな看板

3

118 反小児割礼絵本
119 悪趣味陶芸作家の展覧会図録
120 既存物馴れ合いアートの断面
121 黒い異教の儀式アート研究
122 ソ連アーチストの1960年代青春エロ落書き
123 さかさクラゲ式4次元刺繍アート
124 あの世の有名人に投函した手紙集
125 西洋ホモイラスト秘宝集
126 麻酔薬DM絵葉書コレクション
127 幻のNY万博ダリ建築館
128 女性アングラ漫画が描いた1980年代サンフランシスコの怪書店は実在したのか
129 キリスト教原理主義系カルト漫画家の徹底研究
130 スーパーマンの原作者が匿名発表した幻の変態マンガ
131 無頼派アンダーグラウンド漫画家65歳記念作品集
132 1970年代全裸カップルひとコマまんが
133 特大尻フェチまんが集
134 ジェフリー・ダーマーの級友が綴った実録思い出漫画
135 図説：音楽マンガの歴史
136 直撃メキシコ俗悪まんが界ルポ
137 架空の通販カタログセット風な奇抜雑誌
138 1940年代カナダ猟奇犯罪実話誌の再発見
139 1960-70年代最低最悪マガジン大図鑑
140「ビザールな本」（その1）
141 ハウツー・カー・セックス
142 自家製SEXマシーン開発マニア
143 イクイク男性肖像写真集
144 来日観光客の性風俗見物写真集
145 アメリカ人が驚嘆する日本のラブホテルめぐり
146 同性愛インターネット裸体露出者インテリア写真集
147 中東ラブリーランジェリー事情
148 超重量級女性ヌード写真集
149 一般人のラブレターを共有資源化する本
150 世界のお気トランプコレクション
151 ダッチワイフ同居生活者たちのお宅訪問
152 カップル居眠りヌード写真集
153 ベトナム娘と台湾男のお見合い業界ルポ写真集
154 1920年代お色気写真集
155 禁断秘蔵1920年代写真集
156 世界変態医学ウルトラ秘宝館まぼろし旅
157 SFの父が創刊した1930年代ビザールセックス科学雑誌記事復刻集
158 アフリカのナルシスティックアーチスト、コスプレ写真集
159 アシッド生殖器ユーモア画集
160 60年代ハレンチ小説カバーイラスト怪作集
161 同性愛共和国写真集
162 街頭ホモ解放区写真集
163 愛玩犬イヌ人間飼育なんでもガイド
164「ビザールな本」（その2）
165 心霊的がらくた写真集
166 世界の心霊スポットガイド
167 西洋心霊写真大全集
168 奇跡の集団心霊発狂写真集
169 人権圧殺精神病院告発写真集
170 最新版実録ミイラ本
171 お手軽電波除け防止作製マニュアル
172 帝政ドイツ末期のクリスマス悪魔カードコレクション

173「ビザールな本」とインターネット（その1）
174 映画ロケ現場付映画旅行ガイド
175 ポーランド西部劇ポスター集
176 1980年代イギリスZ級ビデオ有害指定パッケージアート
177 ポスターで見るサーフィン映画の歴史
178 最底辺Z級映画ミニコミ傑作集
179 子供向け偏向教育用短編映画集
180 家庭用8ミリ＆16ミリ映画メーカー研究
181 1940-2000の世界映画＆TVドラマに描かれたヒトラー
182 ヌーディストドキュメンタリー映画研究
183 お気に入り女優ヌギヌギ場面探し虎の巻
184 ビルボード100位目前で消えた流行歌集
185 非実在ロックバンド音楽事典
186 楽譜の限界を踏み越える音楽家たちの自己流楽譜大全
187 ゲテモノレコードジャケット集
188 人体音響作曲家CDブック
189 悪趣味パフォーマー・アーチスト・インタビュー集
190 最悪ロックTシャツ集
191 1980年代オカルチャーパンクス同窓会ブック
192 超レア音源CD付きサイケロック系カルト教団興亡史
193 人気ミュージシャンへの毒舌音楽評論
194「ビザールな本」とインターネット（その2）
195 1950年代創作料理ケミカルイラストコレクション
196 悪趣味料理レシピ集
197 意外性たっぷりの料理を使うインテリアート
198 全食肉事典
199 セクシー人形手作りケーキレシピ
200 オンデマンド出版社と21世紀の珍本
201 大失敗ファッション図鑑
202 奇妙なレトロ編み物アイディアコレクション
203 ヨーロッパ奇天烈ファッション資料集
204 超現実主義ファッションアート図鑑
205 オンデマンド出版社と21世紀の珍本その2）
206 ミニ独立国観光ガイド
207 世界最悪旅行ガイドブック
208 ヨーロッパの奇人変人観光ガイド
209 手づくり棺桶マニュアル
210 ゴミ漁りハウツー本第2弾
211 イヌ毛の手編み読本
212 ハゲ大全
213 電子書籍という幻想の終末と珍本の末路
215 あとがき

棒につながれた自転車

放置自転車写真集

ジョン・グラッシィ

横 =23cm ＊縦 =20.4cm
350g
ソフトカバー
90 ページ
2003 年
シカゴ
英語
Bicycles Locked To Poles
John Glassie

　交通標識の支柱やガードレールの足のように、根元を地面のなかに埋め込まれ、固定された棒や杭に鎖でつながれた状態で放置されている自転車たちの姿を、ニウヨウク・イーストヴィレッジ周辺で捕獲しまくった、自転車 87 台ぶんの写真 87 点を収録した、ポンコツ自転車写真集。

　巻頭に置かれた「もし飛べない鳥がいるとしたら、それはベンギンかダチョウか、死にかけているか、羽が折れているか、鳥カゴに閉じ込められているか、足をセメントのなかに埋められているか、あるいは、あまりのオソロシさという心理的要因が、鳥を飛行不能状態に追い込むようなタイプの実験の犠牲になっているかの、どれかなんでねーの（超誤訳）」とゆう、人工知能博士マーヴィン・ミンスキー『心の社会』からの引用文が、乾いた都会生活の非人情ムードをプチ演出。

　道ばたに放置された自転車から、部品があちこちと徐々にはぎとられて減っていく過程を進行度 1 から 4 まで 4 段階に分類し、主要部品 40 数点がどの写真の自転車はどの部品がなくなっているか、一目でわかる星取り表まで掲載。何かまるで厳しい修行のような気分で、かつて元気に走り回っていた頃には、当たり前のように自転車と呼ばれていたお道具が、自転車の記憶も薄れきった、金属製の奇妙なオブジェへと変化していく過程とのニラメっこが出来るようになっています。色合いは微妙に手彩色系で時間の軸を乱視ぎみに揺すり加減。

　自転車パーツを持ち去ったヒトや自転車を事故でわやくちゃに潰した自動車運転手はじめ、写真のなかには姿を見せない協力者たちのサポートで実現された、マイナスのボディービル競技会のような、ポンコツ自転車たちが全身の関節をうつ、無言のポエムじみた写真集です。

迷い子になった買い物カートたち　東北アメリカ篇

野外に放置されたショッピングカート写真集

ジュリアン・モンタギュー

横=16cm ＊ 縦=21.4cm
約410g弱
ソフトカバー
全カラー版
写真図版250点以上
176ページ
2006年
ニューヨーク
英語
The Stray Shopping Carts of
Eastern North America
: A Guide to Field Identification
Julian Montague

　ふたむかしも前には、海外のゾンビー映画などでみかけるだけだった買い物カート（ショッピング・カート）。今ではすっかりニホンのスーパーでもありふれた備品になったとはいえ、大型ショッピングカートが巨大スケールに大ざっぱな買い物客たちによってヒドく乱暴な取り扱いを受けている光景は、巨大駐車場を完備した巨大スーパーが無数にある巨大無法地帯ならではのもの。スーパーの敷地から外へと勝手に持ち出され「迷子」になったまま、最後にはスーパーからは遠く離れた街のなかや外などあちこちでボロボロになった無惨なすがたをさらしている、行き倒れ系の買い物カートが発散するモノの哀れムードに魅了された著者が、7年間にわたって撮影した250台もの迷子の買い物カート写真を、独自の分類によって整理。

　その時その場所で偶然見かけた迷子カート1台ごとの過去と未来を占いまでした、放置ポンコツ買い物カート野外観察図鑑ふうお写真集です。車体の色つやもすっかり褪せていて、骨格は歪んだり潰れかけたりしている買い物カートが、おもいがけない場所で寝転がったり倒れていたりする姿はまるで、ジャングル奥地や砂漠の生き物の白骨死体を現代都市生活のど真ん中でみるようでもあれば、ウドンのどんぶりで乳酸菌飲料を飲むような、難破した局地的プチ宇宙惑星探査機を見ているかのよう。スーパーマーケット専用道具に生まれつきながらスーパーマーケットとは無縁の荒野に押し出されたあげく、池や海のなかに水没寸前になっていたり、コンクリのヘドロに溺死寸前の買い物カートたちの姿は、絶滅危惧種生命体の苦悶を目撃したかのような錯覚を起こしそうなほどの、わけのわからない感動を呼びさまします。

ザンボニー：氷の上で一番冷たくてカッコいい自動車

氷上再舗装用特殊自動車写真集

エリック・ドレグニ

横 =24.6cm ＊縦 =23.7cm
約 790g
ハードカバー
カラー＆モノクロ図版豊富
128 ページ
2006 年
ミネソタ
英語版
Zamboni: The Coolest Machines on Ice
Eric Dregni

　ニポンでは手短に製氷車と呼ばれることが多い、氷上再舗装用特殊自動車の代名詞になっている「ザンボニー」。世界ぢゅうのアイススケート場で使い倒され親しまれている製氷車ザンボニーの、1949 年に開発された初号機から最新型までのすべてを、その元祖本家本元にして、今も製氷車業界ナンバーワンのザンボニー社が保管している正真正銘ホンモノの貴重資料図版や、ザンボニー社社員の証言などをもとに豊富な内幕話やエピソードをまじえてご案内。

　もともとは業務用の大型冷蔵庫の会社で旗揚げをしたザンボニー兄弟が、家庭電化ブウムの到来をみて、お先まっくらな業務用大型冷蔵庫の製造に見切りをつけて転業。冷蔵庫や冷凍庫製造のノウハウという武器を活かして新開発にまでこぎつけたのが、アイススケート場のキズだらけに荒れた氷の表面をツルツルぴかぴかに磨きあげる製氷車ザンボニー。鉄のカーテンをくぐって冷戦時代のソビエト連邦や中国にまでザンボニーを普及させ、スポーツ関係者に感謝されたというお手柄話やら、ザンボニーのオリンピック初登場の話やら、通常ならば会社の社内行事の参加者だけが聞かされて、聞いた瞬間にも聞いていないような貴重な話がダラダラ。

　そして図版では、1950 年代当時の美人プロアイススケート選手たちが花をそえるザンボニー宣伝ポスターはお約束どおりの当然として、ザンボニー社の創業者フランク・ザンボニーさんやその奥方の写真登場などサービス大盤振る舞いもありつつ、アイススケート場よりも砂利置き場が似合う、田舎のオッサンじみたザンボニーの勇姿を大きめ図版でどかんどかん投入。狭すぎるストライクゾーンが爽快な、特殊車両マニアうっとり本です。

アァっと自動車　変態するノリモノ

元祖アートカー写真集

モーリス・ロバーツ編

横=23.0cm ＊縦=30.4cm
約550g
ソフトカバー
オールカラー写真集
1997年
テキサス
英語版
Art Cars:Revolutionary Movement
Maurice Roberts

　常識の無さに文句を言われて説明をするのが面倒くさいときには、天下御免の魔法のことば「アート」とおでこに貼っておけばよし。そんな無責任アート乱発乱用の見本が「アートカー」。
　タイヤが空中で座席が頭の上にある天地がでんぐり返ったもう1台の自動車が屋根にどかんとのせてあるるシャム双生児みたいな自動車とか、野牛の内臓が自動車で、人力で引っ張るためのリヤカー風の棒が前からでていたりとか、車体改造が改造の範囲を超えているだけでなく、車体の範囲も超えるほどに好き勝手にアートをしているため、デコトラや痛車とは違ってもしニホンなら自動車検査登録に通る見込みがなく、公道を走れる可能性もゼロのバカバカバカーな妄想と執念と日曜大工根性で自動車の限界を超えた暴走っぷりを真空パック。
　手づくりアートカー伝道師ハロッド・ブランク写真集『アァっと自動車』『野蛮な自動車』に先駆けること数年、順番でいえば元祖アートカー写真集にあたる本書は、テコテアートカー野郎としてのほうが有名な偏執狂的モザイクインスタレーションアーチストのラリー・フエンテさんじきじきの表紙デザインで書籍そのものが竜宮城の乙姫様のお化粧ルームの壁を剥がして貼付けたようなギンギラギンぶり。この方面では間接的な祖先筋にあたる1930年代メキシコ移民ローライダーや、1960年代のサーファーやヒッピーの幻覚的高揚感を塗りたくった改造車の紹介も豊富にまじえ、町のゴミ捨て場に埋もれているキラキラ光るものや、壊れた人形や不法投棄場で救出した大量の産業廃棄物のモノノケたちが自動車の車体を乗っ取って、コノ世に還ってきたようなバカバカしく陽気でブキミなバカーが大行進。

8

亜米利加の霊柩自動車 1883-2003

写真でみる霊柩車の流行や流行遅れ

ウォルター・M・P・マッコール

横 =21.5cm ＊縦 =28cm
約 660g
ソフトカバー
モノクロ写真図版 300 点以上
160 ページ
2003 年
アメリカ
英語
American Funeral Vehicles 1883-2003
:An Illustrated History
Walter McCall

　棺桶よりも狭いようで広い世間には意外に同好の仲間も多い、霊柩車マニア歴 40 年を自称する著者マッコールさんが、霊柩車シロクロ写真 300 点以上で編んだ、写真図版で見る亜米利加の霊柩車の 120 年です。
　本書によれば、他の目的で作られた自動車の改造ではなく、最初からそれ専用に設計された霊柩車がアメリカに登場した正式な記録は 1909 年で、実際にはそれと前後して本格的な霊柩自動車が音もなく後から後から街角を横切るようになっていたらしーのですが、にも関わらず本書の題名は「1883-2003」。つまり、霊柩自動車登場の前史にあたる霊柩馬車の時代から説き起こして、霊柩車デザインの移り変わりを拝観できるようになっています。廟堂を覆う襞つきカーテンをうわべだけなぞった、彫り板細工を側面に取り付けた馬車時代からの形式をそのまま引き継いだ 1910 年代までの初期型霊柩車。旧来型を押しのけて、短期間に爆発的流行になった 1920 年代の車体スーパーロングで車高高のリムジン型。装飾過剰気味の初期型が一時的に復活し、ゴシック・スタイルも登場した 1930-40 年代。アメリカの自動車産業界が絶頂期に突入するのと歩調をあわせて、クロムめっき、テールフィン、白壁タイヤ、8 亀頭エンヂンなど、いはゆる典型的アメ車の悪徳をすべて兼ね備えた 50 年代霊柩車。洗練化が進んだ 60 年代。小型化にむかう 70 年代。
　時期ごとの代表的な霊柩自動車メーカーやタイヤメーカーなどの動向や、勢力分布の移り変わりなどもまじえ、霊柩車をめぐるウンチクも積み込まれ、知らず知らずのうちに横になって棺桶に寝そべって読んだりしていると、周りを見たら炎に包ていそうな危険コレクション。

お持ち帰りのカンボヂア

荷物のせ過ぎバイク&カー写真集

コナー・ウオーク、ハンス・ケンプ

横 =20.2cm ＊ 縦 =20.2cm
約 440g
ソフトカバー
カラー写真集
144 ページ
2010 年
香港
英語版
推定対象読者年齢 :4 才〜 120 才
Carrying Cambodia
Conor Wall, Hans Kemp

　車体が完全に埋もれて見えなってしまうぐらいにバカバカしいほど大量の荷物がくくりつけてあるせいで、道路上を高速移動する異形の即席アウトサイダーアートにしかみえないベトナム名物・荷物積み過ぎバイクの勇姿を取材した珍世界観光写真集『重荷とバイク』の姉妹編、カンボジアの荷物積み過ぎバイク&自動車写真集です。
　バイク走行中の男の腕に点滴が刺さっていて、バイク後部の荷台に座っている女性が高く上げた手に点滴液のバックがある程度のことは朝めし前なのか朝めし抜きなのか、戦災からの復興では何メートルか前を行くベトナムにも負けず劣らずの豪快な生活力や強引な運搬力で走ること走ること。ずいぶん巨大サイズの帽子をさらに上回る大きな荷物をぢぶんのアタマの上にのせている行商のオバさんたちも、ぴかぴか黄金色に輝く仏像も、肩に担いだテンビン棒の先のザルに火を起こした七輪や、その七輪の上で直火焼きしている焼き鳥をのせたヲジさんヲバさんも、重低音強化型の B ボーイ御用達系ラジカセをぶらさげたお坊さん 3 人組も、強引さを燃料代わりにしてありあまる荷物を持って出かけるヒトたちばかりが屋根の上に 100 人乗ってもコワれない物置を自転車につないで、たった 1 人で漕いで行くひとも、みんな走る走る。
　そして、ベトナムの荷物積み過ぎバイク写真集が、荷物を積みすぎで走っているベトナムの自動二輪車に興味のおもな重点がおかれているのに対して、こちらカンボジアのは、ラクラクと各種荷物積み過ぎを余裕でこなす限界知らずに伸び伸びしている素朴なひとたちの素晴らしく柔らかい表情や笑顔が最大のみどころ。
　都市型文明にくたびれちゃった読者への滋養強壮味あふれるお助けエキスです。

ポン引き用ぢどうしゃの素敵に変ちくりんな世界

宣伝用はりぼてカー写真集

ジェイムス・ヘイル

横=25cm ＊縦=25cm
約525g
ソフトカバー
カラー＆モノクロ図版満載
104ページ
2005年
イギリス
英語
The Wonderful Wacky World of Marketingmobiles
:Promotional Vehicles 1900-2000
James Hale

　お店や工場で製造販売している品物のかたちを、そのままデッカく拡大したハリボテを車体にくっつけて、チンドン屋さん代わりに路上をうろうろ巡回する、街頭宣伝用へんてこ営業自動車ばかりを集めた写真集です。

　上半身がホットドックのカー。側面パネルがVOXギターになっている上に、演奏用機材もスタンバイして車上ライブ、いつでもオーケイなエレキギターカー。消防士さんや火災保険の営業担当などが見かけたら怒りそうな、着火ちゅうのジッポのはりぼてライター・カー。薬缶や食パンのカー。走る礼拝堂カー。空き瓶型カー各種、靴型カー各種、スパム自動車やハイネケンの樽型カー。それにカーだけでなく、歯磨き粉に車輪をつけた乗用車や自転カー（車）。などなど、うごくものや車輪でごろごろ走るものが大好きな、おぼっちゃんおじょうちゃんが、デタラメなおもいつきで描いた落書きが、現実の世界にまろびでてしまったような、見事なほど何にも考えていなさ毛な1930年代〜現在生まれの自動車カーたちのカラー＆白黒写真をざくざく収納。いはゆる想像力などとゆう、高級なおダシもオミソも一切ヌキで、ただ品物をたくさん売り付けてもうかりたいゾーとゆう欲望が、ありあまるだけ余り過ぎるそのままに巨大に物質化してしまったとしか見えない、視野狭窄系改造車のオンパレード。

　似たような車が健忘症的にあちこちの頁のあいだを徘徊していたりもして、意識的にじぶんの世界観を、よりいっそう幼稚に狭く小さく縮めていくことばっかりに集中することで、よりいっそう鮮明に浮かびあがるモノノケ自動車たちの幻覚的ボディーラインと、それを支える経済観念の異常発達した素顔を結ぶ、フザケた態度には通りゃんせ信号の脅迫感が。

二進法エロチカ

サイバー靴フェチ画集

ツバサ（ビル・リーチャード）

横=16.0cm ＊ 縦=23.5cm
約 300g
ハードカバー
オールカラー画集
96 ページ
2007 年
カナダ
英語版
Binarotica
Tsubasa

　コンピューターのお絵描き機能を長年使い慣れたオトナの玩具のようにネチッこく使い描きたおした、変態妄想未来ハイテク拘束具も盛りもり沢山なデジタル靴フェチ画集。

　アトランタ発の呪物偏愛雑誌「留め金」編集長で、ベルギーのオシャレな変態雑誌「秘密（しいくれっと）」などでも活躍中の、デヂタル変態画家ツバサことビル・リーチャードさん初のサイバーSF風フェチ靴画集です。

　靴底そのものが、渦をまきながら迫り上りあがっていたり、刃物のようになっていたり。あの手この手を駆使した厚みと不安定さがすでに拷問的な靴底に支えられることで、ピンヒールの高さが10インチ（25.4センチ）を軽々と超えて、ふつうの婦人靴を垂直に立てたより高い位置にカカトがくる、気取った竹馬のような異常なハイヒールたち。それ自体がはりつけ台そのもののような、ハイヒールの魔の抱擁を受け爪さき立ちで宙づりになった足ユビや反り返った足首。冷たくサドっぽい金属の光沢と有機的な柔軟性をあわせもつハイテク素材風のテキスタいるから、長さにも大きさにも邪悪な変化を持たされたトゲトゲを突き出しなながら、人身御供状態のモデル足に絡み付くコンピューター駆動の巨大寄生虫のような装飾部品は、歩行などという退屈な仕事を足にさせて靴を無駄に摩耗するぐらいならば、足で歩けなくさせてやるほうがましだと考えているかのような、靴フェチの神殿ここにありムウドを盛り上げています。

　あまりにも強度な靴フェチ妄想から立ち上る湯気で、作者の視野が曇りきっているからなのか、これ以上は上手に靴の絵を描けないからなのか、靴フェチなのに靴には見えない絵でいっぱいいなところにもグッと惹かれてしまいそうです。

スティレット（短刀型ハイヒール靴）

殺人ハイヒール靴写真＆イラスト集

キャロライン・コックス

横 =22.3cm ＊縦 =31cm
約 1.3kg
愛蔵版ハードカバー
カラー図版満載
168 ページ
索引付き
2004 年
ニューヨーク
英語
Stiletto
Caroline Cox

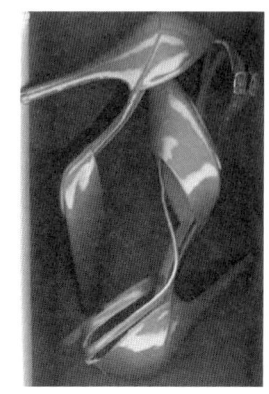

　ルネサンス時代の暗殺者たちや、イタリア・シチリア島方面のマフィア集団が暗殺用の道具に使うのを好んだという、鋭利な短刀の呼び名「スティレット」をそのまま通称に流用した、鋭く尖ったカカトのデザインが目印のハイヒール靴「スティレット」。その独特な魅力の左足と右足を、写真＆イラスト図版中心に愛玩するハイヒールフェチびじゅある集です。

　16 世紀ごろに軍人の乗馬用のお靴として開発され、のちには上流婦人のお靴として召されていたハイヒールを、新時代風に仕立て直してで 1950 年代に復活させたフェラガモやディオールの、まだまだ上流臭いかたちがスティレット復活の第一歩。1960 年代になると、まずセクシィ映画女優たちがこぞって愛用。世界的にも床板踏み抜き事故や、他人の足の粉砕事故が社会問題化したほどのスティレット靴の大流行。昼間の顔は、女性の背たけを高く伸ばす女権伸長のシンボルで、夜の顔は、女権乱用をねがうマゾ男性にとってのハイヒールフェチのシンボルだったり、マニア限定むけ秘密フェチ＆ビザール雑誌紙上でのアイドル的物神だったり。1970 年代末期のパンクぶうむにのって登場したヴィヴィアン・ウェストウッドによるスティレットブーム再燃から、お茶の間えろコメディ「SEX AND THE CITY」の靴フェチ女性キャラの強力なあとおしで有名になった、マノロ・ブラニクやおサカナ恐怖症とゆうクリスチャン・ルブタンが鯖の皮でこさえた特製スティレットまで。

　カカト部分の先端の面積を極限まで最小化するために、摩天楼最高層ビルヂング群の構造設計を応用して作った、錐のように鋭いスティレットの靴うら刃が読者の秘孔をも突き通しそうな勢いのマニア本です。

光り輝く室内履き　官能的伝統 1000 年

纏足用の靴コレクション

ビバリィ・ジャクソン

横 =25.5cm ＊縦 =25.2cm
約 840g
ソフトカバー
美麗カラー図版満載
184 ページ
索引付き
2000 年
カリフォルニア
英語
Splendid Slippers
:A Thousand Years of an Erotic Tradition
Beverley Jackson

　子どもの体が成長しないように首だけを外に出して、残りの胴体を壺のなかに閉じ込めて見世物用の人工的なこびとを栽培する。そんなグロテスクな都市伝説にみられる人体盆栽化妄想の、伝統的リアルばーじょん纏足。3 本足のひとが外出するために左右真ん中 3 個で 1 揃いの靴が必要になるのと同じ理屈で、纏足の風習が生きていた時代には、纏足専用の靴というものがあったのだそうで、著者、推定年齢 60 才以上の白人のおばあさんビバリィ・ジャクソンさんは、第二次大戦前夜サンフランシスコのチャイナタウンでこども時分に見た、刺繍入りの纏足用のキレイな靴の素晴らし印象が忘れられず、大人になり生活も落ち着いて何か趣味でもという時に、真っ先に思いついたのが 30 年前にみた纏足靴の記憶。それ以来、纏足靴を買うための中国旅行を繰り返す、纏足靴コレクターとしての第二の人生が始まったのだそう。

　本書以外の当店お取り扱いの纏足関係書籍に写真集『 ひと足ごとに蓮の花 』がありますが、『 ひと足ごとに蓮の花 』が纏足用の靴コレクションにのみ視線を集中しきっているのに対し、この『光り輝く室内履き』は、纏足という珍妙無類な習慣を、女性の「まともな」結婚には絶対にかかせない大事な社会的風習だと信じさせていた、エロちっくな魔法のヒミツの探求にも熱心なのが特色で、「綺麗な」靴の写真だけでなく、靴を脱いで纏足の素足をみせた写真や、纏足によって完全に変形している骨のレントゲン写真、あるいはまた、纏足靴をはいて綺麗に着飾った女性たちの晴れ姿を映した記念写真など、纏足と纏足靴の両方から発散される、性的オーラの残り香までを図版と文章の重ね履きで鑑賞できるマニアック本です。

電動ぶるぶる器　世界最高の名器 100 選

ヴァイブレーター大図鑑

ギャビン・グリフィス
写真＝ポール・ブランデル

横 =20.0cm ＊縦 =13.8cm
約 370g
ハードカバー
オールカラー写真集
150 ページ
2007 年
ロンドン
英語版
Vibrators:
100 of the Best Vibrators in the World
Gavin Griffiths, Paul Blundell

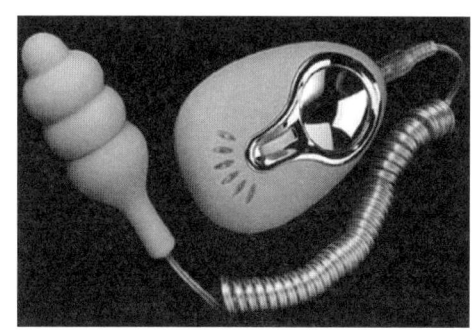

　江戸城大奥の女中さんの使者が人目を忍んでお買い物に行った性具販売所・四つ目屋の時代からパソコンさえあれば誰の目も気にせず、自分の部屋で恥ずかしい姿のままでも通販の手配が可能なインターネット通販へという時代の変化にともなって、直感で選ぶものから情報量で選ぶものになったオトナの性玩具。植物素材や動物素材を気むづかしくドスケベイな職人さんが手作りしていた時代とは違い、金属や化学合成素材や電線や IC チョップなどを大工場のマシンが大量生産加工した多感高性感な性具から、自分好みのモノを選ぶのにもねじり鉢巻で腰くねくねしながらのベンキョウが必要なマヌケな時代にふさわしい、実用性よりおマヌケむうど優先の和やかなでカラフルな現代ハイテク性玩具図鑑です。

　電動ぶるぶる名器 100 点の選定と「外観」「独自性」「精妙さ」「持ち運び」「絶頂度」の採点はイギリスで刊行されているレディス読者向けお色気雑誌『緋色（すかあれっと）』編集部が担当。「先進国においては成人人口のうち自分の所有物としてオトナのおもちゃを持っているヒトの割合は、およそ 22％にのぼる」との序文にインチキ臭さを感じなら頁をめくってみると、外見が電動ぶるぶる器（ばいぶれえたあ）に見えないどころか、性具にさえ見えない性器具、たとえば、コドモがお風呂で遊ぶためのオモチャのアヒルさんと間違えそうなほどそっくりに似せた外見の性具、ニンジャの秘密の武器のような外見の性具、美容器具やお化粧用品にしいか見えないような性具など、外観の何くわむ顔つきで本来のエロい使い道を思い切り、ゴマかしたデザインの落差の大きさがニタニタ笑いを誘う変な性具たちが手招きしています。

15

オカシな包み紙たち

おかしなチューインガム包装紙コレクション

アート・スピーゲルマン
ビル・グリフィス

横 =15.0cm ＊縦 =18.0cm
約 200g
ハードカバー
カラー図版集
240 ページ
2008 年
ニューヨーク
英語版
Wacky Packages
Art Spiegelman, Bill Griffith

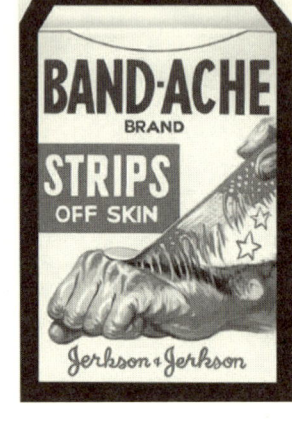

　ゴムと唾液を歯やベロでこねて遊ぶヘンタイちっくなオモチャであるチューインガム本来の味わいをひときわ貶めるために、胸くそのよろしくなあい悪趣味オマケシールしりいずの数々を開発したので有名なのがチューインガム製造販売メエカア・トップス社。ヌポンでは、誕生時からブキミなキャベツ畑人形をより一層りあるにブキミに悪趣味にしたゴミ箱キッズ、ブキミくん、GARBAGE PAIL KIDS しりいずが有名ですが、このシリーズに先行すること 10 年以上の 1960 年代～70 年代前半に発売されたのが元祖悪趣味おまけシール「オカシな包み紙」シリーズ。いまでは地元ごみ屑かみクズ収集マニアたちだけでなく一般の後退中年老年までを巻き込んで、ワニの眼筋を生しゃぶりするほど大量のモノ欲しヨダレを垂れ流させる TOPPS 社謹製元祖悪趣味おまけシール「オカシな包み紙」シリーズが、発売 35 周年を記念して奇跡の単行本化。
　大手有名企業の製品の包み紙や箱のイメエヂ画を、廃人的せんすでダメ化すればするほど大変にヨロシーとゆー努力目標は、髪の毛もヒゲもボーボーのおっさんが浴槽のなかでうきうきとタオルでからだをコスっている「役立たず洗濯用消臭剤」とか、ナットやボルトが大量に混入した即席ヘビーコーヒーをいれた巨大カップを差し上げて顔を真っ赤にしているハゲおやじとか、ミミズだらけでイヌを悩ませるドッグフードとか。オトナよりコドモ、コドモより幼児が喜びそうな幼稚な思いつきばかり。30 年以上前の時点ですでに古臭かったはずの、大幅に古めかしい昔の有害人工着色料を連想させる懐かし色のインクで渋く苦く描かれた、70 年代悪趣味かるちゃーのアタマわるぅ〜い感の記録です。

医療器具たちの古道具

アンティーク医療器具イラスト図鑑

文・イラスト=キース・ウィルバー医学博士

横=21.7cm ＊縦=28.0cm
約500g
ソフトカバー
オールモノクロイラスト集152ページ
2003年
フィラデルフィア
英語版
Antique Medical Instruments
Keith Wilbur

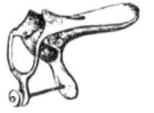
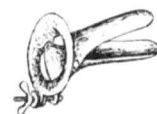

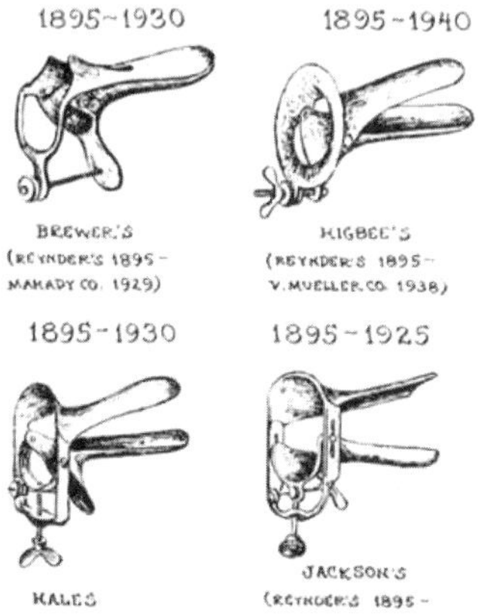

　ひとりの患者さんから贈られた用途不明の古めいた医者の道具箱にはいっていた特殊な形状のノコギリが、南北戦争のころ頭蓋骨に穴を開けたりするために使われる器具だということを知ってから、医療器具の収集マニアの道にづぶづぶ溺れていったという医師キース・ウィルバーさんが、イラストも文章もみずからの手で執筆したアンチック医療器具いらすと大図鑑です。

　序文でウィルバーさん自身が、医療器具には、診断、とくに初期段階での治療に必要な診断で使うための診断用器具や検査用器具と、実際の具体的な治療を進めるために欠くことのできない治療用器具の二大分野（？）があるそうで、本書では、診断器具の紹介だけをします。とあるのですが、巻末近くには、メスやら外科用ハサミやら、むかしの婦人科で使われていたとゆう、妊婦の胎内から胎児の頭蓋骨に穴を開けてひっぱりだすための道具やら、銃創のキズぐちから弾丸を摘出するための道具、壊死のはじまった手足をきりはなすための道具など、見るからに痛々しい医療器具イラストのコーナーもあります。診断用器具のほうは、顕微鏡の変遷で始まって、打診用の板やトンカチ、打診板や打診槌、鼻の穴のぞき器、ベロ押さえ、血圧測定器具各種、しゃ血（血を抜く治療）に必要な器具、呼気の測定器、医者が持ち歩く診察カバンまで。手描きイラストも手書きのまま印刷されている文章もすべてウィルバーさんが書いたそのままで印刷されていて、同級生が借してくれたノート風。ホンモノとニセモノの間の垣根がおそろしーほど低かった医者たちが患者に襲いかかりながら振り回した、医学的凶器の持つ滅亡した方言のように力強くへなちょこな味わいほんのり。

べんとう箱の内幕と外幕　マンガ、カルト TV あんどビヨ～ンど
悪趣味弁当箱

ジャック・ミンゴ
エリン・バレット

横 =20.5cm ＊縦 =19.1cm
約 450g
ソフトカバー
カラー図版満載
178 ページ
2004 年
ニューヨーク、英語版
Lunchbox
:Inside and Out
; From Comic Books
to Cult TV and Beyond
Jack Mingo, Erin Barrett

　金属製のお弁当箱に、お食事とも学校ともまったく無関係しかないテレビや漫画や映画や芸能界などの人気キャラクターやアイドルスターたちの絵をコテコテに描いたものが、売れに売れまくり、そして売れなくなって姿を消して行った 1950-80 年代の、悪趣味教育にだけ役立ちそうなガラクタべんとう箱（あんど魔法瓶少々も）のビヂュアルこれくしょん本です。

　例えば出だしの「西部劇」の章では、馬糞臭いわ、砂埃まいあがるわ、拳銃やライフルやマサカリが台所の調理器具に見えるはづもないわ、馬に乗った列車強盗がお仕事の真っ最中だわと、お弁当箱ほんらいの素質をまったく無視したふしぎな絵柄が並ぶなかに、ウマ、イヌ、オオカミ（？）などがさりげなくしっかりと食い気をそそっていたり。子ども騙しの王道を行く、ヒドい絵柄が場末の見世物テント小屋の看板をホーフツとさせる土俗アートの次元にまで高ぶったものが読者の目玉にスパイス状の快感刺激を吹き付けきて、お絵描きの題材になっているテレビや漫画や映画や芸能人たちを全然しらなくても呆れたり、笑ったり感心したりできる絵柄がある一方には、ただ単に幼稚ぽい絵柄のべんとう箱もあり。レイアウト的にも、大きめの図版を 1 ページに 1 点だけ掲載してある見やすい頁もあれば、弁当箱や魔法瓶の図版を 1 ページにつき 5、6 点も押し込んで、1 つずつの図版が見づらいページもありといった粒の不揃い加減が、欲張り過ぎて喰い散らかしたような印象を産み、紙面上で弁当箱と弁当箱同士が、食事の邪魔になるような小競り合いを展開。終焉もとうに過ぎたテレビ中心型押し売り販売文化の夜空に浮かぶカラフルでぶさいくな星座ショウをみる思いです。

18

アナタの恋人ゴム忘れるナ！　趣味のコンドーム収納容器あつめ

コンドーム外箱コレクション

G・K・エリオット
ジョージ・ゲーリング
デニス・オブライエン

横=16cm ＊縦=23.6cm
約670g
ハードカバー
160ページ
カラー図版満載
1998年、アメリカ
英語版
Remember Your Rubbers!
:Collectible Condom Containers
George Goehring and Dennis O'Brien

　コンドウムを使いたいか使いたくないか、人生のパンツの中の機微に直接おタッチするようなムツカシー趣味のモンダイは脇において、オトナからオトナまで誰にでも楽しめる倒錯的な無用品集め、避妊用コンドームの入っている容器、外箱を集める骨董趣味を満喫するためのガイド図鑑です。

　採集地はアメリカ。年代はヒイおばあさん、ヒイおぢいさんや、ヒイヒイおばあさん、ヒイヒイおぢいさんたちがまだ旺盛な生殖能力を持て余していた時分がメイン。外箱のデザインは、水平線にお太陽さまが半分だけ顔をのぞかせている湖面すれすれを通り過ぎる飛行船（ブランド名「アクロン旅行者用チューブ」）。前足を跳ねあげビミョウな体勢にそりかえるシカ（ブランド名「Apris」）。先端が尖りぎみの糸コンニャクみたいな尾羽根を誇示したいのかしたくないのかボンヤリしている野鳥（ブランド名「貴族」）。羽飾りをつけたストロング金剛みたいなインディアンの横顔（ブランド名「大酋長」）。無声映画版『ベン・ハー』（ブランド名「二輪戦車」）など、避妊用具とのつながりがピンとこないもの。ボーリングでスペアを取っている（ブランド名「スペア」）や拳闘選手（ブランド名「王者」）など、避妊との関連がうっすら想像できるもの。ゴム農園で働かされる黒人奴隷（ブランド名「Texide」）のように直球勝負でマトを外してるもの等、コンドーム的防御パワーで理解を妨げているむつかしーデザイン多数。

　コンドーム外箱の材質は、一部の、丸くて平べったいアルミ缶紙製以外は、ブリキの四角い箱が多数。骨董品屋での時価相場価格も書き添えてあり、これ1冊あれば避妊具外箱コレクターへの道が拓けそうです。

サヨナラ・ホームラン！　ニポン野球カード

ニッポン野球カード

ジョン・ゲイル、ゲイリィ・エンジェル

横 =17.5cm ＊縦 =25.4cm
約 680g
ソフトカバー
カラー&原色図版満載
192 ページ
2006 年
ニューヨーク
英語
Sayonara Home Run!
:The Art of the Japanese Baseball Card
John Gall, Gary Engel and Steven Heller

　野球とゆうお遊戯を原産地アメリカから輸入したついでに、野球はカッコいいとゆうイメージを子供の脳みそにベッタリ塗り付ける宣伝道具として、選手の勇姿を印刷したお子ちゃまむけの紙製のぺらぺらオモチャ「野球カード」作りの技法も、アメリカから輸入したクニは、キューバ、プエルトリコ、ベネズエラ、ドイツ、南アフリカなど数多くあるらしいのですが、それらの中でも 20 世紀初期から 1960 年代にかけて量質ともに、アメリカ製野球カードの猿マネといって一言でかたづけるには、あまりにもバカバカしく目ざましい退化をみせたニッポン駄菓子屋さん系のソレを、ニッポン野球カードこれくたーとしてすでに数冊の著書もある好き者、ゲイリィ・エンジェルさんらが音頭をとってご披露してくれた素敵にヒドすぎな「野球カード」デザインこれくしょんです。

　直訳のまま「野球カード」というと、今では真っ先に思い浮かぶのはトレカですが、本書が重点的に取り上げているニッポンの「野球カード」はメンコ、絵はがき、ブロマイド、カルタなど野球選手を印刷した安手の紙製のおもちゃや鑑賞用商品のこと。キャッチボールのし過ぎで 10 本指を 15 本ぶん突き指した手にグローブをはめたままで描いたのではないと思うほど、ヘナヘナした画力を競い合うように権利かんけい一切無視で、さらさらっと描かれた 1934 年（昭和 9 年）にベーブ・ルースをふくむ大リーグオールター選手一行が来日したときの便乗カードや、エノケンや阪東妻三郎や力道山と肩を並べる野球スーパースターの太陽ロビンス本堂保次や、急映フライアーズ大下のあんまりにも単調な無表情っぷりの魔球感覚を通訳ぬきでガッチリ受け止めたい異文化スポーツ代理体験本です。

20

印度のともし火

インドの奇天烈マッチ箱デザイン集

ウォーレン・ドッツ

横=21cm ＊縦=14cm
約400g
ソフトカバー
オールカラー図版集
142ページ
2007年
バークレー
英語版
Light of India
Warren Dotz

　マッチの本場はインド？　なんで？　マッチ箱に貼付いている絵の絵柄をくらべて見たら、インドはオモシロい絵のついたマッチ箱の本場なのじゃあ。とゆう事実に他のマッチ箱コレクターよりもひと足早く注目した、アジアンぐらふぃっくマニアのウォーレン・ドッヅさんご自慢の珍蔵品を、オール総天然色カラー図版でご紹介するビジュアルコレクション本です。

　ヒトも神さまも含めた生き物・動物全般系が絵柄の題材としてはいちばん多く、それ以外もどれも、字がまだ読めない幼児から小学校低学年むけ絵本でよくみるような、植物や、のりもの、たてものなどを、絵柄そのものも幼稚っぽい雰囲気で描いてあるものばっかりで、そのどれもこれもに共通する一大特色は、クラゲや海草でももうちょっとシャッキリしていないかしらんと首を傾げずにはいられないような、くにゃんとした脱力ムウドなのです。

　逆に例外を強いて探してみると、どうぶつの中ではおとなしい印象があるゾウさんたちが、インドのマッチ箱の絵にしては、存外コワそーな感じがするのがためなぐらいで、あとは、ベンガルの人喰い虎にしてもライオンにしても猛獣の貫禄はどこへやら、イヌ科やヒト科やラッコの親戚のような珍獣の仲間へ変身してもへっちゃらなお気楽さで、そこいらをヘラヘラと闊歩。何百年もむかしに滅びてもいつでも元気いらずで悠久も無休も連休も桁はずれの天竺インドの砂利や、小さな石ころを持ち上げるのにわざわざ睾丸パワーを使ってみたりする呑気さ加減と同質のなごみ感が、読者の気骨の髄にまでジンワリ浸透します。着火用の紙ヤスリを側面につけたマッチ箱イメエジの特製ケースに書籍本体が収納されている凝った造本の1冊です。

21

ベトナム帰りのジッポライター

ジッポライターが語るベトナム戦争秘史

シェリー・ブキャナン

横 =24.8cm ＊縦 =23.0cm
約 960g
ハードカバー
オールカラー写真集
180 ページ
2007 年
シカゴ
英語版
Vietnam Zippos
Sherry Buchanan

　「汚い戦争」と呼ばれたベトナム戦争の大量殺人現場で、ヒトごろしという究極のフマジメな仕事を真面目にこなしていた平均年齢 19 才の 300 万人米兵たちが、1 人最低でも 1 個ずつは持っていたというジッポライターの、戦地で描かれた誰も読まない自殺遺言書のような落書き入りヴァージョンのみをコレクション。
　ベトナムでのジッポライターには、厳しい環境下でも消えない炎を作る道具、密林のなかで孤立したときに、空中の飛行機に救助信号を出す道具としての信頼度が抜群に高いというオモテ向きの使用法だけでなく、ベトナム人の村落を襲撃して焼き討ちにしたり捕虜を拷問しあり、戦死した味方の兵士の遺骸を戦況の必要上からその場で火葬にしたりするなど、ナパアム弾にも劣らないほど強力な携帯用の火器としてのウラ技的使用目的もあったという、ジッポライターの死神イメージを増幅する豆知識や、出征兵士も、徴兵から逃亡した坊ちゃんお嬢ちゃん大学生とも、「ラブあんどピース」「たのしいセツクスがせんそうを無くす」「セツクスと魔法医学とロッケンロール音楽」など同じ世代同士は同じ流行語で喋っていたという戦争反対メッセージ臭もあるホノボノ豆知識などの解説、ベトナム戦地での落書き入りジッポライターにちょこちょこ顔を出すスヌーピー人気にも触れたベトナム戦争年表、タイの赤線で休暇をすごす兵士たちなどの記録写真、ベトナム戦地用語集など、落書きを描いた兵士たちの気分を想像する手がかりになる記事や話題おまり混ぜつつ、ジッポの型ではなく落書き内容で「ベトコンころせ」「ハイになれ」「パンツ脱いでねろ」「ジッポ戦争」の 4 分類に整理された呪いのベトナム落書きジッポとご対面。

切手で見る糖尿病の歴史

糖尿病切手コレクション

リー・J・サンダース予防医学博士

横=15.3cm ＊縦=22.8cm
約250g
ソフトカバー
カラー図版入り
94ページ
2001年
ヴァージニア州
アレクサンドリア
アメリカ糖尿病協会
英語版
The Philatelic History of Diabetes
:In Search of a Cure
Lee J.Sanders

　食べ物を確保するための苦労が薄い社会にたまたま住んでいると、現代病のように錯覚しがちな糖尿病と闘い続けてきた人類の長い歴史。1921年にインシュリンによる治療が確立されるまで、世界のいろいろな文明が過去から現代まで3500年にわたって研究と治療方法の探求に取り組んでは失敗を繰り返してきた、糖尿病とニンゲンの長い長いつきあいをテーマにデザインされた世界の記念切手40数種類を陳列。過去、現在そして未来の糖尿病治療のについて、みんなでおベンキョーしましょうという、糖尿病切手教養本です。

　それにしても何で糖尿病のおベンキョーに切手なのか？　そもそもは糖尿病患者のひとが書いた糖尿病切手コレクションについての記事を学会誌で読んだのがきっかけで切手に興味をもったお医者さんが、その記事を手引きに自分も糖尿病切手コレクションをはじめたら、やがて段々にコレクションが揃ってきたので折角なら書籍にまとめしょ、という按配。

　古代ギリシア医学ぢだいの、ビールのがぶ呑みやキュウリの花、鳥が泳ぐ池の水などを治療法として象形文字で記したパピルスを図案にした切手にはじまり、一般医学史上に名高いお医者さんたちの肖像、長年にわたってインシュリンを抽出するための唯一の原材料として重宝されたブタとウシの膵臓を崇め奉ったおブタさま切手、糖尿病のおそろしい合併症あれこれやDNAをデザインにとりこんだ切手など。収集自慢と医学知識の虫干しを兼ねて趣味と実益の一石二鳥を狙った専門ばか的思いつきの地味さと、押しの弱い絵柄の切手の地味さが調和。切手収集への関心が浮世離れしている今だからこその、知らないヒトの古い郵便物のように興味深げな本です。

世界の都市交通路線図　地球上のあらゆる都市交通路線図を網羅した　世界で初めてのコレクション

世界の地下鉄路線図大図鑑

マーク・オベンデン

横 =27.5cm ＊縦 =24.0cm
約 620g
ソフトカバー
カラー図版満載
144 ページ
索引付き
2007 年
ニューヨーク
英語版
Transit Maps of the World
Mark Ovenden

　都市を人体にたとえるならば、地下鉄の路線図はさしずめ、人間という巨大なバイキンの乗り物が移動するための重要な血管の解剖図か、針やお灸やマッサージのツボを示した経路図。グールグルアースのような上から目線やグーグルマップのような自動車の屋根から目線ではせいぜい地上出入り口の屋根や壁から間接的にたどることしかできない都市の大動脈のドキドキそのものな地下鉄路線図を、世界各地の大都市中都市から、それも最近の路線図だけではなく、古くは 1800 年代までさかのぼったかたちで集めに集めた鉄道路線図一大コレクションです。

　たとえば極東ニポンでは、1965 年（昭和 40 年）の地下鉄＆国鉄路線図と、1969 年（昭和 44 年）に作られた英語版地下鉄路線図と、1972 年（昭和 47 年）版地下鉄路線図と、1989 年（平成元年）地下鉄路線図と、1997 年（平成 9 年）の乗り換え駅階段表示つき地下鉄路線図と、同じ年の発行の地下鉄路線図つきメトロカードと、2000 年（平成 12 年）の斜め 50 度交差式の地下鉄路線図と、あわせて全部で 7 種類の地下鉄路線図の図版を中心にして 1912 年からのトオキオの地下鉄路線図の移り変わりが示されているのをはじめ、オオサカ、ナゴヤ、サッポロォ、センダイ、キタキュウシュウ、フクオカ、コウベ、カワサキなどの地下鉄に乗ったり降りたり。

　その他ヨオロッパ南北アメリカアジア全域オセアニアアフリカなど片っ端からこの調子で地球上の都市交通網のあるすべての都市の、地下鉄路線網を中心に結ばれた交通路線図の古いものから新しいものまでがづらりづららと紙面を覆い尽くしていて、ああ忙しい脳内地図乗ったり降りたりの世界地下鉄の旅。

24

警告：この本を買いそびれた場合、死あるいは重大な外傷を招くことがあります

世界の労災事故警告ピクトグラムコレクション

ニコール・レッチア編

横=164.cm ＊縦=196.cm
約550g
148ページ
ハードカバー
モノクロ＆オレンジ色の
絵記号コレクション
2005年
ロンドン
英語
Warning:Failure to buy this book could result in death of serious injury
Nicole Recchia

　日曜大工用品店においてある電動ノコギリや芝刈り機、肉体ろーどー系の現場にある作業機械や、道具や各種運搬器具などに添付が義務づけられている「ご使用上絶対おヤメください」の警告・注意ごとを絵文字で図解した「警告サイン」。それが実際には危険回避に役立っているのか。逆にむしろ、過去すでに何十人何百人何千人のヒトたちがソノ事故の犠牲に実際になってきたし、これからもずっと確実にそうなりますよー、とゆう悲しくも不可避の運命の死傷事故発生予約ずみの不吉な予告であり、パンツを人前で脱ぐときに限って、必ずうんちの付いている側が外に見えるように裏返しに履いているという、マーフィの法則のビヂアル化でもあるのぢや？とゆー、ツーネガティブな妄想が目のまえから離れなくなってしまった、女性編集者が世界あちこちから寄せ集めた「警告サイン」160種類コレクション。

　ほとんどの警告サインの中で災難に見舞われる役を、のっぺらぼうな黒い丸がアタマで全身も真っ黒な影男キャラクターの大熱演が本書の隠れた見所。電線に接触したクレーン車の車体にふれて、地上にいるヒトの体内をジグザグ型のイナズマが貫通していく図など「電気の死と災害」。荷崩れや収納具の転倒など「落下物の死と災害」。指腕足の数が少なめになる「刃物の死と災害」。熱湯や火花、引火爆発など「火炎の死と災害」。作業台や運搬器具に挟まれたり、重量物の転倒や落下など「押し潰しの死と災害」。下でワニが待つ下り坂を車イスが暴走する等、スットコドッコイ系の「びざーるな死と災害」等。

　どれほど悲惨な事故の犠牲になる時も、常にスラリと手足の伸びた体操のおニイさん風の見事なポーズはみとれるばかりデス。

阿弗利加式のイロハ文字

アフリカ文字採集図鑑

サキ・マフンディクワ

横 =21cm ＊縦 =21cm
730g
2004 年
ニュージャージー
英語版
ハードカバー
カラー＆モノクロ図版多数
182 ページ
Afrikan Alphabets: The Story of Writing in Afrika
Saki Mafundikwa

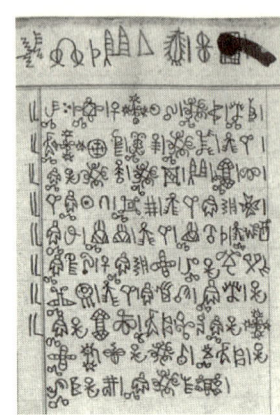

　西洋人が侵入する以前のアフリカ文明は文字を知らなかったという、根深い迷信を完全に転覆。造形のゴージャスさや洗練度、お遊戯性、神秘度などの角度からみてもローマ文字、ギリシャ文字や漢字などよりも多種多様で表情豊かな文字の宝庫としてのアフリカを、足掛け 20 年に及ぶ研究と現地旅行で集めたアフリカ式イロハ文字の採集図鑑です。
　狭い意味でのはっきりした文字として現在も使われている文字では、20 世紀はじめにドイツ植民支配下にあったカメルーン・バムム族 (Bamum) 第 17 代王イブラヒム・ンジョヤが制定し、世界じゅうの言葉を書き表わす普遍性をかねそなえた文字として現在では欧米の言語学者からも高く評価されているシューモム文字を大顕彰。部族の正史や法典や暦や地図やカーマスートラ風の性愛奥義書など、シューモム文字だけで記した膨大な原稿の大部分は、ドイツに次ぐ植民支配者フランスが抹殺処分に。僅かに現存するシューモム文字が保管されているカメルーンのジョア博物館を著者が訪問し、ンジョヤ王の孫にあたる現役の王様と対面をする件はドラマチック。
　1920 年代以後に登場するようになった個人レベルでの創作文字や、アフリカでは滅びた伝統が奴隷船渡航先の中南米で秘密結社の儀礼用文字として残存している事例や、著者マフンディクワさん授業の生徒たちにつくらせた新作の羅馬文字など、現代のアフリカ文字のかたちの収集もあり。同時に、妊婦の出産カレンダーの役目をする数取り棒や、格言や歴史上の出来事を伝える人物像や、幾何学模様を彫刻した金の分銅などアフリカ文字文化の源流に直結する伝統的な絵文字や、絵柄や文字風記号もばばがば紹介した楽しい書籍です。

お金のアート　世界各地の紙幣の歴史とデザイン

お金に描かれている変なイラスト集

ディビッド・スタンディッシュ

横 =21.0cm ＊縦 =23.8cm
約 470g
ソフトカバー
全カラー版
144 ページ
2000 年
ニューヨーク
英語
The Art of Money
:The History and Design of Paper Currency from
Around the World
David Standish

　コン棒と盾で装備をガチガチに固めた法律を名乗るガードマンに厳重に守られている上に、神社のお札やお守りのような大層なオーラにくるまれて、ふんぞり返って済ましている「お金」。けれども、退屈をもてあました目線で一度しげしげ眺めてみれば、お札の紙のうえに描かれている「絵」のどこかに置き忘れてきたような、素っとぼけ風な雰囲気といい、全体的なデザインといい、観察すればするほど妙ちくりんなものに見えてきますね。

　特に、ふだん見なれないだけに、ひときわ異物感のつおいヨソの土地のおカネを手に取ると、コレがほんとにおカネなのかと面白ろすぎて、貝がらや化石を集めるのと同じ意味で、おカネ集め趣味におぼれてみたい誘惑を一瞬感じるほど。悪趣味美術のなかに特別席を用意して腰掛けて頂いてみたときの、外国の紙のおカネの馬鹿馬鹿しさを、見世物の観客席の位置にねっころがって、イヒヒと楽しめる世界の色々な通常紙幣デザインこれくしょん本です。

　何でこんなにヘタクそな絵をわざわざ大量に印刷してばらまくかと、一目で不思議なおカネもあれば、ニポンのおカネと傾向が似通っているために、変てこさがジワジワとしみてくるおカネもありで、前半ではニンゲンが描いてあるやつ（英雄もの、偉人もの、野郎（タフガイ）もの、乳房露出（トップレス）もの、動物もの等あれやこれやと世界あちこちの何だか浮世離れしたようなおカネを陳列。

　後半のアメリカ篇は、英国植民地時代の代用紙幣など、使い古したおカネ臭さがぷんぷん匂う、英国植民地時代の代用紙幣などを陳列。一般の通貨カタログや古泉学本などの範囲からずり落ちがちな、デザイン物としてのおカネのおマヌケな素顔がのぞけます。

27

有名な目多類（めたる）ばんど大全

メタルバンド名前事典

ダン・ネルソン

横 =26.0cm ＊ 縦 =15.8cm
約 680g
愛蔵版ハードカバー
本文は黒地に銀文字
頁数＝記載なし
2008 年
ニューヨーク
英語版
All Known Metal Bands
Dan Nelson

　伝統的な無数の型に支えられている点だけで現代の歌舞伎と言っては問題の多い蛇滅多（へびめた）は、メタル的におめでたいオドロオドロしいバンド名を名乗る点でも、歌舞伎の美意識に共通する別世界的サービス精神をふりまいていて、音楽としての蛇滅多への興味あるなしとは無関係ありにひとを微笑ましい気分にさせてくれます。地獄のエンマ様に提出するためのゴマすりらぶれたあの中から拾い集めたような、ヘソ毛のつむぢが曲がったようなボキャボラリの羅列や順列組み合わせ逆回転。頑固に無個性を訴えてドテっ腹の座った存在感もある世界各地の蛇滅多演奏ぐるうぶの、バンド名ばかりをおよそ 5 万 1000 件集め、西洋いろはエービーシー順に銀色の文字で黒い紙の上に印刷したただそれだけ。住所も電話番号もない人名録、というよりも、限りなく墓碑銘に近い世界の蛇滅多バンド名大辞典です。

　オカルト型やお葬式型、お墓型など、ばんど名のタイプによって、同じ名前のばんどがいくつもある蛇滅多ばんどの名前は、どれが誰のだかわからない墓地のひとだまみたいなのですが、同じ名前のばんどが世界中に 5 コ確認できたとしたら、同じ名前が 5 回、同じ名前のばんどが 10 コあれば、同じ名前を 10 回続けて書くのが本書の一貫した編集方針。たとえばアルゼンチンに 1 つノルウェイに 1 つ台湾に 1 つで合計 3 つのヘビメタばんど「地獄の屁」がいたら、「地獄の屁」「地獄の屁」「地獄の屁」と書いてあるだけなので、何番目がどれのかの区別がつかないかは気にせず豪快なリフと思ってヘドバンバン。

　Ａ から Ｚ までのバンド名の羅列全体を壮大な 1 曲の歌詞カードに見立て、お経読みしながらヘドバンバンバン本です。

廃滅王室あれこれ絵ハガキ集

断絶王室絵ハガキ写真集

ボードリアン図書館編

横 =17.8cm ＊縦 =13.2cm
約 250g
ハードカバー
モノクロ & 着色カラー写真集
94 ページ
2009 年
オクスフォード
英語版
Postcards of Lost Royals
Bodleian Library

　生まれたときから途中までは王室ファミリィの一員で王子王女だったり、王女王だったりしたはづなのに、途中で風向きがぐるりと変り、こないだまで王さま関係でしたと白状すると殺される危険があることが他のひとと違うだけの、コスプレや SM プレイのときにだけ女王様になれるフツーのひとへと出世した方々の、人生が折れ曲がるより前の時期に撮影された肖像写真絵ハガキの骨董品コレクション本です。

　ナポレオン 3 世、ニコライ 2 世、皇女アナスタシア、ルードヴィッヒ 3 世の愚息ルプレヒト王子、レオポルト 4 世。ハワイ最後の王さまカラカウア 1 世や満州国ラストエンペラー。シーク帝国の王様やユーゴ、ポルトガルなどのヒトたち。少女マンガやタカラヅカちっくなヨーロッパ風情やエキゾちっくな旅気分をずるずる引きずっている雰囲気だけは確かに名前から伝わってくるとは言え、もしも説明文も見ず予備知識一切なしで写真絵ハガキだけをみたら、やんごとない方面の本職のプロと気がつくよりは、勲章マニアか大礼服マニア、葦原大将軍ファンのコスプレ写真かしらと錯覚する確率のほうが圧倒的に高そうなのは、全員がもろもろの事情でプロからシロウトに転向していった運命からも納得で、例外的にホンモノを感じさせるのが目ぢから薄く、目線もふらふらした危うい様子のヒトたちの絵ハガキなのも、呪われた家系をめぐるマンガ的な迷信や空想のおかげでスンナリ納得。

　地球上から王室家系という幻想がバタバタと消滅した時期と、発明間もない写真撮影機や高速大量印刷機などの爆発的普及の幕開けの時期と、そして変態見世物ショウ黄金期とがピタリと重なった、第一次世界大戦前後の置き土産です。

世界の終末を待ちながら

地下核シェルター写真集

写真＆取材＝リチャード・ロス

横=18cm ＊縦=21.6cm
約420g
オールカラー
144ページ
2004年
ニューヨーク
英語
Waiting for the End of the World
Richard Ross

　空前絶後の特大核みさいる打ち上げ花火大会を、おもに米リカとン連が共同開催するはずの予定が、ン連ていこく崩壊とともに無期延期じょうたいになった1980年代なかごろをさかいに、一気に無用の長物になり下がったた地下核シェルターの現状を、勝手にお邪魔しちゃいますよ方式の一方的な押し掛け撮影で感光してきた、地球の人工臓器的はらわたマル出し写真集です。

　写真家りちゃあどさんが忍びの道具持参でもぐりこんだシェルターの埋蔵ちてんは、米リカの田舎町の新興宗教団体の広大な敷地のなかや、ロンドン地下鉄の裏側、モスクワ地下鉄の裏側、住宅基準法で各住宅ごとに完全装備の地下核シェルター設置が義務づけられているとゆうスイス、ベトコソの病院を転用したベトナムの、おなじく戦時中のそれを転用して何万人もを収納できるとゆう中国のなどなど。宿なしのひとが潜り込んで住みついたりしないように、今では厳重な鉄柵で出入りを禁じているものもあれば、観光客目当てにショウアップされているもの、すっかり廃墟に成上がっているものから、リフォーム業者にいぢられたようなアホ〜な消費生活臭いものまで、見た目の印象は変化にとんでいるですが、共通しているのは肺腑を押しつぶすような圧迫感。明るい部屋で写真をながめているだけなのに、そくそくと肌身に迫る処刑場内につれこまれた死刑囚のような気分は、むしろ死刑監獄のお写真集を連想させつつも、さらにそれをしのぐほどのイヤ〜なかんぢ。

　このお写真集を案内人がわりに、世界破滅の妄想にうながされるままに、生きたまま埋葬されることを望んだひとたちがつくりあげた、影だらけの地下空間への扉を叩き、みみを澄ませてみてくらはあい。

30

トゲ、刺し具、突き具、裂き具／蒐集家向けアンティーク

鉄条網完全図解カタログ

ロバート・クリフトン

横=12.2cm ＊縦=19.1cm
約400g
モノクロ図解990点以上
418ページ
1970年
オクラホマ
英語
Barbs, Prongs, Points, Prickers, & Stickers,
A Complete and Illustrated Catalogue of Antique Barbed Wire
Robert T. Clifton

　それぞれデザインが違う有刺鉄線、鉄条網だけをおよそ1000種類。すべてイラスト図解いりで網羅した完全版有刺鉄線カタログ本。1970年の初版発売いらい現在まで40年以上にわたって重版を重ねる驚異的に息の長いロングセラーとなっている、隠れた名著です。見た目のインパクトによる威嚇や警告の道具というだけでなく、刺す・引き裂く・切断する・えぐり取る等、通常の刃物の武器としての破壊力をより高度に多機能化し高密度化した有刺鉄線を、広大な草原風景をそれヒトツで確実に荒涼とイヤ〜な空気にかえてしまう残酷な凶器とだけ感じる、まっとうな感覚からは想像もつかないのですが、この広い地上のどこかには、どこでどうやって探すのか、古くて珍しい錆び付いた有刺鉄線の収集に無我夢中の有刺鉄線コレクターとゆうマニアの方々がおられるのだとか。

　有刺鉄線だけが集まる交換会をかねた大交流イベントが開催されていたり。有刺鉄線マニア専門雑誌が刊行されていたり。興味のない部外者にはまったく理解できない閉じられた世界のなかでは、ちょうど昆虫ふぁんが昆虫図鑑を通じて知った珍しい昆虫に憧れたり、倒産のウワサ話を聞きかじった会社の株価を投資マニアが熱心に追い掛けたりするのと似たりよったりの変態ぽい目つきで、新しく手にいれた有刺鉄線についての知識をベンキョーしたり、未入手の珍品に憧れたり、有刺鉄線マニアにとっては魔法の催淫剤のような効果を持つ特殊図鑑であるらしいのです。一方で、一般読者の目で見れば、1000種類近い有刺鉄線のデザインの多種多様ぶりには、ただひたすらに呆れるやら感心するやら。変態的造形、デザインの密かなヒントがいっぱいの珍書です。

(略称) これは地図帳ぢゃありません

「世界」という意味ではない「World」看板コレクション

ウォーレン・ハッチンソン
ニック・フォスター

横=16.4cm ＊縦=23.8cm
厚さ=1.2cm
約480g
176ページ
ハードカバー
オールカラー写真集
2004年
ロンドン
英語
This Is Not An Atlas
Warren Hutchinson, Nick Foster

　漠然ととにかく広いみたいな意味を持つ「ワールド」とゆうコトバを、名前のおしりにつけた「なんとかワールド」とか、「なななんとかワールド」とかゆうお店をバスの窓からみかけたら、前を通過するまでの間に記録写真を撮影する。ルール1) 「〇〇ワールド」のみオーケーで、「ワールド〇〇」とかは一切だめ。ルール2) あくまでもなりゆきまかせが面白いので、住所録とかで事前に所在を調べたてから出かけたりするのはだめ。ルール3) ワールドあったけど、カメラがない、とゆー場合、あとで戻ってきて撮影するのはダメ。とゆう勝手に作ったルールをもとに、世界ぢゅうを足かけ7年ウロチョロして完成しました！とゆープロジェクトの壮大さに反比例するように、ものの見事に小さなスケール感しか感じさせない、閉口宇宙探検系のワールドワールド写真集であります。

　『(略称)これは地図帳ぢゃありません』の(略称)は、寿限無よりも長そうな「題名(?)」みたいな文章が表紙にずらららっと印刷してあるからで、直訳式意訳で全文を超誤訳してみたところ、「この写真集は、ぢめっとする雨の日曜日のロンドン郊外を、思いがけず乗り合いバスにのって通り過ぎていたときにかわした、あるオシャベリから生まれたヒョウタンから出たコマなのです。そのオシャベリをきっかけに、ぼぐだちはコレクトまにあになり、いまもびょうきは治っていないのです。電車の駅が故障事故のために再開のめどがたたず。おウチにかえるためには40年ものの古ぼけたルートマスター・バスに乗り、曲がりくねったがたがた道がつづく、ギルドフォード郊外の暗闇と湿り気に身を潜めたバス停をすべてを経由して、西ロンドンまで行くほかは（以下略）」。

お葬式コレクターたちの世界

葬式関連アイテム全分野の収集マニア養成ガイド

シイ・エル・ミラー

横 =28.0cm ＊縦 =21.5cm
約 800g
ソフトカバー
カラー＆モノクロ写真満載
160 ページ
2001 年
ペンシルヴァニア
英語版
Postmortem Collectibles
C. L. Miller

　ヒトが物理的に死んだあと、まだ生きているヒトたちに取り囲まれて過ごす時間帯。棺桶と葬式と火葬場を経由したりしなかったしながら墓地に埋められるまでの間の、死んだハズのヒトがお花畑から逆戻りしてコノ世に戻ってくる可能性も少しぐらいは残っていそうなアノ世とコノ世をむすぶアイマイな時間帯にかかわりのあるモノだけを、何でもかんでも集めたい。そんな奇妙な欲望に取り憑かれた「お葬式なんでもコレクター」たちの世界を収集物件図版多数で道案内する冥土旅コレクションかたろぐです。

　葬式の前に死体を綺麗にお手入れして、生前のような姿に戻す死体化粧をする死体化粧師が使う各種お道具の骨董品のコレクション。死体の体内に注入する液体の、ラベルつきビンのコレクション。その液体を注入するための機械のコレクション、死体化粧師の専門学校の生徒たちの古い集合写真コレクション。葬儀屋さんの外観や内部、霊柩車や葬列の古い写真や宣伝用ハガキのコレクション。葬儀屋さんのネームが入った灰皿やコップやカレンダーや台所用品のコレクション。葬式用品カタログコレクション。葬儀屋さんのロゴ入りのスリッパのはいっていた段ボールコレクション。ゴーヂャス棺桶もとりあえず古写真でコレクション。喪服各種の古そうな通信販売カタログコレクション。どさくさでKKK 葬式行進写真コレクション。納骨堂や素敵な墓地の写真はコレクターものだけでなく資料系も収録。墓地や納骨堂の古い絵ハガキコレクションもあり。初心者から上級者まで幅広く人気のある花花に埋もれて、死者たちが棺桶のなかで眠る葬儀写真も大量コレクション。収集欲地獄に堕ちた特殊マニアたちの喘ぎ声が聞こえます。

チョ〜らぶりぃ写真集

アメリカのゴキブリ

写真＝キャサリン・キャルマーズ

横 =19.7cm ＊縦 =28.6cm
厚さ =1.4cm
約 660g
愛蔵版ハードカバー
96 ページ
2004 年
ニューヨーク
英語
American Cockroach
Catherine Chalmers

　ゴキブリがこんなにカワイくってイイわけないッ、とわが目を疑いつつもゴキブリ嫌いなみなみなさまでさえも、呆れながらも思わず腹筋が笑いのケイレンでピクピクひきつる前代未聞の超絶らぶりぃゴキブリちゃんお写真集です。
　風呂場の窓から笑顔でコンニチワするゴキブリ。夢中になって雑誌を眺める好奇心いっぱいのゴキブリ。水飲み場に集まる元気いっぱいのゴキブリ。かくれんぼで愉快に遊んだあと、食堂でわいわい会食を楽しむゴキブリ。ワインでほんのり酔い心地、デザートの果物をほおばりながら、ポーカー勝負に興じたあとにゴージャスなベッドでゴージャスにまぐわうゴキブリ。リッチでセレブーなゴキブリ部屋のなかでゴキブリさまたちが優雅にくつろぎまくる第一場「れじでんつ」編のキモチわるい印象は、第二場「モノマネ芸人」になると一変。第一場でその片鱗をみせた女性写真家キャサリン・チャーマーズさんの華麗な図工テクニックがいよいよ本領を発揮して、ゴキブリ3億年史上最初で最後になるにちがいないような極彩色のコスプレ衣裳をつけ、お花や虫さんたちに変身した世にも可愛いいゴキブリたちがぞろぞろ登場。気づかずにゴキブリ団子いり鍋を食べてしまったような、恍惚と恐怖のあぶら汗のルツボへと読者を叩き込んでくれます。
　最後の第三場「処刑」は、電気椅子、火あぶり、水責め、吊し首など、人類死刑史上では残酷で異常な刑罰として退けられてきた、残虐な方法によるゴキブリ退治。感情表現をぐっと押さえて殉教者を演じる、シブい悲劇俳優を思わせる端正なゴキブリたちのあっぱれな死に姿もまた実に荘厳かつブラボー。
　一心同体感に取り憑かれるほどの作者のゴキブリ愛は感動的。

東北あめリカの毛虫たち

毛虫野外観察写真図鑑

デビッド・ワグナー

横 =12.8cm ＊縦 =20.6cm
厚さ 3.5cm
約 850g
ソフトカバー
カラー写真約 1200 点収録
512 ページ
2006 年
ニュージャージー
英語版
Caterpillars of Eastern North America
:A Guide to Identification and Natural History
David L. Wagner

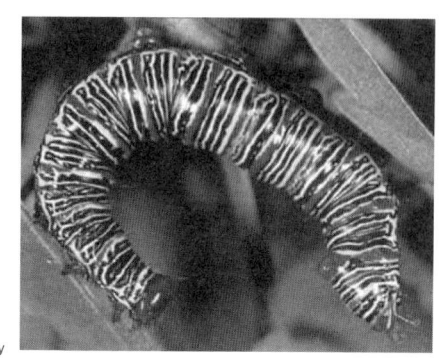

　こりは毛虫の宝石箱や〜と二丁目ぐるめゲイ能人が叫びそうな、東北アメリカ区域在住の毛虫さんたちの美麗カラー大接写写真満載の野外観察図版です。
　この図鑑に出てくる 600 種類近くのケムシたちのなかには、カラダつきも模様や柄や色合いも、一体全体これがケムシなのかと、毛虫マニアの著者みずからも驚きをみせびからしているようなケムシ、コドモが喜びそうな菓子パンみたいなケムシ、宇宙人ののりものみたいなケムシ、長い手が 3 組と短かめが 3 組であわせて 12 本も手が伸びていて、外見は寿司ネタになりそうなケムシ、まわりを熱帯魚が泳いでいそうな海の生き物みたいなケムシ、なかに虫の本体がいるのかいないのかわからないほど毛むくじゃらの長髪のケムシ、毛のサヤからアタマだけがズルむけっぽく露出して杉浦茂マンガの幻覚生物みたいなケムシ、「クエスチョンマーク」とか「葬式用のコート」とか「いれずみ女」とか名前が変てこりんなケムシなどなど、ふしぎな毛虫がぞろぞろぞろとオールカラー写真で登場。
　メキシコ以北の北米大陸には鱗翅（りんし）目の昆虫約 15000 種が棲息するそうで、本書で取扱っているミシシッピー川以東の地域にいるのはそのうちの約 5000 種。おもに、その半数ほどを占める大型鱗翅目のうち 593 種類、ガを約 480 種、チョウ 114 種を掲載。すべてを網羅していはいないものの、本書で初めておおやけにされた新事実や旧来の定説の間違いの訂正など本格的な内容を盛り込み、中学生でも読める平易な文章で各方面の研究者にも有益なデータを満載と著者みずから太鼓判を押す充実した内容を詰め込み、造形デザイン資料としても非常に興味深い美麗ケムシ図鑑です。

季節もののキラメ木　アルミニウム製くります樹木のア〜ト

金属植物写真集

J・シモン、J・リンデマン

横 =17.5cm ＊縦 =21.7cm
約 700g
ハードカバー
カラー写真図版満載
80 ページ
2004 年
ニューヨーク
英語
Season's Gleamings
:The Art of the Aluminum Christmas Tree
J. Lindemann and J. Shimon

　映画サイコや、羊たちの沈黙の実在したモデルとしても有名な人肉工芸家エド・ゲインの故郷ウィウコンシンで 1960 年代に大流行した、組み立て式のアルミニウム樹脂性クリスマスツリーのカラー写真ばかりがずらずら並び、化石の森の散策好きな読者にはたまらない無表情きらきら写真集です。

　ウィスコンシン州マニトウィックという町のガラクタ市をまわると、いまだに必ずごろごろ転がっているというぐらいの地域局限的大流行が 1960 年代に 1 度あっただけで、そのあとは押し入れの奥でホコリのお風呂にどっぷりひたるしかすることもなかったアルミ製残存品を町中からひっかき集め、とりあえずアルミニウムの森をこさえてみたらば意外に好評だったため、つい調子にのってしまっちゃいました、とゆう金属製かんよう植物の品評会で、生気がないのもあたりまえな死んだお花どころか死ぬことのできないほど慢性的にお目出度アルミクリスマスツリー。持ち主を何人も探しあて訪ねてまわってみれば、地元でアルミツリーを製造販売していた会社の女性従業員でしたという関係者ばっかりしかいなかったり。いまだに未開封のままの箱というだけなら聞こえはよいものの、よく見ればタイムカードの社員番号が書いてある社員販売用の B 級品だったり。そのむかしには空想の未来ふうけいを先取りした置き物みたいなイメヱヂで販売されたものが、いまでは消費社会の完全な不毛と非生産性のつつましやかな標本のようにもみえる、明暗こきまざったばかばかしさ。

　誰かの誕生日祝いの日だったはずのクリスマスを、御葬式会場むうどへと凍りつかせてくれたりもして、どんな季節にもぴったりな神経樹状突起瞬間凍結系の金属植物写真集です。

想像力のお道具たち

消えた最先端製図用特殊文房具博覧会

スーザン・ピエドモント・パラディーノ編

横 =20.5cm ＊縦 =24.3cm
約560g
ハードカバー
カラー＆モノクロ図版満載
124ページ
2006年
ニューヨーク
英語版
Tools of the Imagination
Susan Piedmont-Palladino

　ベリィスペシャルな特殊用途のために開発された製図用文房具。ひとつの機能だけを極端に進化させたため、極度の洗練ぶりとグロテスクさが共存し、奇態な昆虫のような怪しいプロポーションを持つと同時に、応用性は一切考慮外だったため時代の大転換とともにあっけなく絶滅してしまった、時代遅れの特殊な製図用文房具ばかりをズラリと展示。占星術部や秘密結社部、算数部やパズル部などで活動されている方々だけでなくワカラないヒトこそ好き勝手な妄想を肥大させて愉しめる、2005年ワシントン国立建物博物館春秋シーズンの「想像力のお道具たち」展にさらに内容を追加して刊行された、記念図録を兼ねた単行本です。

　建築家ルイス・カーンが右手と左手を同時に動かして、左右対称のかたちを描くのとおなじことが誰にでもできる1888年ウィリアム・フォード・スタンレィ「あんちぐらふ antigraph」だとか、十八世紀から十九世紀にかけてのイオニア式円柱の再現ブーム期に重宝された螺旋形作図用のコンパスだとか。透視図作図用「ぱあすぺくとぐらふ」だとか楕円コンパスだとか頂点のひとつの角度が19.4731440度でもうひとつの角度が70.536856度の三角定規だとか。そして一方には引き立て用の悪役として、それらの特殊用具を駆使して実現された職人芸的に緻密な手書き図面を、クズかごの中に叩き込んだコンピューターによる立体作図の実例を掲載したページと見比べることで、ヒトの神経がこんがらかって転びそうで面倒くさい手先の作業、製図用文房具たちがスイスイこなす時の、昆虫ヌードフィギュアスケーターのプロポーズショウ的に繊細で優美で暴力的なエロースを堪能できます。

胎児たちのロウ人形　ツィーグラー工房生まれの胎児模型のこと

胎児医学標本の歴史

ニック・ホップウッド

横 =17.2cm ＊縦 =24.8cm
約 630g 弱
ソフトカバー
カラー 32 ページ
ハーフトン図版 100 点以上
206 ページ
2002 年
ケンブリッジ
英語
Embryos in Wax: Models from the Ziegler Studio
Nick Hopwood

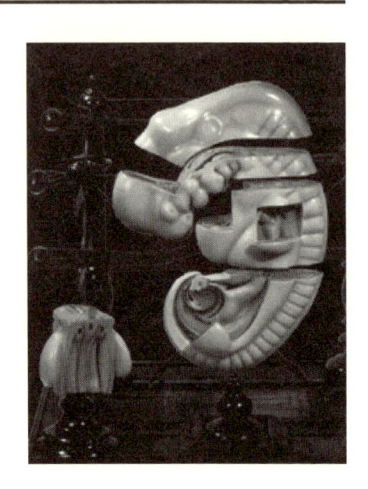

　恍惚の微笑み浮かべた美女のはらわたご開帳で名高い、十八世紀中期イタリヤ・フィレンツェの人体解剖ロウ人形ブウムから 1 世紀ほど後に生まれた、ロウ細工でこさえた胎児の模型標本。そのブウムを支えて 20 世紀途中ごろまで医学模型の分野で独占的な地位を占め、いまでは忘れさられようとしているドイツ・ツィーグラー製作所とゆう、医学ロウ人形の専門業者の歩みを、その当時の発展途上な発生生物学の遅れ具合との関係のなかでふりかえりみた、骨董的胎児標本発掘研究本です。

　屍体解剖観察図をたよりに、超小型の赤ちゃんが同じ外見を保ちながらサイズだけ順次巨大化していくことで、最終的に通常っぽいサイズの赤ちゃんへと変化してく過程を造型した胎児標本。目玉なら目玉、心臓なら心臓だけのように特定の器官だけをとりだしてその外見をなぞったかたちなど、前世紀の人体ロウ人形のつづきみたいな 1850 年代の標本。複式顕微鏡の発達や進化論の流行などの風にあおられて 1870 年代以降の、エルンスト・ヘッケルの反復説を忠実になぞった大解剖標本棚。ヘッケル説を批判したことで知られるヒズ博士の監修指導のもとで作られた器官内部のしくみや、器官と器官とのつながりまでが精巧な標本も。デジタル電気器具とコンピューターを総動員する生き物研究ではどこにも出番のなさそうな、時代遅れな妄想科学的衛生見世物ショウの実演みたいなニンゲンの胎児模型の数々。プラス、ヒヨコやサンショウオやハエなどの玉子やカラダの成長の模型も図版と文章で紹介。後半は図版およびツィーグラー製作所製品カタログの復刻とゆう構成。学校創立以来理科室のロッカーの隅にあった忘れ物ようなムードのシブい本です。

メキシコ市の魔法市場ソノラ

メキシコの医療品市場で見付けたヘンなパッケージデザイン

文 = カート・ホランダー
写真 = アダム・ワイズマン

横 =15.4cm * 縦 =19.4cm
約 485g
ソフトカバー
オールカラー写真集
198 ページ
2008 年
スペイン
英語 & スペイン語の 2 言語併用版
Sonora: The Market, Mexico City
Kurt Hollander

　左右には伝統的なメキシコ製以上に、中国製が大量に進出しているとゆう、がらくたオモチャが山積み。足下にぶつかってくるのは食用なのか愛玩用なのか迷い込んで来ただけなのかハッキリしないヘビ、サソリ、ネズミ、イヌ、ネコ、オウム、七面鳥などハラワタ臭い動物たち。赤道まぢかのドギツく陽気な原色の輝きを帯びてごったがえす、メキシコ市内最大の露店マーケット、ソノラ市場。シアワセ欲しいならココにあるむうちょ！とひとびとみんなのフシアワセにつけこんだ怪しい毒をばらまいてくるソノラ名物魔法の観光みやげ、魔法パウダーや魔法の香水、魔法スプレーや魔法ロウソク、魔法せっけんなどの外箱や外袋に印刷されているラベルやシールの魔法図案、魔法でぢいんなどなどを地元住民たちが「魔法市場」と呼ぶソノラ現地店頭から、金魚すくい気分で現地撮影採集してお届けの魔術的メキシコ商業デザインびぢゅある観察図鑑です。

　気取った美女をメロメロにする魔法とか、恋人の浮気ごころに釘を刺す魔法とか、ラクしてガッポリもうかる仕事にありつく魔法とか、同性恋愛でシアワセを掴むための魔法とか、全人類共通の幼稚な願望を実現すると称する、誰がどうみてもインチキな魔法詐欺商品もあれば、警備隊の目をかすめて境界線を突破する魔法とか、肉体売買とか密輸品取引きに失敗しない魔法とか、ソノラ周辺人の生活や歴史の毛穴から噴き出したシャレにならない犯罪臭漂う魔法風用品もあり。最大の見どころは魔法商品のパッケージデザインに安直に大量投入されている、過剰な無意識あふれかえるヘタくそお絵描きの数々は、亜熱帯の魔法の市場ならではの発酵ぶり、乞食玉子も先祖還りしそうな悪酔い心地です。

ブリティッシュティーンエイヂ人形 1956-1984

UK ロック世代少女期のお人形

フランシス・ベアード

横 =21.5cm ＊縦 =25.9cm
約 980g
196 ページ
ハードカバー
オールカラー
2004 年
ロンドン
英語
British Teenage Dolls
: 1956-1984
Frances Baird

　1960 年代ロックがエグレスからアメリカへと海を渡って、大変なことになったのと逆むきのコースで、アメリカからエグレスに渡って大変なことになった、エグレスのお子ちゃまたち向けのお人形遊び用「ティーンエイヂ人形」の大コレクション本です。
　着せ替え時のたのしみのために、オシャレな乳帯やパンティをさりげなく着用していたため、お母ちゃんたちを激怒させたとゆう「ティーンエイヂ人形」が登場しはじめた昭和 30 年代前半の身長 30 〜 60cm サイズのカタログ販売のもの各種から、平均身長 30cm サイズのアメリカ渡来のバービーや、GI ジョーを模倣や改良した「ティーンエイヂ人形」が TV コマーシャルを通じて大量販売された昭和 30 年代後半から昭和 50 年代まで。シックな社交パーティドレスや歌手やディスコダンサー、軍人さんや変身女性ヒーロー、乗馬クラブや看護婦さんやスチュワーデスさんなどの TV 番組の人気キャラを、ヤング世代ファッションのその時々の流行と組み合わせたという、どこまでもブリティッシュなソフトビニール人形たちでいっぱいの、タイムカプセル仕掛けのお人形箱がお行儀よくひっくり返った雰囲気で。おしゃれな女の子の人形だけでなく、アメリカではベトナム戦争のもんだいですぐに販売停止になり、エグレスで独自の展開をみせた「アクションマン」はじめ、いろいろな人形たちの独自の体型が観察できる脱ぎ脱ぎ写真。
　片目が義眼のヒーロー「600 万ドルの男」など男の子のお人形。1963 年発売の全身が黒い肌の「こらーる」人形など異色っぽい人形たち。ヲトコ型ヲンナ型とわず子ども用人形特有の誇張のはげしいヒドい髪型あれこれ。見どころ豊富なビヂュアル図鑑です。

とある駄本書店まがいの空白の履歴書

　珍本コラムを 10 個ほど、空いたページの埋め草用に書いてくださいヨ。編集担当・濱崎さんの催促にヘイヘイと安請負をしたものの、書いては消し、消しては書きの繰り返し。進んだり戻ったりで文章量がなかなか増えてくれません。

　出されたお題は、＞どうやって海外の珍本を見付けているのか＞どういうお客さんが買っていくのか＞中国語の珍本について＞日本の珍本で好きな本＞最も好きな珍本トップ 10 ＞取り寄せたけど販売を躊躇った悪書＞お奨めの洋書・古本屋さん＞英語を読んでいるのか？＞どどいつ文庫の歴史＞好きな出版社＞海外書店ガイド＞個人書籍輸入業ノウハウ等。もしも筆者がシェイクスピア・アンド・カンパニー書店の店主だとかチャリング・クロス街 84 番地だとかいうのならともかくも、あるいはジャパノイズ名誉大使・秋田昌美氏が『ユリイカ臨時増刊・悪趣味大全』で紹介された 1980 年代サンフランシスコ最暗黒書店 AMOK 創業当初の関係者ジョン・エスニヒル氏のような怪人物だというのであればともかくも。

　100 万人中の 1 人に知られているのかいないのか程度の認知度しかなく、実際には無いのも同然で人物的にも路傍の小石よりも平凡無個性な超零細個人書店まがいでしかなく、誰の興味の対象になることもない当店どどいつ文庫について、どどいつ文庫が知っている二、三の事柄を書き並べたとして、それを最後まで読み通すほどのヒマじんは、たぶん 100 万人に 1 人ほど居られることかと思います。

　その 100 万分の 1 人のかたが、あークダラない……と喜ぶようなクダラない文書を少しはまともにへんてこに書きなぐってみませんか……という不遜な雑音がどこかで囁くのが、鼓膜を通さず脳みそも通さずに、手指の爪先のほうから聴こえてくる、のです。

　意味不明の寝言のような話ですが実はこれが、駄本輸入専門店という何ともばかばかしい当店のようなものがこの世にマロビ出てきた歴史的文脈（？!）を解きほぐす導きの糸に直結しているのだから世の中わけがわからないのですが、わかりやすく言い直せば、1960 年代旧ソビエトの手づくり地下出版物サミズダートに呼応するように流行した、欧米の何でもありのヒッピー系地下出版物がスケール縮小ぎみに 1970 年代後半からのパンク同人誌を経由して、再びスケール拡張ぎみに DTP 出版時代到来直前の 1980 年代後半の世紀末オルタナティブ文化系同人誌大ブームへと結びついていった。

　そんな時代の流れのなかで、ノクターナル・エミッションズ（＊夢精のこと）のカセットテープを BGM にテレビ画面のなかで年号が昭和から平成に移り、当店が成金商会というイヤミな名前で駄本個人輸入の通信販売ではじめたのは、ニルヴァナやソニック・ユースが超メジャーになる直前の、音楽系同人誌も元気の盛りだったころ。関西自主制作レーベル音楽を世界の音楽ファンの共有財産に引き上げるのに大貢献をした『バナナ・フィッシュ』誌の執筆者シーモア・グラスを筆頭に、イメージとイメージのベーゴマ勝負のような、訳のわからないお筆先じみた音楽レビューの数々の絶大なインパクト。

　それが 20 世紀音楽と非音楽の宇宙爆発的スケールの音の記憶に直結しているだけでなく、羅列するのは大変なソレやコレやに直結しているのは明らかでもある以上にどうでもよいのは勿論なのですが、中学校の裏山に投げ捨ててあったエロ雑誌のダッチワイフ南極 2 号の通信販売広告に癒された 14 才の春以来、宣伝はインパクトなりと洗脳され、ドギつい惹句が煽りに煽る宣伝ポスターのとりこ仕掛けになって、場末の邦画専門映画館いりびたりで高校時代を無駄にしたヤニ臭い過去をひきずる当店は、駄本を駄文で宣伝するという泥沼一直線の営業方針に開業時から突入し、以後ズブズブのまま振り向けば 20 年。駄本て本当に駄本ですね。。

41

入学志願者

ゴミ捨て場から救出された教授コメント付き受験履歴書の写真集

ジェス・リクロウ編

横=10.2cm＊縦=13.9cm
約45g
ソフトカバー
モノクロ写真集
2006年
オレゴン
英語版
Applicant
Jesse Reklaw

　面白くも何ともないもの代表のように思われることも多い、他人が見た夢を主食にした夢漫画を描くことや、そのためにという訳でもなく、ただ好物のお菓子として他人が見た夢を普段からよく食べている漫画家ジェス・リクロウさんが、物質化された他人の夢の食べ残りともいえる資源ゴミを狩猟採集しているときに発見した、秘蔵コレクションからのお蔵出し。受験用提出書類にホチキス留めで貼付されていた、本人証明写真ばかりを集めたミニサイズ写真集です。

　受験書類は有名名門大学の生物学部大学院博士課程への進学希望者たちのもので、写真が貼付されているのは学外からの受験者らしく、時期は1965年から1975年まで10年ぶん。文字通りに他人がみた夢の忘れ物そのものに違いない、受験用写真に分身の影を刻み付けている青年男女たちが、本人たちのまったく知らない時空のコチラ側にむかってタイムトンネル越しに引きづり出され、昭和40年代50年代の空気ばりばりのの表情顔つきや、衣服ファッションを見知らぬ異郷に住む写真集読者の勝手な妄想のタネにされているのも素敵なうえに、その時その時の受験審査担当の大学教授か誰かが走り書きしたらしい「コイツは自宅通学のバカ息子にありがちな幼稚なタイプ」だとか「肉体的なお色気がたりない」だとか「活発なところがわずらわしく見えることが多い」だとか、本人証明写真の裏側に走り書きされていた、好き勝手放題な受験者への悪ぐちや超辛くちコメントも、読みやすいように活字に直して一緒に掲載。

　他人様の夢ばかりか、その夢を揺すぶって壊すのを仕事の一部にしていたひとの不眠の夢の影まで見えて、誰の夢の話か分からなくなりそうな素敵さです。

視覚を超える視力

盲学校生徒写真集

トニー・ディーフェル編

横 =20.0cm ＊縦 =21.0cm
約 650g
ハードカバー
モノクロ写真集
152 ページ
2007 年
サンフランシスコ
英語版
Seeing Beyond Sight
:Photographs by Blind Teenagers
Tony Deifell

　目が見えないヒトたちが、目がみえないからってても写真ぐらい撮影できますよという証拠に、どこからどうみても写真そのものな写真をじゃんじゃん撮影。日頃は見えないヒトと思われがちなヒトの側から、実際には特に何がということもなくただ何となく「見えている」つもりのヒトたちに向かって、見ることのはじまりとおわりはどうつながってたりするのか？とか、見えないヒトが見えるヒトの世界に入ることよりも、見えるヒトが見えないヒトの世界に入るほうが難しいのかしら？など見えることと見えないことが似た者兄弟姉妹なのを感じる感についてのハテナや、ヒントをどっさりプレゼントしてくれるお写真集です。

　撮影したのは北キャロライナにある盲学校生徒たちで、撮影指導は本書の編者でもあるトニー先生。撮影時期は 1990 年代なかばの数年間。写真には撮影者本人によるカンタンな説明文がくっついています。これも視力に頼らない生活をしているヒトたちの写真集『盲目撮影／見えないヒトたちの写真集』が芸術的インパクトで驚かせる写真が中心なのに対して、写真集『視覚を超える視力』は書名そのものが言葉ではっきり語っていとおりに、1 枚の写真とゆう物体がそこにあるとゆう出来事の支えになっている、視覚性や芸術性以外のあらゆるさまざまな成分に対しての意識や感覚をみんなでいぢくりまわすのがテーマ。

　人間に恵まれている視覚以外の、音や温度や匂いや気配の変化を刻々と感じる第七感覚で盲学校生徒さんたちが、楽器を鳴らすように写真機を使って捕獲した目線いらずの世界の影たちの庭が、いつもそこにあったのに誰にも気付かれなかったのもなるほどの自然な静けさでどこまでも広がっているようです。

この本を「ファツク」しよう

看板文字に「ファツク」を足したオキュパイ写真集

ボディ・オサー

横=22.9cm＊縦=15.3cm
約460g
48ページ
ソフトカバー
オールカラー写真集
2005年
ニューヨーク
英語
Fuck This Book
Bodhi Oser

　サイズいろいろ用意した「ファツク」とゆう文字を印刷したステッカーを、野外の看板や標識に書いてある文章の途中にペッタンコと貼付けて、元々の単語を一部分だけ「ファツク」に書き換えた、ファックな看板や標識が一丁上がり。こんな「ファツク」がでけまし～た、とゆう所をパチリと記念撮影した「ファツク」ステッカーぺったんこイタヅラやり逃げ記念写真集です。
　この本じたいの書名も、「ファツク」ステッカーを装着したおかげで、もともとの「この本を買おう」とゆーぶさいくな書名が「この本をファツクしよう」とゆうステキなものに変身しました。とゆー設定になっています。1970年代末のマーク・ポーリン集団をはじめ、看板広告へのイタヅラ攻撃アーチストは多数多種多様に活動してきた中、このヒトのいたづらはちょっぴり悲しくなるほど低ラベル。「静粛にファツク」「ハトにファツクしないでください」「無料ファツクご自由に」「学校地区、犬ファツク禁止」「ファツク保証金1だら」などなど、「ファツク」ステッカーが色々なところにしゃしゃり出ていくたたずまいはイカくさくタコくさく。
　何を言いたいのか「ファツク」できない看板や標識が、ほぼ誰にも気づかれない現実くうかんのすみっこに撮影の一瞬だけは間違い無く確実に「ファツク」し、たぶん何となく「ファツク」後にはあっという間に元の「ファツク」消滅するまでの、ウスバカハゲロー的はかなさと、「ファツク」以外のネタひとつの無理無理かげんがピストン運動ゴリ押し的体位で交差する「ファツク」ぶりは、冷たい風の入った大きな袋を背負う笑えないお笑い芸人をみるような痛々しさで、読者を疼かせます。

ざ・計画

ゴミ屋敷おそうじ突入現場お写真集

マイケル・シュメリング

横 =18.0cm ＊縦 =23.0cm
およそ 650g
ソフトカバー
モノクロふんわり（用紙がふんわり）写真集
568 ページプラスおまけ頁
2009 年
アトランタ
英語版
The Plan
Michael Schmelling

　置きやすいところに置いておくのがモノを整理する一番よい方法と思い込んでいるひとが、モノにしがみつく性癖を引きづって最初から狭い部屋をどんどん狭くしながらじわじわと完成されるゴミ部屋。ゴミでふさがれた空間の天井に近い部分にだけ部屋が部屋だったころのなごりが残っている汚部屋。ひとが住めなくなった部屋の片付け、掃除、整理ができない強迫神経症の専門的なお悩み相談までを引き受けている専門業者にくっついて、業者がなわ張りにしているニュウヨーク界隈の片付け仕事現場に同行し、個性的にも無個性にも見えるいろいろなひとのゴミ部屋を、ゴミのハラワタの内側から撮影した廃品廃物フェチっくな写真集です。

　ひとからみればただのゴミでも、ためこんでいる当人には捨てられない大事な品物ばかりといった、常識的な空想を楽しむ余裕はあと回しで、手当たり次第に掴んで捨て、金目のものは脇によける片付け業者の冷静さとは裏腹に、シャッターを切る写真家シュメリングさんの目つきは恍惚。洋服の吊るされていない粗末な洋服掛け、中身を出したあとほったらかしの大きなダンボール箱、ほこり焼けしたコンセントのそばのカベに釘でぶらさげた陶器製フクロウ、ランプシェード代わりの雨傘の真ん中にくっつけた電球、リサイクル店でどんなに安い値札をぶら下げても誰も買っていきそうもない古ぼけた旧型テレビ、床にちらばっている食べかすにも見える何か。シュメリングさんの脳内で、完璧な「写真」論の幻影がゴミ部屋のゴミとあまりにも緊密に一体化した写真＝ゴミとしての見事さゆえに、この写真集のある空間までがゴミ部屋化する天地天命反転パワーを秘めた、危険な写真集になっています。

タイヘンな顔面写真　陽の当らないアメリカ芸能ぢんの祭典

泡沫サイテー芸能人自己PR悪趣味写真集

パトリック・ボレリ
ダグラス・ゴレンスタイン編

横=18.8cm ＊縦=23.1cm
約575g
ソフトカバー
オールカラー写真集
160ページ
2008年
ニューヨーク
英語版
Holy Headshot!
:A Celebration of America's Undiscovered Talent
Patrick Borelli, Douglas Gorenstein

　第一印象の強烈さに限っていえば、有名人気スターたちもタヂタヂなほど濃厚なアレやソレやの独特なフェロモンをむんむん漲らせているのにもかかわらず、それが完全にマイナス方向に働いて、芸能業界最末端のいちばん日当たりの悪いところでウロチョロすることを宿命づけられているか泡沫芸能人のカガミ、生きた標本のようなZ級ゴミくず芸能人の宣伝用自己PR写真ばかりを集めたウルトラ悪趣味お写真集です。

　編者の自己申告によれば、本書に顔を並べている超無名スター約100人、一見どこの誰でもよさそうに見えて実際は、その他大勢芸能人50000人の自己PR写真から選び抜いた末の100人なのだそう。PRすることに熱中し過ぎてどこかに自分を置き忘れ、魂のぬけがら状態のひとにしか出来ない壊れた人形のような笑顔やおスマシ顔、小手先のウケを狙う手品やモノマネ、しないほうが絶対にマシな工夫や趣向を凝らしたお手製の服装や鼻毛ムズムズのお化粧、修正加工のやり過ぎで絵にしか見えない写真。

　少し気になる選ばれなかった49900人の写真をみる機会が金輪際なくても、100人ぶんも見れば一生ぶん大丈夫な時間制限つき食べ放題回転ずしの気迫と満腹感いっぱいの芸能人のPR写真にくわえ、頼まれてもいないのに全員自発的に写真と一緒に送付してきた自己PR経歴書の数々が破壊力を倍増。自意識過剰な泡沫芸能人のお約束的自己演出アピールにも見えるシワシワくちゃくちゃな履歴書に記入されている出演歴が、公園に座っているヒト、ウエイター、女性。出演舞台がニポンのアタミリゾートとか。歪んだファンタジーから、目立ちたがり根性と変身願望の正面衝突事故実演現場へ旅立ちます。

ゼイムスと猿人（さるびと）仲間たち

類人猿ヒューマンポートレイト写真集

写真＝ゼームス・モリソン
序文＝ジェーン・グドール

横 =17.4cm ＊縦 =22.8cm
約 500g（問屋発表による）
ハードカバー
オールカラー写真集
120 ページ
2008 年
ロンドン
英語版
James & Other Apes
James Mollison

　神は自分に似せて人間をこさえたというコトワザひとつ見ても、サルから退化したニンゲンから見て神さま用の座布団に座るのが一番ふさわそうなのかもと考えるのがごく自然な、チンパンジー、ゴリラ、オラウータン、ボノボなどの人種に属する猿人のかたがた。ニラメッコしましおアップブーとカメラを向けたところが、ニンゲンよりも深いまなざしで見つめ返されてしまい、手に靴をはいて後ろ向きに逆立ちして歩きながら初めてみる懐かしい空洞地球の風景を思わせる奇石的にラブりいな猿人さま肖像お写真集です。

　登場する猿人は、大部分の誰もかれも彼女もが、密猟で両親を殺害されペット用や食用の目的で売買 (bushmeat trade) されていたところを保護されて、タンザニアやコンゴの保護区、保護施設や、インドネシアの動物園などで難民生活を過ごしているヒトたちで、下は生後 1 年未満から上は推定 60 才、平均すると 10 才未満の若い猿人のオンナの子たちオトコたち 50 人。地球の生物でありがなら、地球の生物を滅ぼすことを屁とも思っていない、オトロシ毛な宇宙人のようなニンゲンたちの手にかかって絶滅寸前に追い込まれた猿人たちから、写真機をむける写真家ゼームスさんが読みとる表情は、人間臭くも人間を超えるオサル臭さも湛えた神さま臭さぷんぷん。

　チンパンジー保護の世界的先駆者の猿人学者ジェーン・グドールさんも序文執筆でウッキッキ、落ち葉の虫食い穴から森林全体を把握することもその逆もできる猿人もどきの眼力で、物理的精神的飢餓線近辺で生きているひとたちを肖像写真化してきた写真師ゼームスさんならではの、繊細でいぢわるな問いかけ一杯の賞味期限の長い写真集です。

後悔ありません　史上サイコにサイテーでドあほなイレズミたち

ヘンテコ入れ墨自慢写真集

アビア・イエール
P・M・イエン

横 =15.3cm ＊縦 =23.0cm
約 200g
ソフトカバー
カラー写真集
130 ページ
2008 年
ニューヨーク
英語版
No Regrets
:The Best, Worst, & Most #$%*ing Ridiculous Tattoos
by Aviva Yael, P. M. Chen

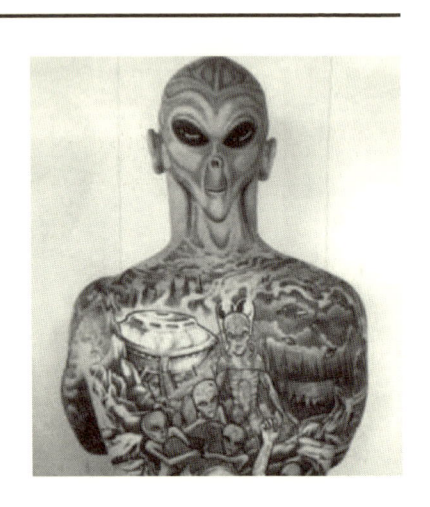

　イレズミを彫る決心のなかで特に重たい意味を持つ、ガマンくらべや、他人をアッ！と驚かせたい遊び心や自己満足や虚栄心など、自分の馬鹿さ加減に酔いしれたいというマゾっ気をぐいぐい押していくと、押すときの方向や力加減次第で当然そんなことにもなりそうな、信じられないほどアホみたいなイレズミの数々。バカ呼ばわりされるのは先刻承知の向こうみずを極めたカッコよさとバカバカしさが直結するよりも、バカバカしさとカッコ悪さがぴったり1つになっている心底どアホっぽいイレズミを背負っているヒトたちの写真ばかりを寄せ集めたアホアホ大行進系イレズミ写真集です。

　彫ってある絵柄は、さり気なくフツウっぽく、動物だったり、女性だったり、イエスキリストだったり、ビンラディンだったりと一通りのバラエチー感はあるのですが、絵や文字の驚異的に平凡なヘタくそ加減が目につくものがやたらに多く。人目を驚かすアイデアも、ビジュアル的というよりは、笑点の大喜利に飛び入りしたシロウトがザブトンに刺身包丁でラリったような絵を描いて、ギャグと勘違いしているような怖いもの多し。人間廃業むうどにドップリ肩まで使った似た者同士でイレズミを彫りっこしたり、自分でてきとうに彫ったようなアットホームなダメだめムードがズボンのなかの屁のように紙面からもわわんと押し寄せてきて、イレズミ自慢というよりは、参加者全員のテンションが怪しいゴングショウ。後悔するとゆう能力さえどこかで失くしてしまった悲しい男女のわびしい余生を支えるのに充分とも思えないけれど、絶対に後悔はしていないと力強く断言するイレズミさんたちが、不謹慎とおもいつつの爆笑へと読者を誘導していきます。

どえらい亜米利加人たち

有名人の同姓同名さんたちを訪ねる写真旅

文&写真＝K・K・オッテセン

横=23.7cm ＊縦=23.7cm
約750g
ハードカバー
オールモノクロ
122ページ
2003年
ニューヨーク
英語
Great Americans
K.K.Ottesen

　名前占いがもし本当に当たるものだとしたら、有名人と同じように、不倫騒動に巻き込まれていたり、小学校の通知表は1や2ばかりだったり、難病から奇跡の生還を遂げたり、借金を何億円も踏み倒していたりなど有名人にありがちな運命が、有名人と同姓同名で一般的には有名ではないヒトたちの上にも降り掛かっているのかどうか。有名人と同姓同名の無名人のヒトたちに会って話をしてみたい。どんな顔かたちのどんなヒトたちか見てみたい。無関係な抽選のときの当選番号とまったく同じ番号のハズレ宝クジと同じぐらいに意味のない有名人の同姓同名さんたちを追い求めて、東西南北アメリカぢゅうを漁り歩いた同姓同名オールスター写真集です。

　登場するのは、ラスベガスのカジノで現金係をしているボブ・ディランさん、病院で受付事務をしているエルビス・プレスリーさん、大学の新入生モハメッド・アリさん、エビ釣り猟師のチャーリー・チャプリンさん、自動車せえるすまんのジェームス・ディーンさん、その他、ジェリー・ガルシアさん、ブルース・リーさんなど音楽や芸能関係有名スターの同姓同名さん、ヘレン・ケラーさんやアル・カポネさんなど歴史上の偉人や極悪人物、大統領、政治家、ガートルード・スタインさんやエミリー・ディッキンソンさんなどブンガク系からマンガの登場人物の同姓同名さんまで。有名な無名人生をふりかえる、各自めいめいの独白つきで男女とりまぜ総勢50人以上の同姓同名さんたちの肖像写真を収録。有名人だけがホンモノで残りはニセモノと感じる感覚と、その反対に無名も有名もホンモノもニセモノも関係ないという感覚を、好奇心でぺったりくっつけたワクワク感たっぷりです。

もう一人のわたし　アバター（化身）たちと本人たち

ゲーマーと本人キャラの見比べ写真集

写真＝ロビー・クーパー

横＝15.1cm ＊縦＝31.0cm
約720g
縦長ハードカバー
カラー写真集、
160ページ
2007年
ロンドン
英語版
Alter Ego: Avatars and their creators
Robbie Cooper

　多人数同時参加型オンラインRPGにうつつを抜かして、モニター画面の前の肉体はただの抜け殻のような状態になることも多いゲームたちの写真と、ゲーマー自身の写真をもとに作られ、ゲーム画面のなかで半永久的な輪廻転生を繰り返すことさえできるアバターの写真を、左右ページに見開きで配置。オンラインゲームのどっちがどっちの「中」と「外」を右脳左脳小脳大脳ぐるぐる回して見比べられる、対戦型っぽい写真集です。
　名前・仕事・生まれ年・出身地・１週間の平均ゲーム参加時間・アバターの名前・アバターの生まれ年・参加しているゲーム・サーバ名・キャラクターのタイプ・得意技など必要のないようなデータととも登場するのは、ヨオロツパ各地、アメリカ、韓国、中国などに実生活上の肉体を置いているゲーマーたちとそのアバター。韓国最初のトランスジェンダーアイドル、セカンドライフ創業者、リンデン・ラブ社の重役社員、セカンドライフ初のバーチャル成金として擬似世界的話題となったセカンドライフ億万長者その現実世界での分身、セカンドライフ最初の不動産屋など瞬間的に世界的有名だったアバターと、その分身であるゲーマーたちが、数年後にはもののみごとに世間の物忘れの風で吹き飛ばされてしまうことも知らぬ気にゾロゾロご登場。バーチャルえろ本の読者参加企画に応募して、バーチャルおヌウドアイドルとしての地位を化身を通じて満喫しているヒトのアバタ本人と本人本人の談話、化身と化身がおたがいに萌えあって仮想世界のなかだけのバーチャル結婚をしている妻帯男性のアバタ本人と本人本人の談話など、写真撮影の瞬間から現在までのその後の展開がゲスな好奇心心地よくこちょこちょ。

50

口腔写真

口の中のピンホールカメラから見た世界

ジャスティン・クイネル

横 =15.3cm ＊縦 =12.3cm
約 160g
ハードカバー
カラー写真集
94 ページ
2006 年
イギリス
英語版
Mouthpiece
Justin M. Quinnel

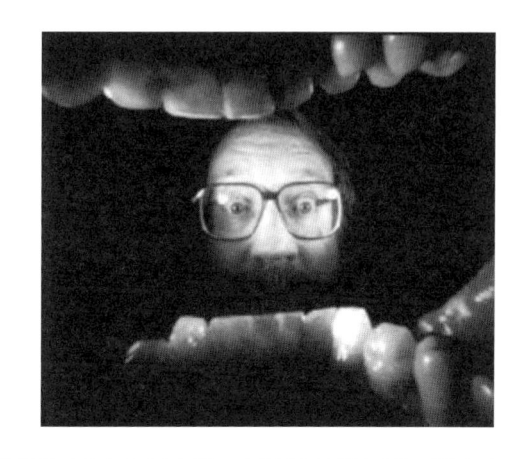

　ぢぶんの口のなかにスッポリ挿入するタイプのキテレツ型針穴写真機を自作。「針穴写真のダイゴ味は、何億年ものあいだ目玉のない穴ぼこ目で深海の暗闇を見物しているオウムガイになったり、夜の原始林の朽ち葉の寝床にさかさに映る木洩れ月に狂喜乱舞する原始人になったり出来ることです」と語る、浪漫ちっくなピンホール写真家ジャスティン・クイネルさん写真集です。

　用意した自作のキテレツ型針穴写真機は、使用時には撮影者が自分の口のなかにスッポリ挿入するタイプ。シャッターを開くよりも先にまず口をあんぐり開き、そのままジィっと口のなかから撮影しますというもの。文字通りに撮影者の息づかいや唾液の分泌にべっとり連動してくぐもったりにじんだりする体液ジャストフィット感は、想像するだけでも少しグロですが、出来上がる写真は想像よりもも少しグロ。屋内写真も屋外写真も撮影場所に関係なくどの写真にも、黄色い歯クソが取りきれない上下の歯の列と歯茎とクチビルが、四隅から中心を取り囲むかたちで映り込んでいて、それがまるで、それだけで独立した海のいきものが、中心部分に見えているものを何でもかんでも見境なしに、大きな口で呑み込もうとするかのようで、その上さらに、口のなかからの針穴写真を見るひとが、原始生命的な海の生きものの仲間へと退化することを、撮影者ジャスティン・クイネルが密かに熱心に願っているかのようにも見えてきます。

　人食い大巨人にひと呑みにされしまい、消化の途中でゲップと一緒に食道を逆流したぢぶんの目玉が巨人の口から飛び出しそうになった一瞬に垣間みる、臨死体験のお花畑のようなゲテモノ写真集です。

焼き食パンの聖母像

あり得ないモノに出没する謎の人面騒動コレクション

バズ・プール

横=17.0cm ＊縦=22.8cm
約 300g
ソフトカバー
カラー写真と解説
96 ページ
2007 年
ニューヨーク
英語版
Madonna Of The Toast
Buzz Poole

　ポテトチップ工場で入社 15 年目配属された検品係のお仕事中、不良品として廃棄するポテトチップのなかにアニメやディズニーのキャラクターやハリウッドスターの顔にそっくりなものが混じっていることを発見。世界ではじめての人面ポテトチップコレクターとなり、ニホンをはじめ世界のテレビ番組に出演、シンプソンズのネタにもなったオバアちゃんミルテ・ヤングさんのように、ヘンなところにヒトの顔があるのを発見してしまった世界じゅうのヒトたちを直撃訪問。

　問題の物体の「カオ」と発見者たちの「カオ」を記念撮影しまくったカオ・カオ・カオのコレクション本です。風呂場のシャワーカーテンにレーニンの顔を発見したカリフォルニア在住で宇宙物理学が専門の大学教授。イギリスのおじいさんの家庭菜園で収穫されたミシュランマンのニンジン。ネコの耳の内側に姿をみせた怪僧ラスプーチン。映画『スターウォーズ』シリーズの不人気 CG キャラクタージャー・ジャ・ビンクスがアナログ的にこんにちわしてくる木製の扉。ボロボロに痛んだフライパンのなかに現れた怒ったヘノヘノモヘジ風なキリスト。火災にあったペットショップで飼われていた動物たちの中でただ一匹だけ生き残ったものの、甲羅に悪魔の顔が浮き出てきて近所のヒンシュクの的となり、店を閉店に追い込んだ濡れ衣の悪魔のカメ、ラッキーちゃん。マザーテレサの顔がうかんだ不味そうなシナモンロール。パンケーキのローマ法王……。

　気分ひとつでどうとでも解釈できる人面系の超平凡自然現象とのありふれた出会いひとつで、人生の進路がどれほど大きく変化することか。

　その様々な実例集として眺めるとひとしお興味深い立体的心霊写真集です。

秘められた自然のカオ

顔に見える風景写真集

ユルゲン・クローニグ

横 =23.0cm ＊縦 =25.0cm
約 515g
ソフトカバー
カラー写真集
118 ページ
2001 年
イギリス
英語
The Secret Face of Nature
Jurgen Kronig

　ニンゲンの顔面に似ていなくもある岩石写真といえば、痴名度が高いのは火星の人面岩ですが、地球とゆう空飛ぶお盆のうえにだって火星の、より以上に立派な仮性人面岩なんかゴロンゴロンあるよ、うれしいよ〜。とばかりに、全体の輪郭がニンゲンや動物のカオカタチに似ているようにも見えるうえに、カオの表情を読み取るのに必要な左右の目玉と口のパーツに相当する物体やら、光線の加減で出来た単なる陰影などが岩肌に散らばっているように見えなくなくもある人面系岩石を追いかけまわした仮性の人面岩お写真集です。
　ニンゲンのカオのように、あるいは、カメやウマやワニやサルや巨人や妖精さんのように見える巨岩や奇岩が、ヨオロッパ各地の見渡す限り延々とうねる丘陵や海岸などの緑や、砂のなかにポトリポトリと、なにか超便秘体質の大魔人がお散歩とちゅうでヒネった野ぐそのように置き去りにされている大自然のなかの大不自然。写真をぢっとみればみただけドンドコドンといくらでも新しいカオ・カタチを次々に発見できてしまうテンネン自然のみずみずしいアホらしさ。人面岩や動物岩で調子づいたのか人面雲や生き物の木など反則わざも連発しほうだい。などなど、心霊写真の心霊が、ホンモノの心霊ぢゃないけどホンモノ以上のホンモノのオレですもの、と開き直った女装コールガールの素マタ攻撃のような、キョーレツにツボをはずしまくってる毛な刺激がつごすぎで。岩がヒトの顔に見えることの当たり前さよりも、ヒトのカオの上の部品一式を当たり前のようにヒトのカオとして眺めて驚きもしない自分のほうをたくさんホメてあげたくなってみたくなるかもな、反則攻撃すれすれ系ウットリお写真の大行進です。

53

アラスカの野外トイレ

野外トイレ写真紀行

写真&文＝ハリー・M・ウォーカー

横＝21.7cm ＊縦＝16.4cm
約330g
ハードカバー
64ページ
1996年
フェアバンクス、シアトル
英語
Outhouses of Alaska
Harry.M.Walker

　オーロラもみえる極寒の地アラスカで、いまも現役の野外トイレを訪ね歩いたアラスカ野外トイレ写真紀行本です。野外トイレといっても公衆トイレではなく、自分のうちの野外トイレのこと。アラスカでは、トナリ同士のおうちがあんまりも遠くて、下水道を整備するどころのはなしではないからなのかどうなのか、おトイレがいわゆるおウチのなかではなく、おウチから外にでてとことこ歩いた離れの別棟の、野外トイレを使っているおうちや公共施設が多いのだとか。

　この本にも収録されている毎年2月恒例の、特製はりぼて野外トイレお神輿をスキーにのせて走るトイレ競争があったり、観光おみやげ売り場ではミニチュアの野外トイレが販売されてたりするほどに、野外トイレはアラスカとは切っても切れない内痔核のような風物詩なのだとか。

　ステンドグラスのはまった野外トイレや、廃船になったボートを再生利用してこさえた野外トイレ。レインジャー隊の山小屋の5人掛け便座つき野外トイレ。標高数千メートルの山腹にある野外トイレ。海辺におしりをつきだした野外トイレ。お花やクリスマス飾りで飾られた野外トイレ。などなど、最低限の天井や壁に守られながら、きびしい大自然のただなかでの最高の排便行為をエンヂョイするために、たっぷんたっぷんの愛情を肥料として降り注いで作られた野外トイレが見せるさまざまな表情を、おトイレの持ち主のかたがたのインタビウを聞いたりもしつつ、アラスカのおいしい空気にくるまれてのおトイレ観光気分で眺めて通りすぎることができます。

　おトイレだけ借りにアラスカに、ちょっと行ってすぐに帰ってきたよ自慢を見せつけられてるような気分にもなれる、トイレふぁん向けの一冊。

世界のおトイレ

海外トイレ紀行

モナ・グレゴリー、シャン・ジェームス

横 =15.5cm ＊縦 =17.7cm
約 500g
ソフトカバー
カラー写真集
256 ページ
2006 年
ドイツ
英語版
Toilets of the World
Morna E. Gregory and Sian James

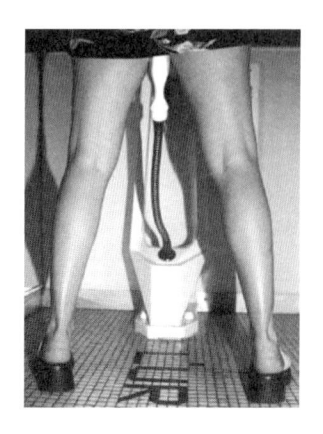

　諸国お便所漫遊とゆう黄金色の夢を実現した、若い 2 人のカナダ女性チームによる世界おトイレ写真紀行です。
　ニウヨウクぱんく観光名所 CBGB のおトイレ写真と、第二大戦でニホン飛行機 1400 機を撃墜した航空母艦のトイレが並ぶ異様な見開きページで幕開けのふりだしは、北米各地のバカげたトイレ。カナダ・ウィスキィカフェの女性用の立ち小便用便器。航空博物館に保管されている元祖宇宙トイレ。アーミッシュ手作り工作の野外便所、全米随一の奇天裂ホテル自慢の開拓時代の牢獄風トイレ。とびら全開の野外トイレにしゃがんだ死美人風 SEXY マネキン人形が座って手まねきしている道ばたドッキリ便所。特注の刑務所標準トイレがあるカリフォルニアのナイトクラブ。高山病や凍傷に要注意なのは、火山山脈や沙漠地帯など峻厳な自然にどっぷり溺れる観光トイレ旅行気分で、使用後の汚れもべったりの中南米トイレ。バルセロナにあるアントニオ・ガウディがつくった公園の便所。ヨーロッパ各地のせせこましくも都会的な洗練されたトイレめぐりを経て、トイレにいく途中の道をゾウの行進にはばまれたりするような、中南米よりさらにワイルドでサバイバルな自然環境に人工のトイレ差別が加わるアフリカのトイレは、目隠し用の囲いしかない難民用野外トイレと、おサレな金持ち用便所が隣り合うイジワルさ。
　オセアニアからアジアまでを赤にかけ、建築費総額 350 万ドルでギネスぶっく認定の世界一高価な香港・九龍のトイレ。オール純金製の世界最下品な金ぴかトイレ。水上生活者たちのハシケのうえの共同便所。芸術家のアートイレ、アートとトイレ。夢のなかに出没しがちな不思議なトイレがお待ちしています。

地球でオシッコ

女性アーティスト野外おしっこ世界放浪

写真＝エレン・ジョング

横 =18.5cm ＊ 縦 =28.5cm
700g
ハードカバー
オールカラー写真集
112ページ
英語版
Pees on Earth
Ellen Jong

　22才のときビルの屋上で、カラダのなかから外へとコンニチワ＆サヨナラしている真っ最中の自分のオシッコを写真に撮影したときの、当人もうまく説明できないカンドーにみちびかれ、世界的にも珍しい野外おしっこセルフ写真専門アーチストとなった、アメリカの女性写真家エレン・ジョングさんの初写真集。

　おトイレのなかでと同じかそれ以上に、おトイレ以外の場所でおしっこをすることが、おしっこの写真を撮影することと同じぐらいに大好きなエレン・ジョングさん。果樹園の木立のなかやフロリダやハワイや、メキシコのビューチフルな海辺など大自然のひろがりのなかで、水晶やダイヤモンドにもない天然自然の透明さの中におひさまの陽射しの輝きを抱きしめてで、ピカピカ輝くゴールデンレインシャワーオシッコの結晶を受け止めて歓喜にシビれるフィルムの感光っぷりは、エレンさんのオシッコ写真宇宙の特産品。

　大都市ニウヨウクや中国シャンハイの街角でトラックの屋根や、コーバンの前や友だちのパーチー会場やプールさいどや歩道橋の上や閉ざされた公衆トイレを囲った金網の前や、流し台や気に入らないキレイな花壇などなどあっちでもこっちでも、追い掛けられて逃げまわったり、オシッコおんな友だちにモデルをやらせたり、娯楽用のおくすりやお酒の酔いでくらくらしたりしながらオシッコの恵みをふりまくために、世界を股にかけての大ハッスル。第二ミレニアム（千年紀）最終日1999年大晦日日没オシッコとそれ以前のオシッコ、第三ミレニアム初日2000年元旦初日の出オシッコとそれ以後のオシッコが収録。千年紀２つをまたいだエレン・ジョングさん謹製オシッコ写真の壮大さに、オシッコ聖人の尊称を捧げたくなるほどです。

金持ち&有名なヲンナたち

メキシコセレブたちの悪趣味豪邸写真集

写真＝ダニエラ・ロッセル

横=23cm ＊縦=33.3cm
約555g
ソフトカバー
カラー写真集
124ページ
2002年
英語
Ricas y Famosas
Daniella Rossell

　メキシコ人口の大部分を占めるビンボー庶民の小銭を吸い上げて、ノシノシノシ上がったヒトたちのキラビやかな悪趣味豪邸の数々を、成金階級出身メキシコ女性写真家ダニエラ・ロッセルさんが、オラオラアミーゴス。

　2本の真っ赤な柱に支えられた金ぴかキャノピーの下で、座高5メートルを優にこす金ぴか大仏像のひざには何故だか札束がゴロゴロ転がされ、年令不祥の金ピカなドレスの白人女性が、大胆に裾をめくりあげて寝そべっていたり。豪勢な獅子脚つき家具の横に目をつぶっておすわりしているホンモノのライオンの頭をテニス靴で踏んづけて、調教用ムチの代わりになぜだかテニスラケットを振りかざし、白いアンダースコートまるだし太ももの背中まるだし、アメリカジョークいりの黄色いＴシャツを片肌ぬいでワイルドなポーズングを決めていたり。壁に飾ったた美容院の広告チラシのイラストれべるの最悪家族の肖像画の巨大な額縁が、めちゃくちゃな豪華で最高級のお部屋との異常な不似合いぶりを誇示していたり。。ライオンや豹や山羊の剥製やら何やらが動物園のなかかと思うほどに、いくらでもお部屋のなかにごろごろしているのもまるっきり当たり前、古代エジプトやギリシャ・ローマから現代最先端までのあらゆる家具調度品などが、時間無制限食べ放題もーどで一切の脈絡を無視して、部屋の内外に持ち込み放題なのも当たり前だったりする成金メキシコ白人のかたがたのウルトラ・バロッキィな金ピカ部屋は、先天性人工廃墟そのもの。

　この写真集のための撮影ほうもん時期の1998-2002年は、これら成金連中が長過ぎた不正な特権階級の座を放逐されたり、国外逃亡したりの時期に重なって、味わいもまたひとしおです。

牢獄の空気のなかで

廃墟の壁の写真集

写真＝トーマス・ローマ

横 =28cm ＊縦 =36cm
約 480g
愛蔵版布装ハードカバー
デュオトーン写真 44 点
96 ページ
2006 年
ニューヨーク
英語
In Prison Air
: The Cells of Holmesburg Prison
Thomas Roma

　監禁した囚人たちを人体実験用動物として虐待していた事実が露見したことが、アメリカ屈指の人権蹂躙極悪非道の暴力刑務所とゆう、元々の悪名を一段とこじらせていたフィラデルフィアのホームズバーグ刑務所。創設は 1896 年頃。1960 年代にはジョンソンあんどジョンソンや、ダウはじめ有名製薬＆化粧品＆食品会社などが商品開発のための人体実験テストを実施。1970 代にはニュルンベルク原則にてらせば、明白な非人道的犯罪行為に該当する悪魔の飽食ちっくな軍事医学人体実験の舞台になるなど、1997 年に閉鎖されるまでのおよそ 100 年もの長期間にわたって、投獄されたヒトたちの肉体と精神をむさぼり喰らいつづけた悪魔の胃袋のような刑務所が、いまは廃墟と化して打ち捨てられている現場を、写真家トーマス・ローマが潜入探訪。全館総計 700 室すべてが無人の牢屋ばかりの崩落まっさかりのカベ・壁・かべを写真道具一式抱えてすべて見きりました、という美的キモ試し根性丸出しの刑務所廃墟写真集です。

　ときどき天井や側面の窓から射し込む陽の光にまぶしそうに輝きもする牢屋の、じとついた空気を透かしてトーマスさんのレンズ越しに見るこの刑務所のカベの特色は、湿気でそこいらぢゅうがめくれあがっているカベ紙が、ぶさいくさがけなげな雰囲気の大小とりどりの大量の花びらで飾られているように見えること。もうひとつは、通常の牢獄のイメヂには直結しないのに、明らかに囚人たちが描いたとしか見えないものすごくたくさんの落書きの絵や、文字や記号がそこいらぢゅうに溢れ帰っていること。見詰め過ぎると自分が刑務所のカベに塗込められてしまいそうな、恐怖感が迫ってくる不気味な写真集です。

本のムシ　ロザモンド・パーセル写真集

廃滅の本だな写真集

ロザモンド・パーセル

横 =18.7cm ＊縦 =22.4cm
約 680g
ハードカバー
オールカラー写真集
160 ページ
2006 年
ニューヨーク
英語版
Bookworm: The Art of Rosamond Purcell
Rosamond Purcell

　何百年ものあいだ、誰にも手を触れられないままのホコリまでが骨董品のような腐りかけの本棚のなかの本。アノ世にも本を握りしめたまま行きたかったヒトの墓にお供えとして埋めた本を、何百年後かに地中から掘り起こした本。まるごと消滅した廃虚があとに残された、ただ1つの忘れ物でもあるかのように手厚く無惨な本。1冊の本を狂った廃墟美を映し出す万華鏡に仕立ててくるくる踊らせてあげまひょい。競作写真集『ミュター博物館』『グロテスク』などびっくらエロちっくハウス系博物学趣味派の女性写真家ロザモンド・パーセルさんが、30年の歳月を費やして感性させた鉄板ソース風味の本の廃墟加工いぢくり写真集です。

　モデル役の「本」たちが水浸しにされたり、火あぶりにされたりしている写真を目撃すると、アートと称して本が虐待されているとしか感じられず、苦痛や悲しみ怒りなどを作者に対してぶっつけたくなるヒトたちからの疑問の声には「そおなっているのは、そおなっている状態のものを捕獲しただけで、自分の手を汚したのではないのです」と弁明を用意してあとは、本に対するサドマゾぶれいのやりたい放題。表紙の布の生地が壊れた土壁のように露出したところに落ち葉がからまって鳥の巣状になっていたり。大きな虫喰い穴が空いた本の影から剥製の鳥がこちらの様子を覗き見していたり、本にガンガンと釘が何本も打ち込まれていたり、魚や鳥のガイコツややシデ虫の甲羅や手足がばらまかれていたり。ロザモンドさんの目の前にある本たちの上に、もし他の誰かがしたのだとしたら動機も目的も想像のつかない不思議な現象が頻発し、ロザモンドさんが望んだ本の墓場の崩壊感覚を最大限に濃縮加工しています。

道ばたの遺品　見捨てられたアメリカの自動車たち

廃車ハンティング全米ツアー

ウィル・シアーズ

横 =21.9cm
＊縦 =27.9cm
約 530g
ハードカバー
オールカラー写真集
208 ページ
2006 年
カリフォルニア
英語版
Roadside Relics
: America's Abandoned
Automobiles
Will Shiers

　道ばたに捨てられっぱなしのボロボロぽんこつ自動車をカメラ片手に追い掛けて丸 10 年。新品当時は高級で立派なお宝系の骨董自動車たちが、最後の最後の成れの果て、雨ざらしでボロボロの廃車になって成仏を待ちわびている無惨美を、時に廃墟趣味なども加味しながら、ゲップのでるほど喰いしん坊バンザイ。死亡した元・自動車が放置、遺棄され、崩壊していく姿をホレボレ凝視する廃車ふぇちマニア野外調査観察お写真集です。

　撮影場所で多いのは、森の中にある廃車回収再生工場や、無人になった幽霊町の路上など。映画『スタンドバイミー』でお馴染みの、アメリカの廃車回収再生工場（ジャンクヤード）につきものの番犬ジャンクヤード犬を筆頭に、ガラガラ蛇やサソリや噛みつきアリやハチなどに何十回となく行く手を妨げられながら撮影したというオンボロ自動車たちは、崩壊の程度ひとつをとっても、実にさまざま。地面の下から車体の前部や後部を突き破って樹木が伸び上がって、冬虫夏草の虫が自動車になったバージョンみたいな車も多数あれば、沙漠に車体が呑み込まれている車もあり、核兵器実験所の近くで爆風にあおられたように転覆している車もあれば、大量の部品がすでに持ち出されてしまってガリガリやせ状態の車、塗装したのかと錯覚するほどビッシリと砂荒らしに覆われた車、銃撃の標的にされて弾痕だらけの車、屋根だけが燃え落ちてどこかへ吹き飛ばされたかのように屋根と覆いだけがなく、接合部に多少の焼けこげがあるだけの車が幽霊町の路上に放置されている光景など、廃車フェチの気がなくても興味をそそられる因縁つきの廃車も数多し。

　全米 49 州ポンコツ廃車めぐりの旅を紙上追突体験。

れんが造りの聖書　創世記ものがたり

レゴで作った始めにレゴありき聖書

ブレンダン・パウエル・スミス

横 =21.0cm ＊縦 =16.0cm
厚さ 1.6cm
約 600g
ハードカバー
カラー写真集
176 ページ
2003 年
ペンシルヴァニア
英語版
The Brick Testament
:Stories from the Book of Genesis
Brendan Powell Smith

　メキシカン・ファーストフードちえん店タコベルで、食事中に突然かみさまから受信したお告げの命令に従って蓮画の立体的な結晶体にも見える組み立てオモチャ・レゴだけを使い、旧約聖書の宇宙の店びらき「創世記」を演じさせて遊んでみましたー。とゆうプラスチック聖書実演劇お写真集です。
　始まりのオープニング、この世が誕生する前からレゴだけはあった、どこかに何となく風なかんぢですでにいた神様が、レゴだけを組み合わせてこしらえた天国と、地上世界の風景の誕生。レゴの組み合わせで出来た土くれから生まれた最初のレゴ人間七三わけのアダムの黄色い裸体がでこぼこ地べたに転がっているすがたを、白髪白ヒゲ白服のレゴ神さまが見下ろしている光景は、レゴ宇宙のフランケンシュタイン博士が手を染めたレゴ人体実験のような犯罪現場の雰囲気。アダムの黄色い裸体のうえにかがみこみ、マウス・ツー・マウスの接吻で生気を送り込んでいる白髪白ヒゲ白服の神さまは、レゴ宇宙のボーイズラブ誕生を目撃するかのよう。そして以下、イブ誕生。エデンの楽園の真っ赤な蛇ちゃんが差し出す、真っ赤なウサギの頭のような頭のよくなる果実。カインとアベルの兄弟殺し事件や、大量殺戮神様の無差別大洪水テロ、箱舟船頭さんノア 950 才の昇天、バベルの塔、真っ黒いレゴをぶつけられて滅んだソドムとゴモラ、アブラハムの息子イサクをレゴベッドのうえに緊縛拷問。最後には、ヨセフがエヂプトヘレゴ馬で去ったあと、作者ブレンダン・パウエル・スミスさんのレゴ製ではない御真影が登場してエンデングというオチ（？）。レゴ遊びのやさしいわかりやすさが逆方向に暴走して凶悪めいた人形本です。

不可解な死亡現場をめぐる木の実サイズの調査

犯罪現場再現ミニチュア人形館写真集

コリン・メイ・ボッツ

横 =21.0cm ＊縦 =28.0cm
約 1.2kg 以上
愛蔵版ハードカバー
カラー写真集
224 ページ
2004 年
ニューヨーク
英語
The Nutshell Studies of Unexplained Death
Corinne May Botz

　生きているニンゲンのではなく、死んでしまったニンゲンの分身としての人形たちが、よみがえる場所ではなく、いつまでも安心してタマシイの抜けガラの状態のままでいられるためのお部屋として作られた、「死亡現場の人形はうす」写真集。
　大財産持ちの深窓のお嬢さま育ちで、離婚歴 1 回の人形偏愛狂フランシス・グレスナー・リーさん（1857 年 3 月 25 日生まれ生まれ）とゆうヒトが、妄想や執念や資金や時間や最高級のミニチュアパーツに加えて、アンチック＆家具の店長時代の経験を活かしての素材材料の発掘テクニックや、父親譲りの建築術や造型＆色彩感覚や母親譲りの手工芸の技術指先の技など、一般人には手も届かず羨ましくもなさそうな人生と才能のありったけを注ぎ込んで作り上げた、天国と地獄のパッチワークのような、手づくりミニチュア死体人形ハウス全 18 軒を、実際の犯罪捜査資料にもとづき色々なタイプの事件を各種取り揃えた、人形ハウス制作のための「設定」や殺人現場見取り図つきで完全公開。
　作者の死後は、ボルチモアの法医学施設に収蔵された殺人遺体ドールハウスは、公式名称『不可解な死亡現場をめぐる木の実サイズの調査』といい、1930 年代に制作開始。法医学や科学鑑定がようやくヨチヨチ歩きを始めたばかりの当時、専門家養成のための科学的探偵術の練習教材として、名門ハーバード大学内の研究ぷろぐらむに正式に導入されて最高度に高い評価を得たという、表向きの栄誉が時代の移り変わりの中で色あせて消えれば消えるほど妖しさを強く放って輝く、現場の細部のヨゴレの再現にまでこだわり抜いたリアルさ。人外魔境的な死人形の小さな館に秘められた、人形愛女性の愛憎を探る女性写真家の迷宮巡礼です。

ホームコメデイのお部屋　あめリカの人気テレビドラマのおうちの舞台裏

テレビドラマを再現したインテリア集

ダイアナ・フリードマン

横 =22.4cm ＊縦 =28.4cm
ハードカバー
オールカラー
写真満載
192 ページ
2005 年
アメリカ
英語
Sitcom Style: Inside America's Favorite TV Homes
Diana Friedman

　日常生活上のドタバタが半永久的に繰り返される悪夢的小宇宙として、テレビ依存症者たちの網膜や視神経に残像として鮮明ながらも、レトロ趣味家の虫取り網で捕獲されることが少なめな、テレビドラマ撮影用のおウチの大道具セットにスッポットライトをすぽっと。自分の住居で、かつての人気テレビドラマのお部屋を再現にチャレンジしてみましょうという電波系インテリア本です。

　取り上げられている番組は、最近作『セックス・アンド・シティ』『となりのサインフェルド』『ウィル＆グレイス』『ふたりは最高！ ダーマ＆グレッグ』『そりゃないぜ！？ フレイジャー 』『フレンズ』『Hey! レイモンド』などから、白黒テレビ時代の『ギリガン君 SOS』『ゆかいなブラディ家』『おかしなカップル』『かわいい魔女ジニー』『アダムズのお化け一家 (The Addams Family)』『じゃじゃ馬億万長者』『原始家族フリントストーン』『宇宙家族ジェットソン』『アイ・ラブ・ルーシー』まで。登場人物設定ごとに、一軒家持ちの「中流」家庭もの、賃貸住まいの「労働者」家族もの、新婚かっぷるるもの、独身女性もの、独身男性もの、ルームシェア、お金持ちの豪邸などタイプ別でジャンル分け。

　実際のセットの写真や見取り図などをふんだんに使いながら、設定人物それぞれの架空の生活水準や架空の趣味から、装置デザイナーたちが割り出したお部屋のセットの大道具から小道具調度品などまで。ふだん見過ごしているつもりで脳内に換気扇の油汚れのようにシミついている、電波紙芝居師たちの職人技をまざまざ観察。最小限の出費で最大限に可能な、テレビドラマみたいお部屋づくりのお作法を大公開しています。

バラード夫人のオウムたち

オウムの名場面コスプレ写真集

アーン・スヴェンソンン編

横 =23.0cm ＊縦 =21.0cm
約 430g
ハードカバー
カラー写真集
96 ページ
2005 年
ニューヨーク
英語版
Mrs. Ballard's Parrots
Arne Svenson

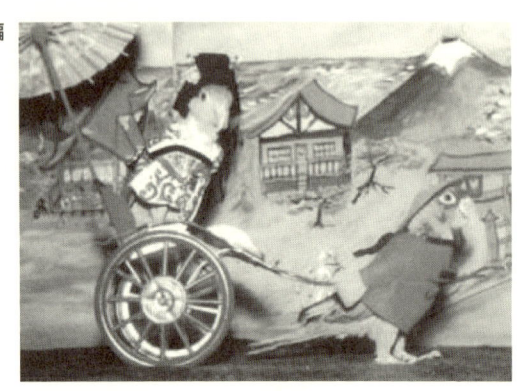

　精神病院の長期滞在者でそれまで 15 年間しゃべったことがなかった人が、慰問にきたバラード夫人のオウムのコスプレショウをみたら、狂喜のあまり、しゃべるようになってしまった。とゆーほどにモー烈で愉快なアルバ・バラードことバラード夫人のオウム・コスプレショウ。そもそもは、イエで飼っていたオウムたちに手づくりの衣裳やパテでこさえた手足をくっつけて、映画やテレビ、オペラなどの名場面や、歴史上の偉人有名人たちのコスプレをさせて遊んでいたのが徐々に過熱化。オウム・ショウを披露するために幼稚園や老人ホームの慰問にもいけば、芸能プロダクションや映画テレビへの売込み営業にまで手を拡げたのが大当たり。

　自家製コスプレ・オウムたちは、ウッディ・アレンの映画や、テレビ『サタデーナイトライブ』にも出演するほどの大評判を巻き起こしたそうなのですが、やがて忘れられ、1994 年にバラード夫人が亡くなってからは写真も 16 ミリ映画も手づくり衣裳も散佚してしまったのだとか。芸能人が身内にいる友人の別荘に置いてあった、古いファンレターの束をいじくり回して遊んでいたとき偶然発見したちまち一目惚れしたのが、著者とバラード夫人のオウムコスプレ写真の出会い。タイニー・ティムのコスプレをして爪先立ちでチューリップ畑を歩いていたり、ギンギンのバイクにまたがり映画『イージー・ライダー』になりきっていたり、ニポンの伝統風衣裳でオペラ蝶々夫人してみたり、歌手ソニーとシェールしてみたりと、やりたい放題。動物を手なづける能力抜群だったというバラード夫人の前で何をするのもウレシげなオウムたちが、ピントがにじんだ記憶のようにかすむ写真の中で永遠の熱演を。

恐怖の道化師たち

恐怖のピエロ達

エッセンシャル・ワークス編

横 =12.5cm ＊縦 =17cm
約 260g
ハードカバー
132 ページ
カラー＆モノクロ図版コレクション本
2006 年
ロンドン
英語版
Scary Clowns
Essential Works

　大きいケガでもしたのかと驚くような独特の化粧をしたピエロの顔をみて、こわがったり恐ろしがったりしない子どもがいるほうが、不思議といえば不思議なような気もしますが、スティーブン・キング『IT』登場前後からここ 20 年以上は、ピエロ恐怖症の悩みが急増中だとか。イギリス、ドイツ、北欧でも東欧でも、ピエロをやっつけろ！デザインのＴシャツやバッチや帽子やカードやらが大量に出回っている、という風評にあやかって、誰にでも身におぼえのありそうな、恐怖症といってはちょと大袈裟な、ピエロこわいヨ気分を体内で発酵醸造させて、背筋ゾクゾクしておもしろがるためのピエロ画像これくしょん本です。

　あちこちから誘拐同然で寄せ集められたピエロさんたちのなかには、無声映画時代を代表する怪奇映画男優ロン・チェニィが扮したピエロも。イタリアの息子と父親のピエロ親子も。殺人道化師ジョン・ウェイン・ゲイシィを主人公にした再現ドラマの主役の殺人ピエロも。2001 年スイスでの道化師大会で子どもが扮したピエロも。20 世紀初期フランスの有名なパントマイム師ピラル・モランのピエロも。ピエロのいれずみが制服がわりのエルサルバドルのギャング団員も。。

　いつもヒトの意識の死角にある衣装戸棚の隅っこで、洋服の山のなかに潜りこんで死んだふりをしている恐怖のピエロたちが、意識の表面をけやぶって逆立ちで玉乗りをしながら忽然と飛び出してドラムロールにあわせてスッテンコロリンしてくれそうな、コワイ写真やポスターなどを持ち歩き便利な小型ハードカバ本のなかでおしあいへしあい。枕元に置いてあっても精神不安定剤になる心配のうすい、露天の夜店感覚のピエロ図版集です。

神さまの贈り物

1970年代人気ホルモン過剰男優写真集

序文＝ルーシィ・ケイブ

横 =12.8cm ＊縦 =17.0cm
約 310g
ハードカバー
カラー写真集
148 ページ
2007 年
ニューヨーク
英語版
God's Gift
:Over 100 Studs, Stallions and Dreamboats from
the 70s and 80s
Lucie Cave

　「1970-80 年代に大人気だった色男、絶倫男、モテモテ男が超 100 人」という副題どおりに、ヒゲ、ムナ毛、目ツキ、髪型などを性的吸引力のシンボルとして、最大限にアピールすることで異性や同性のファンを鷲掴みするパワーに絶対的自信を持つ、男性芸能人たちのマヌケっぷりに笑殺されることだけが狙いの脱力的編集方針（たぶん）のもと、見た目の気色悪さだけを基準に、ちゃらんぽらんに選ばれた風な少年から中年までのハリウッド＆ロック系レトロ男性がスター大集合。

　時代の変化という洗濯モーター付きの漬け物樽のなかで、じっくり時間をかけて変な味わいに熟成された、肉汁こってりフェロモン分泌度アピール写真ばっかりを羅列した、ポケットはみだしサイズのセクシー男性なれの果てコレクションです。あいまいな寝癖のような中途半端なウエーブの髪に、上くちびる全体を覆い隠す恥毛のようなおヒゲ、目の上のヘソの下のように、キリリとした太い眉毛に守られて、ネバネバしたお色気光線を発射する腐りかけたようにトロけた目玉、純白のシャツがはけだ胸元は金ピカネックレスに縁取られたムナ毛が動物の背中のように黒グロとしたハードコアポルノ男優第一世代風のオッサンが豹柄のカベの前に立って、シャツのボタンをいぢくりながら微笑む写真が表紙を飾っていますが、野生動物系限定ではなく、ワム！やデビッド・キャシディと、カジャグーグーのリマールなど無味無臭系フェロモン出過ぎタイプ、筋肉露出系、オッサン系、エンゲルベルト・フンパーディンクもスパンダー・バレーもライオネル・リッチーもバニー・マニローもブライアン・フェリーも誰も彼も気持ち悪さのタイプはてんでばらばらの食中毒本です。

66

カンペキになりたがる宇宙たち

マイワールド徹底追及マニア活動実況写真集

セイジ・ソイエ

横 =16.8cm ＊縦 =25.8cm
約 320g
ソフトカバー
オールカラー写真集
64 ページ
2007 年
オレゴン
英語版
Perfectible Worlds
Sage Sohier

　妖精ものがたりや童話のなかのイキモノたちの、ヲトナの人間よりも大きいサイヅの彫刻をつくるマニアは片足がオシリから義足の女性英語教師。ハイヒールコレクターは女装マニア。鐘を集めるコレクターのオバアさんは亭主のいえで代々商売をしているヨロツ屋さんのミニチュア人形屋敷の手づくりマニア、スノードームこれくたーのコドモ弟はカギをぶらさげる鎖を集めるコレクター。マニアっくなだけでなく、ヤヤこしいかんぢなコレクターたちが自室と称する各自銘々のオリのなかで夢うつつの真っ最中へ、どうもどうもと女性写真家セイジ・ソイエがお邪魔した実況レポートお写真集です。

　部屋全体が埋もれてみえないほど集めたネクタイの上に座ってネクタイを締めようとするものの、手のなかにも肩のうえにもたくさんのありすぎるネクタイのひとつずつに目移りがして、どのネクタイを締めたらよいかを判断しようもなくなって途方にくれたオヂサンの悲しげな表情はまるで、自分がネクタイだけで作った宇宙のなかで肝心の探し物のネクタイ 1 本を探す手がかりを忘れて困っている神さまのようで、そう思いはじめると、表彰用リボンを壁面びっしり貼りつめた部屋でイヌを革椅子に寝かせ、自分はウマの首を抱いているぴかぴか乗馬靴の白人男性も。丘の上のわびしい木の幹にもたれて昼間から惰眠をむさぼる中世の郵便配達か仁丹の軍楽隊員みたいな制服のオヂさんも。

　局部的にカンペキな宇宙をつくる係を自己申告で担当するボランティアのような妄想の神様たちが、世間の隅っこあちこちに実在することのバカバカしさ。世界のすみっこの小さな神さまたちが、おもに自分を混乱させるタネ巻きの光景を暖かく見守っています。

亜米利加の全自動スピード写真機

スピード写真 BOX 写真集

ナッキー・ゴラニン編

横 =21.7cm ＊縦 =25.4cm
約970g
ソフトカバー
オール原色（ハーフトーン＆彩色）写真集
224 ページ
2008 年
ニューヨーク
英語版
American Photobooth
Nakki Goranin

　撮影しているのが有名な写真家だから。モデルが好きだから。風景が綺麗だから。可愛い動物や子供が映っているから。見るひとから愛される写真に共通する一般的なイメージとして誰もが思い浮かべるどの条件にも見事にもあてはまらないどころか、まるでその正反対。撮影しているのは完全機械仕掛けの自動撮影装置。モデルはどの時代のどこの誰か全くわからない赤の他人で。白い背景のほかには風景もなにもなし。味気ないといえばこれほど味気ない写真も珍しいのではないかと首をひねりたくなるのも当然な、スピード写真機が撮影したポートレイト写真の、それも古いものばかりを、骨董市などでコレクションして足掛け 10 年。その間にスピード写真ボックスマシン本体まで 3 台も購入したというスピード写真機写真マニアのナッキーさんが、自慢のコレクションから厳選してくれた傑作写真集です。

　撮影者とモデルと写真機のおしくらまんじゅうの結果として撮影されている通常の写真では、完全勝利にまで至ることの少ない写真モデル側のせんずり的な自己陶酔感が、密室性と鏡という 2 つの魔法の道具を常備するスピード写真ボックスの人工照明のなれなれしさに唆されて、全面開花を目指して身悶えしながら高まった瞬間で、一瞬なぜか呼吸を止めてレンズ方向を見詰めるときの表情を機械的に捕獲したスピード写真を見ていると、先入観とは反対に、写真をみる楽しみの最大の発情要素のひとつであるノゾキ見趣味ばかりを集中的に攻め立てる、スピード写真にしかない写真らしさの泥沼にズブズブと。

　ホコリまみれでヒビ割れて何が映っているのか見分けもつかない、古いスピード写真を偏愛するマニア心がぐんぐん身近に迫ってきます。

ハイエナ人間たち

ハイエナ見世物家族写真集

写真＝ピーター・ヒューゴ

横=24.7cm ＊縦=28.0cm
約1.2kg
大型ハードカバー
カラー写真集
頁数＝記載なし
2008年
ニューヨーク
英語版
The Hyena & Other Men
Pieter Hugo

　ハイエナと大ザルを手下に連れた銀行強盗団がアフリカ・ナイジェリアにあらわる！とゆうニウスが数年前に世界中を騒がせて以来、なかば都市伝説化していたナイジェリアのハイエナ人間は実在した。報道に驚愕し、現地へと急行したスットコどっこいな写真家ピーター・ヒューゴさんが、写真機1台を買うだけの余分なお金を持っている住人が1人も住んでおらず、観光客が誰一人訪れない土地柄のせいもあって、外部の人間の目には完全に閉ざされていたアホみたいに、生死のさかいギリギリの緊張感がびっちりみなぎった、変態猛獣見世物の世界を捕獲成功したハイエナ人間家族の超異色肖像写真集です。

　ごっつい口輪をはめたハイエナを引き連れて街中を練り歩くハイエナ人間の「ぢぶんだちが魔薬犯罪者やボーリキ団だなんどとわ、とんでもねえ出まかせで、普段からイヤがらせを受けたりイヂメられたりしてるのは、実際は手前どものほうなので御座います」と無実を訴えることばとはイメージがすれ違う、濁ってドンヨリした態度。ハイエナの背中にのって無心に遊んでいるハイエナ家族の最年少でまだ6才のオンナの子。ハイエナ家族の一員に溶け込みすぎて、態度も雰囲気もニンゲンになりきっている見世物渡世の大ザルのたち。ハイエナ人間たちの背景にうつる、みるからに飢餓線より低い貧し気な地面のうえに立ち並んだ、オンボロでポンコツでガラクタな暗黒横丁。自分たちの手でイケ捕りにした野生のハイエナや大ザルや大ヘビなどを調教し、ナイジェリア周辺を巡業。ハイエナや大ザルの見世物興行の合間には、薬草や魔よけなど呪術的祭具の露店販売もするナイジェリア・ハイエナ家族の強靭な生命力に生き肝を抜かれそうです。

白い塔

世界最古ハンバーガーチェーン発達史

ステファン・イゼヌール
ポール・ハーショム

横=21.8cm ＊縦=23.5cm
約810g
ハードカバー
モノクロ写真集
192ページ
2007年（初版は1979年）
ドイツ
英語版
White Towers
Steven Izenour
Paul Hirshorn

　世界全国どこへいっても、同じ設計図と同じ部材で同じ日雇い作業員が同じ日時でおっ建てたかのように同じような店舗をアッチコッチと1軒でも多く開店することで荒稼ぎをもくろみるチェーン店方式のハンバーガー店としては、世界的元祖ともいわれる1926年創業の会社「白い塔」ハンバーガー。玄関の上に伸びた「白い塔」が、お店のシンボル。店舗建築の特色は、琺瑯びきの真っ白な外壁と、面と面がくっつく際を角にせずに丸めた流線型のボデーという、ちょっと見にはタテに見てもヨコに見ても面白くも何ともない「白い塔」ハンバーガーのお店の一卵性10つ子双生児みたいな表情や体型が、売り上げ増大を熱望しながらドロドロこびりついていく肉汁ヨゴレの重みに歪んで短期的には徐々に少しずつ、長期的にみると大胆で変幻自在と無理に言えば言えなくもない微妙な変化を経ても、結局は別人みたいになれない変な過程を、当時の貴重な記録写真を通じて探っていく擬似路上観察的道ばた建築お写真集です。

　店内に空調機もなく女性店員の1人もおらず、従業員には休日ゼロが当たり前、オレンジジュースさえなく、アメリカ人がまだハンバーガーという食べ物を気味悪がっていた1920年代後半の「中世」風の外観が、間違いさがしクイズのようにビミヨな試行錯誤をへて、「もだん」な外観へと変身していった「白い塔」バーガー最盛期の30年代、40年代。戦前とはすべてが激変し「白い塔」ハンバーガー・チェーンの衰退、不振、閉店へ向かう第二次世界大戦後。「白い塔」全店舗の2/3を設計した建築家チャールズ・ジョンソンさんの証言などに基づく写真解説が「白い塔」の味気なさをモヤっと引き立てます。

変体もぢ文字

文字系入れ墨写真集

インナ・サルツ

横 =18.5cm ＊縦 =21.3cm
750g 以上
ハードカバー
カラー写真集
190 ページ
2006 年
ニューヨーク
英語版
Body Type
: Intimate Messages
Etched in Flesh
Ina Saltz

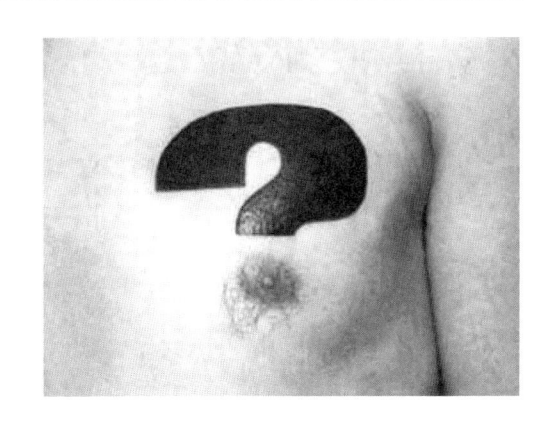

　文字。数字。図形。記号。絵。切り離すとバラバラに見えるのが当たり前と感じものを、カタチという区分にまとめてしまうと全部がカタチになってしまい、絵と文字の違いも一瞬のうちに怪しくなってしまいます。本書『変体もぢ文字』は、ヒト肌に刻まれるイレズミの色と線で描かれたカタチの 2 大要素のうち、注目率の高い絵ではなく、添え物と誤解されることさえある文字の魅力、文字のイレズミに秘められたコダワリのさまざまな表情を伝える異色のイレズミ写真集です。

　こだわりのカタチのなかで一番わかりやすいのは文字どおり、文字のカタチ・書体・フォントについてのホントのこだわりで、印刷用活字や PC 用など既成の書体だけでなく自作のこだわり書体が多数。熱い書体だけでなく、主張へのコダワリを文字で刻んでいるヒトたちも、自己表現系、自己満足系、らぶ系、政治系、宗教系、思い込み系、ホメことば系など多数登場。デコトラ野郎もびっくりな「食事をとるぞ」「大きい町」「孤独の星」「しあわせ」など、思わずホロリとさせられるようなイレズミも。ジョイス『ユリシーズ』やダンテ『神曲』など世界大文豪小説やバンドの歌詞の引用を何行にもわたってイレズミにして書き写していたりするなど、イレズミの文字にこめた魔力で自分の全身を遺書や告発状ノートや宛名を消した手紙などへと変身させているヒトたち。

　かと思えば、2000 語の単語で書いた短編小説の 1 語ずつを、イレズミで彫らせてくれるヒト 2000 人募集の雑誌上企画に実際に参加した何人かの「もしも」とか「は」とか単体ではまったく意味不明なイレズミもあり。

　涙あり笑いありの松竹新喜劇みたいなイレヅミ書道写真集です。

イキ過ぎアイロン掛け

エクストリーム・アイロニング

フィル・ショウ

横 =18.4cm ＊縦 =15.5cm
300g
ハードカバー
オールカラー写真図版満載
96 ページ
2005 年
ロンドン
英語版
Extreme Ironing
Phil Shaw

　家庭内アイロン掛けのちまちまメンド臭いわびしさを、アドレナリンの大噴火する野外スポーツのワイルドアクションと融合した新型スポーツ、イキ過ぎアイロン掛け（エクストリーム・アイロン）。1997 年、イギリス・レチェスター、独身男性 2 名の週末の侘しい洗濯中に誕生。1999 年、国際的スポーツ団体へと発展。2002 年、ドイツ・ミュンヘンで世界選手権大会。2003 年、企業スポンサーのおカンムリつき大会。順調に不自然な発展をとげニポンでも一時プチ話題になった珍スポーツ・イキ過ぎアイロン掛けのダイゴ味を、競技発案者の片割れ「スチーム」くんが紹介したアウトドア写真集。

　「イキ過ぎアイロン掛け」の基本は、危ない難所を征服し、背中にくくりつけたアイロン台に、小腰にぶらさげた灼熱のアイロンを使い、持参の洗濯物にいかにカッコいい身ぶり動作でアイロン掛けができるかを競うこと。入門者むけトレーニングや、1 番から 4 番まであるアイアン（＝アイロン）のお道具選び。総称「イキ過ぎアイロン掛け」に含まれる個々のこまかい競技種目として●「森」スタイル＝登った木のてっぺんでアイロン掛け（大自然をおもいきり地味に満喫できる）。●「水」すたいる＝滝壺アイロン、カヌー・アイロン、アイロン・サーフィン、水中アイロン掛け、氷結した水面下のアイロン掛けなど。●「都市」すたいる＝スケボーやローラーブレイドの動きをとりいれ、自動車の屋根の上でアイロン掛け●「フリー」すたいる＝アイロン人間ピラミッド、アイロン・トランポリン、アイロン人間ピラミッド……間口が広く奥行き浅いイキ過ぎアイロン掛け」のだいたいすべてをカラー写真で見物できる写真集です。

ソロモンさんのウチ　ニカラグアの迷い子たち

路上生活少女少年写真集

ヘンリク・サクソグレン

横 =24.8cm ＊縦 =28.5cm
約 1.3kg
ハードカバー
144 ページ
2000 年
ニューヨーク
英語版
Solomon's House: The Lost Children of Nicaragua
Henrik Saxgren and Bianca Jagger

　住む家もなく親もなし。最低限の読み書きを勉強する機会も、仕事らしい仕事につく機会もなし。腹ぺこのお腹をふくらませる唯一の手段が、必要に応じて盗み取ることや、カラダを売り物にすることぐらいしかないとゆうどん底生活の落とし穴は、ニンゲンが都市というものを発明して以来、昔も今もそこいらじゅうに掘られていて、誰がいつズボリとその落とし穴にハマってしまうのか。脱出はできるのか。独裁者を追放した興奮とバンザイむうどが急激に薄れ、内戦の混乱期にあった 1995 年の南米ニカラグア首都マナグア。どん底モード全開のお子さまたち男女の絶望と、ナミダとやけくそと眠りとクスクス笑いでいろどられた日常に、デンマーク人報道写真家ヘンリク・サクソグレンさんがベッタリ密着取材したドキュメント写真集です。

　年下の路上のボッちんお嬢ちんが、よってたかってオカマっ気の目立つオトコの子を陰湿にイジメている光景や、手錠をかけられて警察に連行されていくオトコの子、自傷だらけでお腹がぼろゾウキンになってるオトコの子など、男子系写真が出だしは集中気味。そのあとは、立ち並ぶ掘立小屋がすべて粗末な売春宿とゆう廃虚の街「死の谷」で年上のセンパイたちとお互いに悪影響を与えあったり、接着剤でらりらりしながらたくましく暮らすオンナの子たちや、本書のタイトルでもある 60 才の公害汚染魚釣り漁師ソロモンじいさんのおウチや、似たりよったりのジイさんオジさんたちのおんぼろ部屋に数人のヲンナの子同士で住み着いて、夜は稼ぎに出る野良猫肌のヲンナの子たち。お色気抜きワサビたっぷりの極ビンボー売春地帯の住人たちが、しずしず現れては闇に吸い込まれて消えていきます。

大規模加工された風景　エドワード・バーチンスキィ写真集

辺境の地の知られざる超巨大野外作業現場

ロォリィ・パウリ

横=28cm ＊縦=33.5cm
約1.6kg
大型ハードカバー
オールカラー版
160ページ
2005年
トロント
英語
Manufactured Landscapes
:The Photographs of Edward Burtynsky
Lori Pauli

　ニンゲンさまの無限のオネダリ欲に奉仕する、変態的ぎじゆつ力のガブリ寄り攻撃によって、何億年か何十億年かのヒマつぶし的に地球にできあがった巨大な大自然の風景が喰い荒らされ、超巨人的規模の野外ばけもの屋敷のような奇怪な風景に変身した、この世の果てのような場所ばかりを飯場仕事師のごとく巡って25年。カナダぢん写真家エドワード・バーチンスキィさん待望の初単独写真集です。

　深い海底の地面の下の下にしかないような、巨大な岩盤でできた岩山の横腹にへばりついて、細い彫刻刀で切り付けたような浅い切り込みの上を岩に、横腹をこすりつけながら走って行く貨物列車の線路シリーズ。露店風呂で溺沈死し白骨化した温泉風呂マニアが三途の川の生き帰りに立ち寄る地獄温泉風の「鉱山」シリーズ。圧縮された不燃ゴミのブロックや、廃棄された古タイヤの山が山のように積み重なった山そのものが山もりになった大山脈のような「都会の鉱山」シリーズ。人体内部のように無数の導管がタテヨコにめまぐるしく立ちならぶ「石油精錬工場」シリーズ。潮風のサビさびが見渡す岸辺いっぱいに広がる「船舶解体」シリーズ。

　など、ニンゲンにとって致命的な毒素の充満した途方も無い容積容量の光景が、1枚ごとの写真のなかにピッチリ詰め込まれてい、細部のいちいちいちいちに目線が釘づけになってしまいます。白アリのようなニンゲンの悪あがきによる自然環境の醜悪化を描きながらも、露悪的にはでなく神秘的でさえある金属と鉱物の結晶を核して、ビーチフルな光景のように丸くおさめているところが何よりの悪趣味ぽいんと。

　こっそり現実の薄い皮をはぎった写真ならではの終末世界大業火パノラマツアーです。

一体化するナワばり

モロッコの女耳なし芳一写真集

ラルラ・エッセィディ

横 =28.2cm ＊縦 =21.6cm
約 250g
ソフトカバー
オールカラー写真集
32 ページ
2005 年
ニューヨーク
英語
Converging Territories
Lalla Essaydi

　米つぶ 1 つずつに 1 人ずつの耳なし芳一がいることをいちいち証明せずにはいられないほどの真空嫌悪、空間恐怖に、米つぶよりも小さな砂つぶだらけの砂漠の地で取り憑かれたとしたら、砂つぶサイズの耳なし芳一は琵琶の代わりにどのような楽器を奏でるのか。

　モロッコの写真家女性ラルラ・エッセィディさんの特技は、天然染料ヘナを使ったカラー書道。赤アリの手足のツメのアカの跡ほど細かい文字で、1 行分だけでも数メートル以上の長さになるアラビア文字のお経の文章を何百行も書き連ね、建物のカベも床もお経のアラビア文字で埋めた驚異的空間を撮影セットとして用意。

　撮影モデル女性たちがまとうヴェールやマント、スカートなどのすべてにも、同じ偏執的な集中度で、天眼鏡のお世話にならないと読めないほど細かいアラビア文字のお経をびっちり。さらに、大オトナから小コドモまで大中小とりそろえた女性モデルたちの顔面にも、手足にも筆にヘナをつけて素肌の上にじか書きで、解説によれば最大 9 時間もかけて、寸断された毛細血管の迷路のようにお経の文字を描き描く描け。そんな下ごしらえが整ったところで、文字だらけの衣装をきた全身文字だらけのモデルさんを、文字だらけの場所で撮影されたラルラ・エッセィディさんのお写真は、1 枚ずつの写真のなかに収納されている文字の数だけで競争すれば恐らく世界最高金メタル。

　だからそれがどうしたとゆうことはもちろん一切何もなく、真空嫌悪はモロッコや中近東、北アフリカの宗教アアトの風土病とさえ言われることもあるらしく、しかもそんなラベルの話ではないらしい作者の意図を理解しなくても刺激的に響く、ゲノム解読法師耳なし芳子の哀調に瞠目。

寄ってらっしゃい　エドワード・J・ケルティ写真集

全盛期の見世物小屋業界御用達ナンバーワン写真家の遺作集

マイケル・バース
アラン・シーゲル編

横 =26.4cm ＊縦 =32.5cm
約 1.1kg 以上
大型ハードカバー
ハーフトーン写真図版
参考カラー図版入り
168 ページ
2002 年
ニューヨーク
英語
Step Right This Way
:The Photographs of Edward J. Kelty
Edward J.; Siegel, Alan Barth

　変態見世物小屋の全盛期に人気のあった畸形アイドル芸人の御写真には、写真スタジオの書き割りや小道具の前に芸人さんたちを単体で立たせて、ハイ鳩がでますよ式で撮影したものが多いですが、手持ち写真機が流行し始めていた 1920 年代の風潮を真正面から迎え撃った写真師エドワード・J・ケルティさんは、8x10 インチ（20x25 センチ）フィルム用の大型カメラと、もっと大きな 11x14 インチ（25x36 センチ）用の特製マンモスカメラ、高さ 2 メートル以上の三脚などをトラックに積み、サーカス見世物興行とともに旅から旅。巡業先の興行地で集合写真をとるのが大好き＆大得意だった、唯一無二の見世物写真師せんせい。

　変態見世物史上伝説の見世物小屋・西 42 番街のハーバート博物館の出演者勢揃いの賑やかな集合写真数点を含む 1920 年代コニーアイランド見世物小屋シリーズを皮切りに、サーカスや各種見世物の芸人、道化師、裏方、観客、見世物看板や大天幕の立体的な構造までパノラミックに見物できてしまう集合写真多数と、小人数写真も収録。1000 人以上のひとたちを 1 枚の写真に完璧にまとめきる手腕を「写真界のセシル・B・デミル」と謳われたケルティさんの超絶的集合写真テクニックを堪能。

　各種特殊文献に掲載されながら、撮影者もデータも特定されないままだったバーナム・ベイリーサーカスの毎年吉例オールスター興行「フリークス会議」の年次ごとの記念写真シリーズを、初のデータつき収録したなど変態見世物研究上にも画期的。売れなくなったケルティさんが酒代欲しさに、写真原板を片っ端から安価に売り捨ててしまったという事情もあり、最初で最後になる公算大の名著です。

ラルフ・ユージン・ミートヤード　ルシーベル・クレィターの家族あるばむ

擬似家族仮面写真集

ジェームス・レム編

横 =26.8cm＊縦 =24.3cm
約 1kg
ハードカバー
モノクロ写真集
126 ページ
2002 年
ニューヨーク
英語
Ralph Eugene Meatyard The Family Album Of
Lucybelle Crater And Other Figurative Photographs
James Rhem

　ハロウィンの魔女のお面が顔にはりついてとれないルシーベル・クレイターさんとゆう女性が、狭い意味広い意味での知り合いたちを訪ね歩いていくのですが、その知人たちもなぜか半透明のお面を顔面にはりつけていて、知人たちのお面の顔は、全員同じオジイさんになっていて。。そんな何ともきめう奇天烈な設定で名高い、ラルフ・ユージン・ミィトヤァド写真集『ルシーベル・クレィターの家族あるばむ』の再おめみえ版です。

　今回初めて復刻された本書は、写真家ミィトヤァドさんの死後 2 年目に予算不足のまま刊行されたオリジナル版以上に、ミィトヤァドさんの意図に忠実に写真の順番を並べ変えたり、説明文を復元したりした初めての完全版であるそうでし。仮面の人間人形ルシーベルのモデル役、大部分はミィトヤァド氏の美人棲が扮し、最後にちょとだけミィトヤァド氏本人が扮しているとか、写真集のタイトルにもなり、夢のなかで登場人物になっている自分とその夢をみている自分との、ありふれたあり得なさのモデルのような仮面人形の名前にも使われ、写真集全体のタイトルにもなっている「ルシーベル・クレィター」が南部奇形小説作家フラナリー・オコナーの短編小説に登場するはくち子どもと、その母親の名前に由来していたことや、ガートルード・スタイン、マイスター・エックハルトや禅問答とミィトヤァドさんの写真のかんけーなど、せんさく好きには興味尽きない編者の解説や、ルシーベルに至るまでのミィトヤァドさんの、びみょうに壊れそうで壊れない写真も収録された、仮面の人間人形ルシーベルの奇妙な旅の美しい架空記念写真。

ミリィとクリスティーヌ

黒人シャム双生児姉妹スター伝

ジョアン・マーテル

横 =14.0cm ＊縦 =21.5cm
約 340g
ソフトカバー
294 ページ
貴重モノクロ図版入り
文献一覧、索引つき
2000 年
ノースキャロライナ
英語
Millie-Christine
Joanne Martell

　19 世紀の元祖シャム双生児姉妹スターで、「2 つ頭の黒い夜啼きウグイス（ぶらっく・ないちんげぇる）」や「きゃろらいな姉妹」などの異名で知られた、ミリィとクリスティ姉妹の芸能人生をたどり直したふしぎな偉人伝。
　1951 年あめリカ・北きゃろらいなの黒人奴隷夫婦マッコイさんちの、10 番目の子どもとして生まれたミリィとクリスティーヌは、おおよそは別々に 2 組の肉体を持ちながら、尾てい骨のあたりでおしりとおしりがひとつになっている結合双生児。2 才の時に見世物芸能界でびうしてからは、人買いの手から手へと売られたり、誘拐されたりの災難にもめげず、おしゃべりで陽気な笑顔と歌と巧みなダンスでヨオロッパや南北あめリカの観客たちをとりこにし、えぎれす・ビクトリア女王の宮廷やおろしや・アレクセイ 2 世の宮廷にも招待されるほどの大スターに。
　一方では病理解剖学上の貴重な生きた標本として、時々はニセモノ疑惑などの難癖をつけられつつも、当時の医学教育にも貢献するなどの事実をぞくぞく披露してくれます。変態見世物芸人のひとたちの伝記本は、他の本からの引き写しや孫引きによる事実の誤認による間違いだらけの魅力を乱用しているのにくらべ、本書はミリィとクリスティーヌと接触のあった医学者たちや、見世物関係者たちが直接に残した資料の丹念な収集にもとづいており、これまでいろいろな興味本位の変態見世物本で、てきとーに書き流されてきた俗説のあやまりを訂正した、ミリィとクリスティーヌ伝の決定版と言えそうです。ふしぎな見世物芸人のひとたちや、各地の見世物劇場やサーカス団についての貴重な記録は、歴史や芸能の裏ばなし大好きな皆様にも一読のお値打ちありそうです。

21世紀の珍本とは？

　いいですね。珍本。言葉の響きがいいですね。当店どどいつ文庫のばあい、ただ少しどこかヘンな感じがする本ばかりが並んでいる本屋さんというイメージで営業していまして、実はと言いますか何と言いますか、珍本を取り扱っているという意識はちょこっともありません。なにしろ本の仕入れもとが、海外の新刊本問屋（問屋によって古書取り扱いもあり）と海外出版社なのですから、何百冊も何千冊もそっくり同じ本がいくらでもあるような本ばかり。

　クレオパトラが寝床で読んでいたボーイズラブまんが本とか、豊臣秀吉がペルリ提督から贈られたアムステルダム飾り窓ホモホモ四十八手絵巻物などといった類の、骨董道楽的風流ごころをくすぐる希少価値のある本は、たまたま当店ショウルウムに来店したお客さまが持参したものを、そのまま置き忘れていったといった椿事でもない限りは、当店内のどこを探しても出てきません。

　かろうじて唯一の例外と無理に言えばいえるのも、オリンピアプレス版『裸のランチ』初版本の神田神保町・東京泰文社ラベル付きぐらいのものなのですが、これは筆者のオツムの硬くこわばった血管が、本をいぢくりまわして楽しむという、禁断の趣味とこどものメンコ集めとの区別をはっきりさせていない事による単純な判断まちがいで、珍しい本の珍しさにコチョコチョくすぐられる数奇者ごころに、単純な独占欲では言い尽くせないありとあらゆる情欲が渦巻いているのは言うまでもありません。

　戦前の名高い珍本通のひとり河原萬吉の『古今いかもの通』（四六書院 1930）にある「いかもの本」の例をのぞいてみると、「一風変わった詩人作者の作品、何でも型の小さな本、性的事実のみを描き出した艶本、流行物といえば何でも手を出す」などといかもの道楽家たちの実例を並べたあと、「極めて独創的な作家の作品はいずれもいかものであると云うことにもなってくる」と、理屈の途中を省略してあるので理解がちょっと難しい理由でそれらをまとめて別扱いにしたあとで、いかもの本を「艶本と艶本まがい」に限定して話をすすめています。

　珍本の話を「艶本と艶本まがい」に限るなら、基本的なガイドブックとして、雑誌「奇譚クラブ」3年間連載（昭和42年4月号〜。当該連載開始以前にも寄稿あり。）の記事を改編増補した『大正昭和艶本資料の研究』（芳賀書店、1969）をはじめとする北区滝野川街書房店主・斉藤夜居氏の諸著作や珍書同人誌「本の虫」「愛書家くらぶ」を外せないのはもちろんで。戦後エロ風俗出版界の最先端で官憲のおうぼうと闘い続けるのと同時に、天下一本と称される類の珍本蔵書を抱え、書痴、書淫と称される種族の生態を熟知していたに違いない性心理研究学者・高橋鐵の書庫に入ることを許されたただ一人の人物が斉藤夜居氏だったというエピソードは、ベトナム戦争反対の有名な警句「愛しあおう、戦争やめよう(Make Love, Not War)」の作者でもある下ねたジョーク研究や、エロ民謡研究の大家ガーソン・レッグマンが、性生活研究レポートで一世を風靡した性科学研究所所長アルフレッド・キンゼイ博士のために新旧書籍の購入担当を勤めていたという話を連想させずには済みません。

　感触や匂いや色合いや形、ページをめくるときの囁きかけるような音などなどの肉体的個性の違いを、1冊ごとに持っている本という物体がそそるフェチ的対象物としての強烈な魔力。

　そしていま。珍書といえば好色出版物に限るという偏った通念を広める源のひとつでもあった肉体性を、本から削ぎ取る不思議な家電製品が普及した21世紀。珍本、珍書はこれからどうなっていくのでしょうか。

くましゃん

全身裏返しテディベア写真集

ケント・ロゴースキー

横 =21.0cm ＊縦 =26.1cm
約 530g
ハードカバー
カラー写真集
96 ページ
2007 年
ニューヨーク
英語版
Kent Rogowski

　テディベアをナイフで切り裂いて表面を剥ぎ、ハラワタを一度とりだすと、剥いだ皮の外と中を裏返しにしておいて、取り出したハラワタを、その裏返しになった中にいれてから再び縫い付ける。非情にサディステックな外科手術風の方法で、皮膚と内臓が裏返しになったノックアウト・テディベアたちが次々に現れて無言のコンニチワ。皮膚と内臓が裏返しにされてしまっていると言っても、しょせんはヌイグルミなのだから、と軽くみていたらエラいこと。ニンゲンのハラワタが皮膚の外に多少ハミでてしまった状態にも負けず劣らずといってよいのか悪いのか、入学式が卒業式の切腹的に思いっきりぶっちゃけた捨て身のカワイさと、悲惨なトラウマ性がひとつに縫い合された甘酸っぱい珍味系写真集です。
　ヒトの視覚だけでなく、体温や触感にもあうように最適化して作られているヌイグルミのお肌が裏返されて、感覚器喪失状態になるのと入れ代わりに、めくりかえされたヌイグルミのの裏側の、解剖教室的な気持ちのワルさと、不時着した未知の惑星の風景をみているような痒いところに手が届いた快感。手足や頭、胴体などの部品をつなげていくための余白ののりしろが裏返ったときの、痛々しい傷跡のようで、傷跡を保護する絆創膏のようにも見える生々しさ。体内に隠れていて見えなかった余分な縫い糸が、ズボラに切断された太い神経や血管のような乱脈ぶりを誇示する賑やかさ。悪趣味なのかカワイいのか区別のつかない部分々々々だけを見ずに、全体を見たときのカワイさと気持ち悪さのこんぐらかりっぷりを通して、カワイさの裏側にあるカワイくなさの中にあるカワイさのなかで爆発する作者のエクスタシー的愛情表現に唸らされます。

ドクロぞくぞく

毎日作るドクロアート

ノア・スカリン

横 =17.7cm ＊縦 =17.9cm
約 400g
ソフトカバー
カラー写真集
180 ページ
2008 年
ニューヨーク
英語版
Skulls
Noah Scalin

　毎日最低 1 コはドクロを手づくり。墓場の外に持ち出された人間のドクロ以上にヒトを驚かすようなドクロのイメージを、人骨以外のあらゆる素材を使って手づくりすることを日課としているとゆう、ドクロ一直線のデザイン職人ノア・スカリン（＝髑髏院）さんのドクロデザインこれくしょん本。

　消しゴム鉛筆がより集まって、消しゴムでは消せないドクロ顔になってもいいぢゃあないですか。パソコンの四角い鍵盤 69 コが並んで、口が達者そうなドクロの横顔になってもますますいいぢゃあないですか。赤城の山を飛んで行くトンビの群れが空にぐるりと描いた輪っかがドクロでホ〜イのほい。運動グツの靴底のミゾを左右 1 組並べたら、踏み絵で踏まれたがるドクロがホ〜イのほい。レコード盤を切ったり穴をあけたりのロックな黒ドクロもあれば、使い古し工作用ナイフの折れた刃先ばかりを紙のうえに全部を突き立ててつくった辞書ラー風のひりひりドクロもあれば、白ネギドクロや野菜の花たばドクロ、泡ドクロ、海綿体ドクロ、棚ドクロ、ボッコリ穴があいた近所の山腹に浮かんだ豪快な山並ドクロ。インパクト薄めのさえないドクロが愛嬌をふりまく前後には、技ありドクロ 1、2、3 のデッドエンドランがネギマ串のようにカルシウムや鉄分を補給。潮干狩りのバカ貝やアサリのように埋められた手づくりドクロ図版が、暗黒ムードかオトナ赤ちゃんムードのどちらか一方に流れた従来のドクロものとは違い、生死のさかいを完全に無視したかのような生活風景への密着ぶりが、ドクロのなかに浮いている脳ミソ汁の沈殿物を超低周波振動させながらのアハ体験ウホ体験イヒ体験へと、ガチガチコチコチお誘いの歯ぎしり大合唱しています。

正義のア〜ト　目撃者が見た重大裁判 30 件

有名事件裁判の実況中継画集

マリリン・チャーチ

横 =27.3cm ＊縦 =20.7cm
約 750g 弱
ソフトカバー
オールカラー画集
160 ページ
2006 年
フィラデルフィア
英語
Art of Justice
:An Eyewitness View of Thirty
Infamous Trials
Marilyn Church

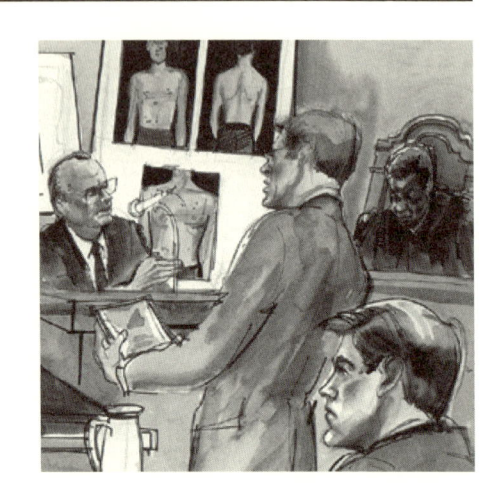

　ニューヨーク・タイムズ新聞社が、写真機の持込み制限の厳しい法廷の傍聴席で写生イラスト絵を描く能力のあるヒトを初めて募集したときに採用され、以来 30 年以上の長い間、法廷実況お絵描き職人をしている女性マリリン・チャーチさんの裁判仕事画集です。

　ウォーターゲイト事件や、試験管ベイビー誕生前死亡事件から O・J・シンプソン事件やジェニファー・ロペスと交際中だったギャングスタ・ラッパー、ショーン・パフィ・コムズの発砲事件まで、1970、80、90 年代から現在にかけてホステスさんの社会教養になるほど世間の話題になった有名裁判 30 件の野次馬見物お絵描きを、年代順に収録。

　サムの息子やライ麦畑のジョン・レノン殺しマーク・チャップマン、巨額脱税事件で実刑判決を受け収監された統一教会教祖、不動産王ドナルト・トランプの 2 番目の妻だった女優マーラ・メイプルズをストーカーして逮捕された靴フェチ男など。オマケ的に、シド・ヴィシャス、ブルック・シールズ、ミック・ジャガー、イメルダ・マルコスなどの有名人逮捕の瞬間シリーズと銘打った小さめの 1 コマ絵も収録。

　事実だけを積み重ねた上でお裁きを言い渡すのが建前になっている法廷を見物席から眺めているのに、完成した絵の中に描かれているのはまったくの空想やウソや作り話の中でしか不可能なことばかり。絵の中で視点をあり得ない位置に移動させてみたり、架空の光源で陰影を誇張したり。絵の出来映えに邪魔なモノや空間を画面から抹殺したり。バラバラな位置にあるものをひとつの画面に押し込んだり。絵のなかにお絵描き中のじぶんを描いたり。写真撮影ならデッチ上げと抗議を受けそうな大技小ワザの連発です。

ヘタくそ素人絵画傑作集

ディスカウントショップ名画集

ジム・ショウ編

横 =23.0cm ＊縦 =29.0cm
約 820g
206 ページ
ソフトカバー
オールカラー画集
1990 年
ハリウッド
英語
Thrift Store Paintings
Jim Shaw

　たとへば夜逃げのヒトの荷物がゴミ捨て場経由でリサイクル屋さんにたどりつき、ホコリのつもるにまかせて何年も何年も値札もなしに放置されていた系の、ゲージツに発情した素人がついつい出来心で描いてしまったい「絵画」作品の砂漠の砂ほども数多い中から、絵画をいはゆるクロウトっぽい目線で鑑定するのではなく、誰がみても直感的にコレハ凄いコレハ怪しいと、何かドギマギさせる所のある絵ばっかりを、職業芸術家ジム・ショウさんとそのお仲間が野外採集。現在の「ヒドい絵」ヂャンル定着のさきがけのひとつとなった、この道の「古典」といってもよさ毛な定番本です。

　「ヒドくてすごい」「すごくてヒドい」無名のお絵描きさんたちの、爆笑アリ地獄の泥沼を凝視してみれば、圧倒的に「ヘタくそ」な味わいの風味に加えて、絵の外側に広がりとして存在していることになっている現実の世界を、絵のなかに写し取ろうとする努力にあまりにも余裕たっぷりに失敗していることで、その敗因が、ただ絵がヘタな作者の能力の問題という範囲を越えてしまい、こんなヒドい絵にさえどこか多少は似ているところもあるような気もする、現実の世界とゆうものの本質的にか表面的にかはどちらでもよいブサイクなマヌケさが、とてつもなく愉快なものに感じられたり、意識的にか無意識的にか、すでに無数に描かれてきたいはゆる「名画」のスタイルに何となく寄り添うように似せて描こうとする、中途はんぱな努力にも確実に失敗してくれていることで、絵画制作とゆう人間活動そのものの、ばかばかしーからこその愉快さをかんじさせてくたり。本を開くたびに心身の体調を計れる診断器具にも使えそうな妙竹林ばんざいお絵描き集です。

キツネぶた野郎と革命のつるぎ　赤魔団（ぼるしえびき）の自画像集

ソ連共産党幹部たちが議事中の退屈しのぎに描いた似顔絵落書き集

アレクサンドル・ワトリン
ラリサ・マレチェンコ

横 =19.2cm＊縦 =24.3cm
約 710g
ハードカバー
紺と茶の 2 色刷り図版満載
208 ページ
2006 年、ニューヨーク、英語版
Piggy Foxy and the Sword of Revolution
:Bolshevik Self-Portraits
(Annals of Communism Series)
Alexander Vatlin, Larisa Malashenko

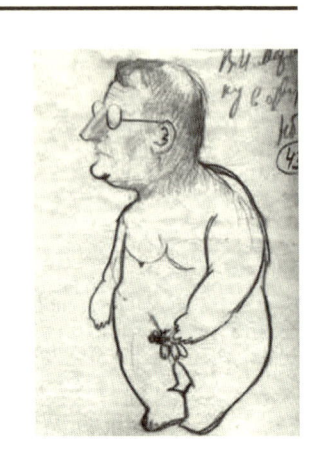

　耶蘇暦 20 世紀を代表する大量殺人集団のひとつ、ソ連邦・スターリン独裁体制のタネまきから反対派皆殺しを経て、恐怖政治にいたる党最高幹部総会の議事録や予備録をいま試しに広げてみると、驚いたことには、当時のソ連の主要各界セレブのニガオ絵があっちこっちに、どうみてもヒマつぶしための落書きとして大量に描かれているのだそうな。コレは何だか知らないけれど、とにかく共産主義の恐怖のオソロしさを忘れたらあきませんとゆう洗脳宣伝のネタに面白い！というので、よぼよぼ資本主義アメリカ・エール大学と、よちよち資本主義ロシア国立社会政治史公文書館とが共同でほぢくりだしてきた、オモシロしょっくビジュアル集です。

　落書きのおもな作者は、最高患部会に席を占めた、ニコライ・ブハーリン、ワレリィ・メズロウ、イェルニ・ヤロスラフスキ。説明によれば大物政治家の 3 人。各界セレブの肖像画がずらりと並ぶ冒頭からブキミ度全開。最初のチャプタでは、「アマチュア画家のつねとしてひたすら実物に似せようとする」傾向が前面に押し出された学校の写生風な似顔絵が多く、そのモデルは、中央委員会メンバーや高級官僚、労働者、軍人、経済学者、銀行家、科学者や文学者、反対勢力など。モデルになっているヒトたちの肖像写真も多数掲載され、似顔絵のなかのヒトたちみんなが無闇に悪魔じみている以上に、肖像写真のヒトたちのほうが、一段と悪魔っぽい雰囲気をにじませているのがヒシヒシとわかります。

　次のチャプタ以降、タッチはより粗放かつ露骨になり、幼稚な性器のかきこみや性拷問、得体の知れない動物なども出没。あくびしながら崩壊に向かった社会のノドちんこを覗き見しているかのようです。

科学的ばか　夢の未来をめぐる20世紀的妄想

実現後に中途挫折した先端プロジェクト悲惨実例

エリック・ドレニ
ジョナサン・ドレニ

横=23cm ＊縦=21.7cm
約490g
ソフトカバー
カラー図版豊富
124ページ
2006年、アメリカ
英語版
Follies of Science
:20th Century Visions of Our Fantastic Future
Eric Dregni, John Dregni

　柱も壁も屋根もすべて妄想で作られた蜃気楼のような、時代遅れの未来予想図ばかりを発掘したレトロSF画集と勘違いしそうな書名ですが、妄想の中にだけ実在した未来予想図ではなく、過去に実際に現実化されたものの途中で命脈尽きて絶滅してしまった、埋もれた未来先取り的プロジェクトばかりを集めている点で、類書のない20世紀タイプカプセル本です。

　電気時代幕開け寸前の1880年代までは、天然自然とヒトの生活はひとつでふたつ。たとえば世界の大都会ニュウヨウクにも道ばたで行き倒れるウマが年間1万5千頭。その腐乱死体がゴロゴロ路上に放置されいても、不衛生とか不潔とか気持ちが悪いと文句を言うのは神経が特別に繊細なヒトだけだったらしいのですが、じわじわ一気にやってきた電気時代の到来とともに、腐敗するのも当たり前の生命の側から不死身の電気機械幻想の側へと、ヒトの感性が一変するかのような幻想の未来の幻想をバラまく、電気仕掛けの20世紀発明家たちが大量発生。

　人類史上大昔から代わりばえのない生活を電線でぐるぐる巻き直すことで、違うものに見せるためのアノ手コノ手の無数のヒラメキや工夫の積み重ねが進んでいくなかで、人気が伸び悩み、淘汰され絶滅して消えた画期的新発明たちが、かつて一瞬の成功ムードに酔いし有頂天になっていた時期のなビジュアル資料を「交通機関」「電子計算機とロボツト」「せんそー」「医学」「宇宙開発」などジャンル別に大量に発掘し紙上展示しています。

　ロボット労働者以外は無人のロボット製造工場が暗い町工場みたいだったり、未来力戦争兵士の鋼鉄ロボットが街角デビューの変質者みたいだったり、振り返ればひたすら物悲しいヘナチョコ図鑑です。

流れていく数々（かずかず）

大量消費生産物の驚異的集積で描かれた写真モザイク画集

クリス・ジョオダン

横 =30.5cm ＊縦 =25.8cm
約 1.2kg 以上
ハードカバー
オールカラー写真細工作品集
112 ページ
2009 年
ニューヨーク
英語版
Running the Numbers
Chris Jordan

　「自分のからだのサイズを基準にした実感の範囲を途方もなく大きく超えている事を把握するために巨大さを感覚的には理解できない統計上の数字が、もし感覚的にわかったらこんなにビックリするのですよ」とほくそえむ、遠近両用二重焦点デヂタル写真アーチスト・クリス・ジョーダンさんの大量消費生産物寄せ集めモザイク写真集です。
　「統計」というものの冷静そうな見せかけの皮を 1 枚めくって、ゆっくり焦点をあわせたときに、目の前を全力疾走で通り過ぎていくユニフォームを着た陸上競技クローン選手の果てしない大群を目撃するような、強烈な目まい感を引き起こすクリスさんの「流れていく数々」シリーズの面白さは、統計を謎かけのように見立てる力。単位とかけて反復と解きました、そのココロはコレこれ（＝作品）。というオモシロがらせの必勝方程式。例えばニガ虫を噛むような表情でくわえ、タバコの骸骨を黄金めいたヤニ色の油絵調で見せる作品。タバコだろうなと予想しながら、準備万端この作品集のため用意されている何段階もの拡大図をみていくと、ドクロのタネは、タバコはタバコでも、見事にひとつのスキマもなくタテヨコ揃えて整然とビッチリ敷き詰められた「キャメル」「マルボロ」「クール」などタバコのパッケージで、単位になっているタバコ箱パッケージの、抽象的な小ささではない大きさと具体性にもビックリ。作品に使ったタバコ箱の数は、タバコが原因の死者数 6 ケ月分の累計に等しい 20 万箱というオチもあり。美容豊胸手術を受ける女性の人数分のバービー人形や、毎日ゴミとして捨てられる携帯電話や、微罪逮捕で満員の刑務所で必要な囚人服など、見て確かめられる実在物だけで作られた驚異の幻覚的空間です。

階下の使用人部屋で　召使いたちの肖像画 400 年史

イギリス召使い肖像画の歴史展図録

ジェイルズ・ウォーターフィールド
アン・フレンチ

横 =20.0cm ＊縦 =25.0cm
約 830g
ソフトカバー
カラー図版満載
212 ページ
2004 年
ロンドン
英語版
Below Stairs: 400 Years of Servants' Portraits
Giles Waterfield, Anne French

　貴族階級や著名人や金満家など、血統書つきの俗物たちを描いたソレばかりに視線が集中していた英国人物肖像画の、お絵描き史の額ぶちのすぐ外側をじいっと見てみれば、今まで視野に入らなかったのが不思議な気がするほど忘れられていた、「召使い」仕事をしていたヒトたちの肖像画を大々的に発掘調査。英国国立肖像画展示室とスコットランド国立肖像画展示室で開催された「階下の使用人部屋で：召使いたちの肖像画 400 年史」の図録をかねた記念出版本です。

　中世封建時代に領主の大荘園で、運命共同体的気分で宮仕えに精をだしていた道化師や小人を含む従者たちの、いまもしメイド喫茶にいたらコスプレのお客にしかみえな毛な肖像画をふりだしに、産業革命の時代になって中産階級とよばれるプチ資本家たちのおウチで家事労働をする使用人が、全人口の 8 人に 1 人とゆうぐらいに繁昌した頃の、家族の一員として宙ぶらりんな身分に置かれた召使いたちの肖像画。芸術家たちのおウチで働いていたおかげで、絵のモデルをさせられた召使いたちの肖像画。17、18 世紀ごろには当然とみなされていた使用人による召使い女性への性的虐待などを不当と感じつつ耐えることで、鬱屈した召使いたちの性格を型にはめて描いた肖像画。人種偏見からみさらに鬱屈した型にはめこまれた黒人召使いたちの肖像画。狩猟のお供をする従者たちを野外風景や、動物の姿とともに描いたアウトドアアな召使いの肖像画。召使いの肖像画にお金を出す気前のよさが、旦那や奥さんから失われて絶滅していく最後の召使い世代の肖像画まで。

　仕事も意識の持ち方もそれぞれ異なる、色々な時代やタイプの主人と奴隷の間で右往左往する召使い VS 肖像画家の暗闘の記録。

水中呼吸器具着用犬、炎天下ビール用日傘、音楽演奏歯ぶらし、みたいな天災的発作的特許

特許申請済みのバカ

リチャード・ロス

横 =20cm ＊ 縦 =20.5cm
ソフトカバー
2005 年
アメリカ
英語
Silly Inventions
Daniel Wright

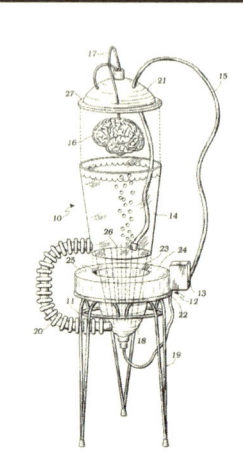

　金魚が泳ぐ水槽のついている腕時計とか、全自動式膀胱（ぼうこう）解放装置とか、脳みそ泡立て器とかとか。不必要は発明の代理母なれ、てゆう銭ゲバことわざの忠実な信奉者たちがよってたかって作って興奮したところまでがおめでた毛で、あとは何だか悲し毛でさえなくなくなさそな、特許庁おスミつきの妙ちくりんな珍発明の数々を、特許申請用紙に添付さた発明者直筆いよる図解をたよりに紹介していく、ソレがどうした系の御意見御無用発明いらすと図鑑本です。

　脳みそ泡立ちマシン、靴底に泡をぶくぶくさせる装置つきの靴、など泡ぶくぶく系。はりつけセットや電光十字架とわんセットになっている、キリスト人形やストレス解消用の殴られ刺される人形をはじめとする人形あれこれ系。走行時にはどうぶつのヒヅメの音まで真似てみせるアニマル自転車などのアニマル系。歯くそほぢヒモのついた筆記具など、異質の実用性と実用性を何の必然性もなく、強引に足し算した結果の最低実用度をほこるばったモノ系。

　どこをみても貴重な各種資源の無駄づかい以外の何でもなさ毛な、だめだめ特許発明品が次から次と登場して、まるでゴール地点から後ろ向きに走り出してスタートゲートを通り越しても、まだ後ろ向きに逆走しつづける競馬競争をながめているかのような、氷点下のコーフンをかみしめさせてくれます。オモシロいわけでもオモシロくないわけでもなく、バカバカしい脳みその加速法、減速法がわれ知らず身に憑いてしまったどこの誰とも知れないひとたちの、くだらないアイディアの急発進・急カーブそして出発点よりも明らかにダメな最終地点での思考エンジン完全停止に至るたくさんのデタラメ放題を賞味できます。

お肌の華　1930年代リヨンのある皮膚科医師による写真集

皮膚科医のアウトロー刺青コレクション

ジェラール・レヴィ
セルジュ・ブラムリー編

横=20.3cm＊縦=27.0cm
厚さ=2.7cm
620g
ハードカバー
オールカラー
104ページ
1999年
ミュンヘン
英語
Fleurs de Peau Photographic work of a
dermatologist in Lyons in the thirties
Gerard Levy, Serge Bramly

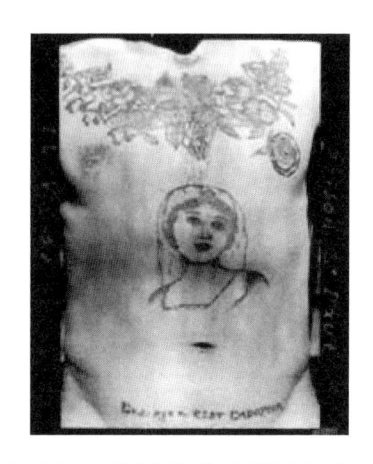

　遺族が換金のために持ち出した、フランス・リヨンのとある皮膚科医師が刑務所内や病院内などで1930-35年ごろに撮影した、門外不出の秘蔵カラー写真を1冊にまとめたショッキンググ写真集。

　遺族との約束で撮影者の特定は避けられているものの、世界最初期の猟奇系資料館「犯罪人類学あるひぃふ」の設立者で、十九世紀末フランス犯罪学の先駆者としても知られるアレクサンドル・ラカッサーニュの一番弟子や、愛息子たちと密接な交流のあった皮膚科の専門医らしきひとりのをとこ（白衣を着た本人の写真も収録）の、不思議な熱にうなされたようなレンズに映し出された、自由や愛や復讐や運命やおバカさんなどなどを現わす紋どころとしての、鳥やチョウチョウや弱虫の道化師やトゲだらけの花や恋人たちのイレズミ。イレズミそのものも、絵心がまったくないアマチアならではの二度ととりかえしがつかない暗い迫力に満ちているものが大多数。

　それ以上に暗い吸引力でレンズをひっぱっているのが、1930年代おフランスの監獄や病院でイレズミを背負って、生死のふちを忍び足でうごめいていた犯罪者や病人たちの汚れた肌のリアルな臭気。リュミエール兄弟謹製のオートクロームカラーと呼ばれる天然色カラーのガラス乾板で、同じひとが同じように撮影したホンモノのきれいなお花の写真がイレズミ途中の休憩室ふうに挿入されていて、おフランスのリヨンからアフリカ・アラビヤ・インド・中国・世界の果ての果てまで、ひとつながりの地底の底のどん底めぐりですりへった犯罪者や、病人のイレズミいりの肌に腐った花束の蜜の匂いに尻子玉を射抜かれた撮影者の陶酔感が、写真の毛穴ににじみむ神経逆撫で秘法写真集です。

郷臭　過去へ連れ去る臭いたち

臭い本

マイケル・ジッター
シルヴィ・ヴァッカリ
キャロル・ボボルツ編

横=16cm ＊縦=16cm
約250g弱
ハードカバー
全カラー版
こすると臭いがでる場所10箇所あり
96ページ
2005年、ミズーリ、英語
Nosetalgia: The Smells That Take You Back
Sylvie Vaccari and Michael Gitter

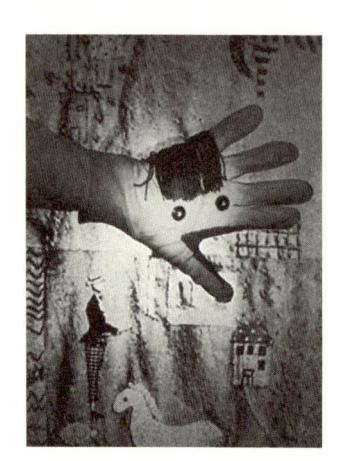

　映画の分野でも、悪趣味監督ジョン・ウォーターズ『ポリエステル』のように作品と匂いがセットになっている映画よりも、上映される映画と直接的な関係は薄い上映映画館に染み付いている臭いや、たまたま隣の席に座っている見ず知らずの観客の立ち食いそばの臭いのほうが気になることが多いですね。
　本の世界でも印刷インクが異臭を発する本は珍しくない一方で、ぐぐっと数が少ないのは、本と匂いが最初からセットとして作られた本。そして多分、匂いのする本があったらプレゼント用に面白いのではないの？という無邪気な思いつきだけで突っ走ったのがこの、もれなくニオイが付着していることだけが取り柄みたいな本なのでした。チェース＆サンボーンの缶入り即席コーヒー粉や、材木小屋印のシロップやスキッピーの壜いりピーナツバターなどの無栄養食品類。ロッタ・コーラやネヒ・アッパー10など不純度100％の清涼化合物飲み物。ニキビ薬の黒水牛蛇など家庭のお薬類。ローリー・ライトやニューポートなどタバコや葉巻きなどなど。聞いたことも見たこともない商品なのに鼻の穴は勝手に反応してピクピク。鉛筆の芯や湯葉状にうすい膜のたかまりになった接着剤や食べられる粘土や、ゴムタイヤの足あとやゴムの指サックや象さんのカラダにつきまとって離れない動物園のウンコ臭い匂いや、女性用＆男性用お化粧品。
　そしてクライマックスの、コスると臭いのでるページには、コグレープソーダ水、電飾で飾ったクリスマスの木、ヴィックス・ベポラップ、野球の玉とグローブの使用済み、ペアルックのお揃いＴシャツなど臭い臭いが勢揃い。
　読者の脳内に臭い成分をまき散らすときが来るのををぼーっと待っています。

賤劣負痢低（せれぶりてぃ）のヅンドコ

有名人スキャンダルの立体絵本

画＝ミック・コーラス
立体＝ブルース・フォスター

横 =22.3cm ＊縦 =28.8cm
約 900g
ハードカバー
飛び出すイラスト集
24 ページ
2006 年
ニューヨーク
英語版
The Pop-Up Book of Celebrity Meltdowns
Heather Havrilesky

　ふだんは実在する実感さえ、トイレの花子さんや浪江町の埋蔵金なみに薄い賤劣負（せれぶ）と呼ばれるヒトたち。テレビなどで見たり聞いたりしたウワサばなしのムダ毛を剃り落としてみると、全部どこかに消えて見えなくなってしまうペラペラ人種だけが持つ、そのペラペラした不思議な存在感を、ペラペラした安っぽい紙工作で立体的に再現。世界的有名人ならではの、何ともくだらない醜聞が下世話な 3D のイヤンな迫力で迫る、イヤハヤ何ともな立体絵本です。

　世界のビックカメラ顧客を代表したニポンの冥界アイドル、マイコーことマイケル・ジャクソンの立体紙人形が下界に集う一般参賀の群集の声援に応えて、高層ホテル上層階のバルコニーから最愛の赤ちゃんマイケル 2 世王子を、高い高ーいとブーラブラさせてくれたり。スーパーモデルのケイト・モスの立体紙人形が粉末パーティに参加して、取り締まり対象物を鼻の穴からスーハー吸うモデルに成り上がって目をシロクロさせていたり。立体紙人形のジャスティン・ティンバ・レイクがスーパーボウルの中休み余興ショウの最中に、ジャネット・ジャクソンのドレスの左側乳カップをぐわしとむしり取ってみせてくれたり。突然リング上で金歯を光らるや対戦相手ホリフィールドに襲いかかり、耳たぶを噛み切る寸前の立体紙人形マイク・タイソン。O・J・シンプソンや、トム・クルーズやパリス・ヒルトンらが世界的な赤ッ恥をかいた騒動や事件についての真偽の詮索は一切不要な報道内容の見本のかずかずが、簡易人形劇ふうに毒々しく仰々しくズボラに立体化。

　書籍化が企画された時点で短期間でも賞味期限があるつもりになった、出版社のおマヌケっぷりが頼もしい幼稚なアホアホ本です。

ガセネタ博物館　ヤバい悪フザケとゴマカシの歴史

ガセネタ騒動 500 年史

アレックス・ボーイズ

横 =13.6cm ＊縦 =20.2cm
約 250g
ソフトカバー
問題モノクロ写真図版少々入り
268 ページ
索引付き
2002 年
ニューヨーク
英語
The Museum of Hoaxes
Alex Boese

　ヒトまね上手なウサギちゃん。星占いのしるしがついた石。実在した神話の大巨人や人類の起源よりもはるかに長生きな超・原始人。可愛くてフォトジェニックなホンモノの妖精さん。おサルの全身の毛をそってこさえた宇宙人の交通事故被害者などなどをはじめ、ウソのようなホントの世紀の大発見として世間をかつて 1 度大騒ぎさせただけでなく、大騒ぎの途中でタネがばれてもう 1 度世間を大騒ぎさせたガセネタ騒動の実例を、中世から現代にまでたどったガセネタ騒動事件簿 500 年史。
　中世の切支丹かんけい者がひんぱんに手をそめた教会の権威づけのための各種証拠品のでっちあげや、ホラ話やバカ話で埋め尽くされた大こうかい時代の商人や、探検家たち妄想旅行記の時代から、安新聞やラジオ、テレビの時代を経由して目下のところは一番べんりなガセネタ培養器具として 24 時間フル稼動業ちゅうのインタアネット時代の現在まで。
　ガセネタ創作に走るひとたちの使命感や動機のうつりかわりや、ガセネタを世間に広めるための物理的な手段と、それを利用できるひとたちの範囲のうつりかわりなどにも適確な注意をむけてくれると同時に、その時々のガセネタに誘導されるままにうかうかついて行くひとたちの秘かな欲望にも照明をあてています。
　ダマシたダマシそこなったヒトたちの実話集というだけでなく、ダマされたがるひとたちが、どんな現実からどっち方角にむかって逃げだしていきたがっていたのか、いるのかを、見定めるための観察箱にもなっています。情報操作失敗の数多くの実例をニヤニヤ笑いながら見ていると、落とし穴に落ちていても気づけない人間代表の一人はまさに読者自身だと気づかされ、ハッとします。

92

若き芸術家としての或るイヌの肖像

犬が描いた絵画作品集

バウマン・ヘイスティ3世

横=17.2cm ＊縦=20.3cm
約210g
ソフトカバー
カラー＆モノクロ図版満載
80ページ
2006年
シアトル
英語版
Portrait of the Dog as a Young Artist
Bowman Hastie

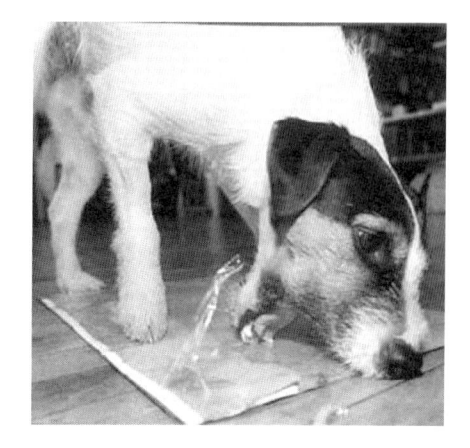

　欧米各地の画廊や美術館で個展まで開催される、大人気のお絵描きできるんですよ犬ジャック・ラッセル・テリアのメス犬ティリィことティルアムック・チェダーさんの1999年のデビウから今日までの芸術犬としてのハアハアハードなお仕事の数々を、専属マネージャー＆つきびと＆雑用もろもろ係プラス、本書の著者名義人でもあるバウマン・ヘイスティ3世という大層な名前飼い主の証言と、代表作のうちの一部分を取り上げた美麗図版によって披露する、人獣あーと出産秘戯作品集です。

　初めて才能の片鱗を見せたとき、アート犬ティリィはまだ生後5ケ月。外出から戻った飼い主の目に、お留守番中にティリィが床に落としたウンチが、見れば見るほどどう見ても、ひざに腕をのせて拍手をしている男の彫刻のようにしか見えず、大感動したのがキッカケだったのだとか。そのとき、頬を伝う感激の涙とともに湧き出た泣きのナミダとともに湧いてでてきたのが、カーボン紙の下じきを使って、ティリィの爪や歯のひっかききずを紙に写し取ったみたら、脱糞彫刻に負けないぐらい素晴らしいゲージツちっくお絵描きができるのでは？というアイデア。

　親バカ飼い主バカ丸出しなひとりよがりの思い付きれが、意外なことに結果的には大当たりで世界じゅうの新聞テレビ雑誌でひっぱりだこ。ゴルフボールや野球ボールを噛み噛みで造形する「持って来い彫刻」や、有名アーチストとのコラボによる作品づくりへと着々と芸域を拡げ、人気現代アーチストから「ティリィの絵はサイ・トゥオンブリみたいだけど、トゥオンブリよりもずっとエエぢゃん」という微妙な讃辞を受けもした、限りなく大道見世物風味のアート犬の引っ掻きキズあと線描画。

実技指導のア〜ット　おけいこ第１課

何気ない日常の仕草のコツをハウツーイラスト伝授

マチュウ・ヴェスコーボ

横 =28cm ＊縦 =24.3cm
約 480g
ソフトカバー
カラー図版満載
80 ページ
2004 年
ニューヨーク
英語
Instrucoart Lesson 1
Matthew Vescovo

　「おせっかいの名人」の異名を持つ図解いらすと画の先生マチュウ・ヴェスコーボさんが、どうでもいいことばっかりの実技指導を、手とり揚げ足取り余計なお世話イラスト図解いらすと集であります。表紙の「黒くって縮れてんの」イラストは、右手にのせた石鹸をぢいっと見ながら、ユニットバスの浴槽に立っている全裸の小太りな黒人男性を描いているのですが、白いバターのようにも見える石けんらしきもののをよくみると、筆記体のこもぢのｅの形の黒い汚れあり。とゆう状態が、図解その１。図解その２では、石けんにシャワーの水流が浴びせられ、３では石けんをフリフリ。その４で、やっと石けんからｅの字の汚れが消えて、ふうヤレヤレ。入浴後（ないし入浴中）に石けんにくっつくとなかなか取りづらい陰毛恥毛を取って捨てるための手順を図解していたなご指導だったことが、図解１から４まで通してみるとわかるようになっていた訳です。

　この本１冊まるごと全編こんな調子で、「ヌードダンサー嬢のＧストリングのツンパのヒモにご祝儀のちっぷをはさむ方法」やら「犬同士がおたがいのお尻の匂いを嗅ぎっこするときのお約束」「閉まる真際のエレベーターに慌ててのってこようとするヒトへのかたちばっかりで役立たずな手助け」「わきの下でオナラみたいな音をだす方法」「おもらし寸前の子どもの足踏みのダンスステップ」「２人で外食したときに指の動きだけでお会計係に支払いを誰もち（a.. こっち払い。b. 相手払い。c. 割り勘）を伝える方法」。注目部分には、ここ見てみて！の矢印もいちいち挿入され、痒くない足の裏をマゴの手で靴底の上からたくさん掻きむしってもらっているようなウットリ感。

北米「鳥」類野外観察図鑑

イヤラしい指づかい実習本

説明文＝アダム＆ローレン・ブランク兄妹
図解絵＝マイケル・H・ムーア

横=12.6cm＊縦=21.6cm
125g
ソフトカバー
2色刷り図解満載
102ページ
The Field Guide to the North American Bird
Adam Blank, Lauren Blank, Michael H.Moore

「鳥」はトリでも食人族にしか食べることのできないある種のイヤラシい「鳥」。それはナニかと尋ねたら、誰かが誰かをののしったりする時に、握りこぶしから1本だけピンと場違いにボツキしたちんちんのように逆立てた「なかゆび」のことを俗語で、「鳥（ばあど）」と呼ぶのだそうで、コノ本は、通常ノーマルもうどでボツキした「鳥」を見慣れすぎて不感症になっているヒトたちが、改悪に改悪のうわぬりを重ねて「鳥」不感症のドロ沼に溺れていく過程でヒネリだされた、苦しまぎれの妙ちきりんな「鳥」たちが、思いがけないときに相手の油断とスキをついて突然、ボツキしながら飛び立ってゆくバカバカしいナマ実例の数々を観察し、分類整理した、世界ではじめて唯一の「鳥」図鑑なのですた。

鳥の2大基本形という「太古型」「庶民型」から、高校生じだいのビル・ゲイツ氏が運動部系の学生になげつけた「メガネ直し」などの古典的な鳥、上の図にある「髪の毛直し」や「マスカラ」など女性の鳥、「携帯電話手渡し」その他の会社の鳥、「プレゼントあるの」などパーテー鳥、アウトドア鳥や喰うか喰われるか鳥。昭和歌謡曲ふぁんには鳥の玉子のほうの販売で知られるミネソタ界隈が本書に捕獲された鳥たちの主要生息地ではあるですが、世界各地に出没する、ボツキ中指と同じ意味でも身ぶり手ぶり指ぶりは別バージョンの鳥たちの紹介もあり。完全図解つきなので、いちいちマネすることでとるに足りないほどには血栓溶解効果もごく薄に奇態もできつつ、ノーと言えるための政治的いんぽてんつ力を低めつつ高めつつ、さまざまに姑息な「鳥」たちのはばたきに、こころゆくまでの脱力感をファックユー＆ミー。

アフリカの岩石あーと

世界最古のストリートアート

デヴィッド・コールソン
アレク・キャンベル

横 =25.3cm ＊縦 =31cm
厚さ約 3cm
約 2.2kg
愛蔵版ハードカバー
カラー＆モノクロ図版合計 400 点
256 ページ
索引付き
2001 年、ニューヨーク、英語
African Rock Art
David Coulson, Alec Campbell

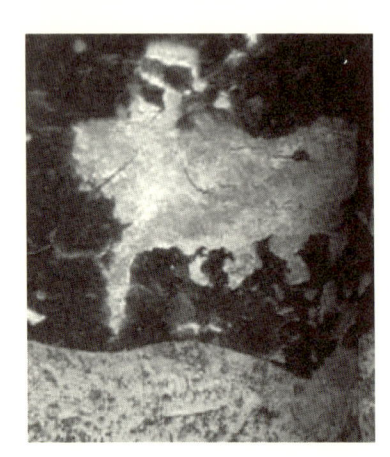

　12000 年以上むかしの氷河時代末期ごろに滞在していたヒトたちが、洞窟のなかのカベや、巨岩・奇岩のうえなどに、刻み付けたり、彫りつけたりしたウルトラ・モダンな落書きの数々。21 世紀の今ようやく人類最古の文明遺産の重要なひとつとして認められるようになってきた、アフリカ各地の落書き文化を訪ね、国連の環境問題係を勤めたりとゆう、怪しげな経歴もある写真家デヴィッド・コールソンさんが、ボツワナあーとの専門家職員アレク・キャンベルさんにお世話になりながら、アフリカ全土を走り回って採集した岩刻アート観光写真集です。

　洞窟や岩に原始ちっくなイメヂのひとたちが描いたらしい絵といえば、ヨオロッパのおフランスや、スペインにあるラスコォやアルタミラのなんとなく芸術っぽいイメヂを思い浮べるかたは多いかと思いますが、21 世紀になって刊行されたこの写真集に、一応まとまったかたちでの写真ルポとしてはコレが初めての成果でっせ、とゆう宣伝文句が付着している、こちら太古アフリカ大陸巨岩の岩肌に描かれたり、刻まれたりしているばあじょんは、グラフィティやタトゥーと呼ばれるカラー絵文字ダンシング書道プレイに直結する鮮烈なノリノリ感がツーマッチ衝撃的。抽象もサンプリングも MAD も常識になった 21 世紀だからこそということなのか、おもには動物らしきものやニンゲンらしきもののカタチや、図形っぽい意味不明で色もあせたカタチたちを、巨岩のゴロゴロした存在そのものから、脳内盆踊り会場にむけてずぅずぅぅんと響く地球太鼓の演奏録音テープに耳を澄まして眺めていると、ずっと前に死んだはずの太古のカタチや、模様たちの姿はむしろ最先端で KIRA めいているみたいです。

安全：危険をせおうデザイン

安全必需用具用品アート展図録

パオラ・アントネリ

横 =19.6cm ＊縦 =24.7cm
840g
ソフトカバー
オールカラー写真満載
216 ページ
2005 年
ニューヨーク
英語
Safe: Design Takes On Risk
Paola Antonell

　キケンと安全、いごこち快適な地獄とイヤにいやな地獄とを、きっぱりと隔てる極薄まんぢゅうの皮の役目をはたす地獄でホットケーキ、苦しい時のデザートお代わり的な安全必需用具用品約 300 件を展示して、2005 年 10 月から 2006 年 1 月までニウヨウク現代ア〜ト美術展で開催された、同名展覧会の記念図録本です。

　真っ赤な原子キノコ雲をかたどった抱きマクラをふくむ「不安の時代を生きるコワレやすい人格者のためのデザイン計画」のアンソニー・ダンとフィオラ・レイビィの作品や、自動販売機で買える監視機構脱出用の「自分の存在かき消し」用具セット、などのように実用性のあるなしや、冗談か本気かの区別を測定するのがむつかしい物件があちこちにちょろちょろ。おばんざいには、国連の難民救援用シエルター、グレナダのハリケン災害のときに実際に使用された組立 15 分で耐用年数 12 ケ月とゆう紙製おウチや、ルシィ・オルタさんの着用するおウチや、エリザベス・マクグレイスの寄生ハウスなど野外宿泊者の避難小屋の新奇デザインあれこれや。星やハートかわいい動物さんなどのかたちがついた有刺鉄線や防犯用いやがらせフェンス、鉄格子だけで作ったベッド、一見ふつーの丸クギのように見える隠匿用ケースいりの金銀の大判小判、対サメ撃退用ボディスーツ、パソコンを見ない日やテレビをつけないデー。メッセージのマッサーヂ高架軌道を走る作品から、実用性に力点のある卸売店ぽい作品までバラバラなままにかわいく陳列。

　現実と空想をまたいであふれかえる無数の心配のタネを珍味としていただくための、安全妄想アイデアの数々の心配すべて噛み潰すような勢いに圧倒されます。

アートのお片付け

お掃除目線の改良版世界美術名品集

ウルスス・ウェリ

横 =27.7cm＊縦 =21.7cm
約 450g
オールカラー画集
48 ページ
2003 年
ミュンヘン
英語
Tidying Up Art
Ursus Wehrli

　世界的な美の巨匠と呼ばれるゴッホ、セザンヌ、ピカソ、パウル・クレー。カンディンスキー、マグリットからキース・ヘリングまで。大変な金額で売り買いされる大家たちの名作の数々。美術の教科書や新聞雑誌の広告などで誰でもどこかで見覚えがあり、美術品市場ではばかばかしいほどの超高額で取引される世紀の名作傑作や超有名作を、もしもお掃除女優の松居一代みたいなヒトが、整理整頓とゆう目できびしくチェックし直したらどんなにタイヘンなことになってしまうか。それでなくても四角四面でキチョウメンとゆう出所あいまいな偏見イメーヂで汚染されているドイツのお客さんを相手に、お笑い芸人をしているとゆう著者ウルスス・ベェリさんが「アートのお片づけ」に果敢にチヤレンヂした世界あ〜と史上初めての、そしてまた世界お片付け史上で考えると庶民のおウチのなかでは、日常茶飯事なのかもしれないかもしれない、ビジュアルゆうもあ絵本でござります。
　見開き片側からは、お片付け前の調理台のうえの食材として、大巨匠たちの自信満々のビューフルフなお絵描き作品。もう一方の片側からは、お片づけ自慢の著者がパソコンのハサミやノリを縦横無尽にふりまわして、チョキチョキと切り刻みペタペタと張り合わせ直したあとの、お行儀作法を徹底注入された花むこ修行学校成績優秀者のような度を越したキマジメさ、キチョウメンさんの中にほんのりマヌケさをたたえた超絶美容作品。ビフォーアフターそれぞれがニラミあいながら読者に向かい「わたしキレイ？　どっちがキレイ？　ねぇねぇねぇ？？？」と迫るヘンテコ名画集。

ざ・映写技師

地下映画館マニアおぢいサンの秘密建築お作品集

ケンドール・メシック

横 =21.0cm ＊縦 =26.1cm
約 870g
ハードカバー
カラー & モノクロ図版満載
160 ページ
2010 年
ニューヨーク
英語版
推定対象読者年齢 :2 才～ 120 才
The Projectionist
Kendall Messick

　地味でオンボロな自宅の地下室に、映画館建築絶頂期の映画宮殿スタイルを完璧に再現した専用映写室、客席、舞台、楽士席、オルガン壁龕、チャペル、切符売り場までを完璧以上のキラびやかさで再現。金持ちが素人道楽で凝るホームシアターとは別次元の本格プロ仕様の超豪華デラックスなハリボテ映画館を、夜な夜な自分ひとりの大工仕事でトカトントン。近隣でもごく少数の間の噂に囁かれるだけだった「夜の映写技師」の驚異の「映画館」の全貌を世界初公開した、奇奇怪怪アウトサイダー建築人生レポート写真集です。

　本書の著者で独特老人大好きな映像作家のケンドール・メシックさんが、子供の頃に、身の回りの世話やきに近所から来ていた年上の女性にある時 1 度だけ招かれて、女性の自宅の地下室で体験した不思議な映画館の記憶。遠い呼び声に誘われて、おぼろにかすんだそのときの記憶の光景をたどり直すなかで、自分の子守りをしていた女性のお父さん「夜の映写技師」ことゴードン・ブリンクル（1915-2007）さんの映画館人生との初対面と、数十年ぶりの妄想映画館の本格的には初体験を実現。

　夜は自分が作ったマボロシ映画館専属の映写技師ごっこに没頭したゴードンさん、気になる昼の顔も実は映写技師で、他に娯楽施設のない地元でただ 1 軒の映画館が廃業になるまで 30 年以上勤め、映写技師としてのそもそもの出発も、弟子入り修行で免許を取らないと映写機にさえ触われない時代に戦争が勃発し、入隊時の履歴書に資格アリと嘘を書いて軍隊内で映写技師になり……と驚きの事実が次々に。「昼の映写技師」以前に両親の実家の地下室に出現した「夜の映写技師」若き日の妄想映画館第一号の発掘もあり！

電脳廃人の粋　電脳廃人文化の究極がいど

電脳廃人 2340 年史

ニイル・ファインマン

横 =19.0cm ＊縦 =25.4cm
約 600g
ソフトカバー
160 ページ
2005 年
カリフォルニア
英語
Geek Chic: the Ultimate Guide to Geek Culture
Neil Faineman

　電脳廃人が、思い切りヒネクレているつもりの素直で、無邪気なコドモたちの憧れの青春スタイルのひとつの形として定着していくまでの、西暦紀元前のギリシア時代から現代にいたる、飛び飛びに曲がりくねっているため長いのか短いのかもわからない過程の、あっちこっちに落ちている恥ずかしくて笑えるエピソードを拾い集めた、電脳れとろ悪趣味なんでも事典です。

　マウンテン・デューやドリトスをはじめ、廃人の不健康を維持するのに不可欠な廃人飲食物の話だったり。リンカン 1400 やボルボ 1400 に電気カーなど、廃人定番の自動車だったり。GE 社提供大学対抗クイズ合戦から青春フリークス学園まで、廃人指数を高めるテレビ番組だったり。「ナード」とゆうコトバを最初に初めて作品中の架空どうぶつの名前として使った Dr. スースの『ぼくがもし動物園を運営したら』など廃人たちの暗い活躍ぶりが印象的な廃人 SF 小説だったり。アルキメデスから DVD にいたる廃人科学史だったり。廃人の読書力を高める廃人用マンガだったり。廃人に愛好される映画作品、特にロボットの登場する廃人うけ映画だったり。廃人に好まれる廃人定番ファッションだったりといった調子で話題はひたすら取り散らっているのですが、工夫された年表式になているため、ヂャンルはごちゃまぜにかきまぜられているのにも係わらず、スッキリ見やすくまとめられていて、過去から現在へ、著者のゆう廃人文化とゆーものの、古代電脳廃人予備軍から現代にいたる時代のなかで、カッコわるいだけがいつでもとりえの、脈々と脈うつ流れを一望でけます。知ったり持ってたりするのがとカッコ悪く恥かしいものばかりを集めた、第二の悪趣味百科事典としても重宝です。

100

アナタいまココあるヨ　自家製の地形学あんど妄想力の地図もろもろ

へんな地図アートのコレクション

キャサリン・ハーモン

横 =18.0cm ＊縦 =25.4cm
約 640g
ソフトカバー
カラー図版満載
192 ページ
2004 年
ニューヨーク
英語版
You Are Here
:Personal Geographies and Other Maps of the Imagination
Katharine Harmon

　実物の世界の分身みたいなふりをしている「地図」が、実際には模型工作をするひとたちがその時その時の事情から選んだ妄想のなかにある、妄想世界の分身でしかあり得りえないことの実例お手本のような、地図のかたちをしたアウトサイダーアートとも言うべき脳内プラネタリウムちっくな地図ほんらいの地図らしい地図ばっかりを集めた、魅惑のゴオヂャス地図これくしょん本です。

　巻頭はキテレツ医学をふくむ、非西洋医学全般にわたる人体地図の見開き対決しりいずで、太陽光線の女性の健康促進効果を解剖まやかし図解したナチスドイツ科学人体図、ちょんまげ男がもろ肌脱ぎで盃をあおる時に人体内で行われている小さなヒトたちの仕事や仕場を図解した歌川国貞の浮世絵、ヒトの一生のすべてが DNA のなかに書いてあると、妄想する DNA 依存症の頭蓋骨版として 19 世紀末まで流行した観相学の頭がい骨運勢鑑定図とそれを顔面イレズミ風に展開したもぢりあーと。アネット・メサジェの足裏タトゥーあーと。印度ヴィシュヌ神の足の裏の模様。一卵性双生児姉妹 2 人の肉体等高線地図。先住民が夢の中で宇宙の迷子にならないように天国や地下世界を書き込んだ宇宙地球図。アマゾン・トゥルカノ族の霊媒的幻覚旅行地図ほか、世界の宗教幻覚地図や宇宙図の数々。真正アウトサイダーああちすとたちの地図作品をからジョイス・コズロフが小説家イタロ・カルビーノに捧げた見えない都市の地図、その他インサイダー・アーチストが地図につまづいてアウトサイダー側によろめいたようなのまで。

　架空の地名だらけのなかにヒトの姿も怪物や怪獣も出没し、ミエやハッタリや願望や欲望がいないいないばあする変な地図コレクションです。

穢れたムダづかい

浪費アーチスト作品集

写真＝ダナ・ホーイ
作文＝グレートヒェン・ルービン

横 =26.0cm ＊縦 =23.5cm
730g
ハードカバー
66ページ
2006年
ニューヨーク
英語版
Profane Waste
Dana Hoey, Gretchen Craft Rubin

　どこを見てもムダとムダ使いとムダ不足。全体がムダの塊のような現在の地球上に、新たに真のムダ、ムダの中のムダ、ムダらしいムダを創作することは出来るのか。女性写真家ダナ・ホーイさんと女性作文家グレートヒェン・ルービンさんの二人が掲げた屁理屈は、「骨折り損のくたびれ損の高純度の浪費欲、勘違いの浪費、バカだアホだと後ろ指を突き刺されるような空費だけがヤリガイのある真に穢（けが）れたハレンチの名に価するムダづかいなのでござるヨう」というもの。その暑苦しくも涼ぢ気なご高説を写真でなぞりコトバでみつめ、無駄なアート感を漂わせてみた、ゴーヂャスでもありつつバカバカしい、金ぴか写真絵本です。

　作文には「中途半端なムダづかい」自分の持ち物 7226 個を分類し、ラベル貼り分解してから地面に埋めた現代あーちすとマイケル・ランディの「故障」、新作の彫刻を地面に埋めたイタリア現代芸術家マウリツィオ・カテラン、買い溜めたレコードの未開封コレクションの山で来訪者をびっくりさせたジョセフ・コーネルなどを「そんなのはダメ」な実例に挙げての勝利者宣言。ところが写真はまるでアート敗北者宣言。タバコを吸いながら馬に乗って走る臨月近い妊婦だったり。高級ワインを石ころに御馳走したり。池の水面にパンを浮かべて食べられない食事を演出してみたり。赤ちゃんの誕生日に本ものの黄色いトラックをプレゼントしたり。紙幣を丸めてごみ箱に投げ捨てたり。高額紙幣を火で灰にする写真からは焼き鳥屋の換気扇で煽っているかの如き勢いで、タブーに挑戦しちゃったよ的なエクスタシー感が。

　衰弱した抜けがらのような作品を挑戦的と呼ぶムダを強引に読者に押し付けてくれます。

102

西洋将棋（チエス）のイメヱチ・改訂版

超現実主義亡命派展覧会

ラリー・リスト編

横=22.3cm ＊縦=28.6cm
厚さ2.4cm
約1.4g
ハードカバー
カラー＆モノクロ図版多数
210ページ
2005年
ニューヨーク
英語版
The Imagery of Chess Revisited
Larry List

　イサム・ノグチの幻のチェス用テーブルの収蔵記念＆お披露目にノグチ美術館が開催した『西洋将棋（チエス）のイメヱチ・改訂版』展の詳細図録を兼ねた愛蔵版記念出版本です。
　オリジナル展示物の陳列と、関連参考作品や資料による肉付けで再現を目指した1944年の元祖「西洋将棋のイメヱチ：絵画、彫刻、新奇でざいんチェスセット、音楽ほかモロモロの集合展示」グループ展を本書の解説を通じて振り返ると、真っ先に目が点になるのは参加メンバーの豪華絢爛さ。会場に流れる音楽もこの展覧会のために準備されたジョン・ケージ作曲「チェス・ピース」やイタリアの新古典派ヴィットリオ・リエティ「チェス・セレナーデ」で、会場の照明はルーマニアの幻視的建築家フリードリッヒ・キースラーがじきじきに担当。世界チェスチャンピオンのジョージ・コルタノースキーが同時に5人の芸術家を相手に目隠しでチェス試合をする賑々しさのなかに、アーチスト制作のチェス盤セットとチェス絵画を展示。デュシャンのブエノスアイレス時代のチェスセットやポケットチェスセット。亡命で途絶えた収入の埋め合わせにチェスセット販売の目論みもあったというマン・レイやタンギー、マックス・エルンスト、コールダーらのチェスセット。現代チェスセットの最高傑作と謳われるヨーゼフ・ハートヴィッグの、バウハウス版の原型にあたる超レアバージョン。アンドレ・ブルトンとニコラス・カラス競作の駒がワインを注いだグラスに鏡張り盤の超珍品も。
　人類自己破産宣告へと突っ走った第二次大戦の業火からの逃亡劇として成立した、鬼ごろし的に繊細緻密なゲームの規則による、退廃アートの無力で頑固なやせ我慢の小ささに感動。

泥ヲトコ　キム・ジョーンズの征旅

パフォーマンス怪人回顧展

サンドラ・ファーミン
ジュリー・ジョイス

横 =20.5cm ＊縦 =26.7cm
約 690g
ソフトカバー
カラー＆モノクロ図版豊富
160 ページ
2007 年
マサチューセッツ
英語版
Mudman: The Odyssey of Kim Jones
Sandra Firmin, Julie Joyce

　全身全裸泥ぬりエステの途中で健忘症になったような異様な姿で町なかをウロウロしたり、電信柱のうえにその姿でセミのぬけがらのようにジッといつまでも止まっていたりするなど、妖怪じみた街頭パフォーマンス歴 40 年のアート怪人・泥ヲトコことキム・ジョーンズさん。初の回顧展開催を記念して出版された、初めての研究＆図録本です。
　泥ヲトコがいつも背中に背負っている、お骨で作った祭壇のような背負いは、香港でみた竹製の絞首台がヒントになっていること。ヴェトナム出張中のヘータイたちがヒマつぶしとして日常的にしていたのとまったく同じに、ネズミに燃料をかけて生きたまま炎上させるという悪行を大学の画廊のなかで実演し、有名美術雑誌紙上で「アートではなく目立ちたいだけのビョーキ」とボロかすに叩かれて、アート業界から長年に渡って黙殺される原因となったパフォーマンス「作品ネズミ（1976）」と、ネズミとの自己同一化癖など、アート活動直結の話題だけでなく、7 才のときペルテス病とゆう太ももと股関節周辺の難病を患い、10 才までの 3 年間は車イスで養護学校に通ったことや、1967-68 年には郵便配達兵としてベトナム戦争に従軍し、精神医療の専門家のあいだでさえまだ公式に認知されていなかった PTSD 症状に悩まされる、典型的なヴェトナム帰還兵になっていたこと。母方父方ともおジイさんが第一次世界大戦に出征して、母方のジイは毒ガスでやられ帰還後に 8 人の男になぶり殺されたこと、父方のジイは戦地で運転していた弾薬運搬車両の爆発で両手両足を吹き飛ばさたことなどなど、ドロドロ流れ出す泥ヲトコのエキスの向こうに広がる地獄の黙示録の扉を開きます。

毎日の生活を独創的に破壊するための利用者まにゅあろ

ゲリラパフォーマー怪人図鑑

ナト・トンプソン、グレゴリィショレット編

横 =21cm ＊縦 =26.2cm
約 900g
ハードカバー
カラー写真図版満載
154 ページ
2004 年
マサチューセッツ
英語
The Interventionists
:Users' Manual for the Creative Disruption of Everyday Life
Nato Thompson

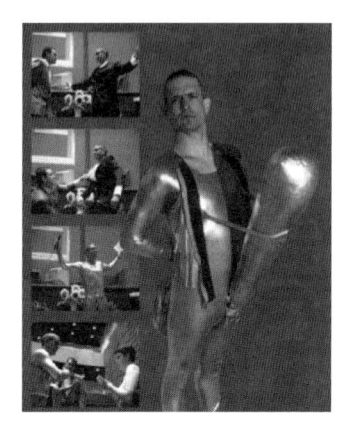

　非日常性という集団妄想と日常という集団妄想のスキマという集団妄想の巨大な死角のなかにアタマ隠さずシリ隠さずもぐりこむ、お邪魔虫ハプニング系あんどお騒がせえんやとっとアーチストの面々を秘蔵写真アルバムと、直撃インタビウの同時進行で紹介していく 21 世紀式街頭ゲリラパフォーマー怪人図鑑です。

　登場するのはスターバックスコーヒー店やデズニーストアなどの店内で出し抜けに「買い物やめましょう教会」代表として、正義のお経を大声で叫びはじめるので有名なビリー・タレンさん。観光バス旅行とまるきり同じ設定で、日常ありふれた光景ばかりを順番に見物したおしていく e-Xpo の団体バス旅行。コスプレで町中をはいずり回るので有名なウィリアム・ポープ・L さんが近所のひとに持参してもらった黒いものを原料にして稼働するナゾの黒工場。壁と壁のつなぎ目にできる角度のついた空間にはまりこんで、ズボンを脱いでじっとしてみたり、金網をまたいで他人の敷地に入ったり出たりするアレックス・ヴィラーさん。住居兼用衣類の作者ルシィ・オルタや大型ビルヂングの循環系機能に寄生して生活向上を狙う寄生虫ハウスのマイケル・ロコウィッツさん。ロコウィッツさんの学校での師匠で、町の中をどこまでも動いていくこともできる乗り物兼用のおウチをこさえた草分けウォディクズコさん。監視カメラの特権的な視聴者を意識しすぎるあまりに、監視カメラのレンズにむかってネタ披露をする「監視カメラ俳優教会」。

　まだまだ他にもぞろぞろり。通りすがりのひとたちにぢぶんが見てみたい光景や、場面を演じさせているかのような思いやりいっぱいのお邪魔虫たちが手引きする、たくさんの入り口と出口の虎の巻。

105

街角の叛逆者たち　アングラあ〜と新世紀

街角やり逃げアート写真集

クリストファー・ノウルス

横 =19.0cm ＊縦 =23.0cm
約 375g
ソフトカバー
オールカラー写真集
128 ページ
2007 年
カリフォルニア
英語版
Street Renegades
: New Underground Art
Francesca Gavin

　トリがひとの頭にウンチをプレゼントしたり、イヌやネコが公園や電信柱に小便をプレゼントするよりも何倍も気前よく、一生懸命に自分が完成したアート作品の展示場所はコレクターの貸金庫でも美術館の陳列棚でもない道ばたの上。
　ホログラムほども実物そっくりな蜃気楼のように見える、立体的ダマシ絵で世界的に有名な、やり逃げアート歴 30 年のダン・ウィッツさん。色つきのプラスチック工作で、巨大なカラー絆創膏を作り、建物の壊れた壁や地面のヒビわれに貼りつけて街のキズぐちを治療してあげたり、手描きでは落書きをしずらい場所に、落書きの代わりに絵を書いたプラスチックを貼付けてあげたりする親切なやへコミのついた自動車のボデーに貼付けたり、オトナのお医者さんゴッコで風景のきずぐちを治療するベネズエラ育ちのオン・リィことカルラ・リィさん。ホンモノの洋服を着込んでいるのでまさかセロテープを貼り合わせて作ってあるとは誰も思わない等身大の人形彫刻を、街角の通行人がみたらギョッとするような場所でギョッとするような仕草をさせた形で置き去りにする野外インスタレーションで知られるマーク・ジェンキンスさん。ナスカの地上絵もびっくりの巨大な顔を地面の上や建物の外壁に描き出すホルヘ・ロドリゲス・ヘラーダさん。誰とも知れないまちかどの通りすがりのひとたちの驚きや、感動だけを無償のたのしみにして旺盛な活動を繰り広げる危ぢるし系アーチスト約 30 数人の、暗いところもしっかりある明るい街づくり活動を中部ヨオロッパ、南ヨオロッパ、南アフリカや南米や北米など世界あちらこちら神出鬼没の現場直撃写真でお届けする、オールカラーの 21 世紀あんぐら街角ア〜ト写真集です。

白色の拷問　グレゴール・シュナイダー作品集

ひきこもりアーチスト拷問収容所展

ユリアン・ヘイネン
ブリギッテ・ケレ編

横 =19.8cm ＊縦 =25.6cm
約 680g
ソフトカバー
カラー写真図版多数
122 ページ
2007 年
ケルン
英語 + ドイツ語の 2 言語併用版
Gregor Schneider
:White Torture
Julian Heynen, Brigitte Koelle

　「ぼくのお作品のなかで人生を終わってくれるヒト募集」発言がニュースねたに取り上げられ、15 秒だけの世界的無名人へと瞬間的に成り下がってすぐ元に戻ったこともあるドイツの心配性あ〜ちすとグレゴール・シュナイダー。自分のおウチのなかに、自分のおウチの階段や廊下とは別に、暗黒バージョンの禍々しい階段や見晴らしのない窓や邪悪な廊下やお部屋などをつくり、自分のウチに来たお客さんにだけ特別公開するような、ひきこもりちっくで、ゴシック小説好きな大工さん的立体造型アートを 16 才で開始。

　おこもり修行 15 年めの 31 才で、今度はおウチの外へ外へと目をつぶり、耳をふさいだまま逆立ちをしながら後ろ向きに移動を開始。それまでは自分のおウチの一部だった作品を一度解体して、外部の展示スペースに移築するようになったものの、一貫して変態的日曜大工仕事にこだわってきたグレゴールさんの「白色の拷問」体験ア〜ト展のテーマはグアンタナモ秘密拷問監禁施設。長い通路の両側に監禁部屋が並び、監視カメラが静かに威嚇。無表情な壁で囲まれた部屋から部屋へ進むごとに、光源を特定できない人工照明の白い反射光だけが金属の壁に乾いた口を開き、背後では重い扉が次次に閉じて退路を遮断。方向感覚を奪われさまよい歩くうちに、防音壁の無音の圧力が全身を鼓膜を変えて押しつぶす、苦痛が逃げ場のない人間を廃人化する究極の拷問部屋といわれる、白い無音室での感覚剥奪アート「白色の拷問」。

　引きこもりアート突入以前の、地面に穴を掘って頭から飛び込んだりムササビのように木の枝から枝へ飛び移ったり、絶叫や悲鳴もワイルドな野人時代のグレゴールさんの活動も紹介され、感情移入を煽ります。

悪趣味美術館傑作集

無名素人とんちんかん絵画名品選

マイケル・フランク
ルイーズ・レイリー・サッコ

横＝16.0cm ＊縦＝21.0cm
約410g
ハードカバー
オールカラー画集
114ページ
2008年
バークレー
英語版
The Museum of Bad Art: Masterworks
Michael Frank and Louise Reilly Sacco

　どこの誰とも知れないヒトたちが描いた、見るの目線をじわじわとパニックに陥らせるほどヘタくそなお絵描きばかりを展示していることで世界的に知られる、ボストン郊外の悪趣味美術館の描きびと知らずドツボ迷品珍品絵画アート集、10年めの第2弾です。

　悪趣味美術館の作品収集の基準は意外にキビシく、幼児が描いたお絵描きどんなにヒドくてもボツ。宣伝用に描かれた商業美術のお絵描きもボツ。内職のおばちゃんやおばあちゃんたちがこさえている観光おみやげ用のお絵描きもボツ、そして何よりも、パッと見の第一印象が悪趣味美術館の趣味（悪趣味）とぴったり来ないのはボツなのだとか。リサイクル店でみつけたり、ゴミの山のなかで拾ったり、描いてはみたものの出来映えがあまりにも特別な意味で素晴らし過ぎて、自分が作者デスと名乗るのが恥ずかしい上に、妙な期待感に取り憑かれれみたり。悪趣味美術館に毎日のように押し寄せてくるヒドいお絵描きの大波小波のうちで、収集対象にならないものを選りわけたすえの、違いがわかる悪趣味アート専門科おスミつきのヒドい絵を約70点、分類＆陳列してあります。分類されているとは言っても、分類じたいも「ひとりのヲンナ、ひとりの画家？」とか「なぜニンゲン以外のものを誇張したらイケンのか」と意味不明なものが、意味が多少でもわかる分類「青い顔（顔の皮膚をなぜか青く塗ってある絵ばかりの巻）」やら「遠近法の極端なやり過ぎ」やら「地球温暖化の極みでの黙示録的光景」と入り交じって並び、すべての面でスキだらけなお絵描きばかり。

　悪趣味お絵書きの総本山ならではの、作品の前に立つとどこからともなく独り言が聞こえてきそうなお絵描き天国です。

黒ビロード画傑作駄作集

お土産用悪趣味ビロード画

カレン・アンダーセン
カール・ボールドウィン

横=22.3cm ＊縦=23.5cm
約920g
ハードカバー
カラー図版満載
192ページ
2007年
サンフランシスコ
英語版
Black Velvet Masterpieces
Caren Anderson and Carl Baldwin

　世界の悪趣味愛好家に愛されることに何の意味があるのか分からない悪趣味お絵描きの王道的蛇道、テカリのあるドス黒さという素材感じたいに途方もない下世話なエロ味を秘めたビロード生地のうえに夜の職業婦人のドレスを飾る装身具のように、ドギツくギンギラキンな色彩で描かれたビロード画。ハワイやタヒチの業者がつくった正当派悪趣味系から、シンガポールやコリア産、1970年代のビロード画大ブーム期にメキシコで粗製濫造された化学薬品の悪臭も強烈とゆう劣悪な悪趣味ものなど、駄作中のよりすぐりとゆう意味での傑作中の、大中小傑作や愚作中小中大愚作を大量にコレクションした俗悪ビロード画大コレクションです。
　ジャンル「ポリネシアの楽園ヌウド」の部を、体型的に和みきった熟年ホステスさんたちがお化粧鏡を見ている時の美化された自画像のように眺めていると、突顔ぢゅうにシワだらけの微笑みを浮かべたおジイさんの肖像が徘徊してきたり。ジャンル「ピエロ」はみんなホロホロ泣いてばかりかと思うと発狂したように笑い出したり。ジャンル「動物」たちは従順なマゾ家畜に見えても花札勝負をして遊んでいたり。イエスキリストが両手をひろげてトラック販売の街頭宣伝のアルバイトをしていたり。ろう人形館でないのにフランク・ザッパやアリス・クーパーのニセモノがいたり。安楽死のやり過ぎで世間のひんしゅくをかった殺人医師や集団自殺カルト教団の教祖の肖像があったり。夜の歓楽街で正露丸臭くムセび泣くテナーサックスが、まるで刑務所内でのイレズミ自慢合戦と見分けのつかないほど凶悪な悪酔いムードが、ビロード画のかつての海外旅行お土産人気をひゅうどろどろと納得させます。

女生徒諸君、名前は誰でもよろし

没収した女高生の落書きノートを素材にしたイラストアート競作集

トリニー・ダルトン
リサ・ウェイグナー編

横 =20.3cm ＊縦 =25.3cm
約 430g
ソフトカバー版（ノート風装丁）
カラーイラスト集
112 ページ
2005 年
アメリカ
英語版
Dear New Girl Or Whatever Your Name is
Trinie Dalton, Lisa Wagner

　いまは小説家だったりもする編者のひとりトリニー・ダルトンさんが、ロサンゼル界隈の女学校で非常勤の先生をしていたときのこと、授業中に生徒たちがこっそり回覧している落書きノートを、はじめは罰のつもりで没収していたのが、いつのまにか落書きノートを集めること自体が面白くなってしまい、気がついたら手元には 3 年ほどの間に没収した女学生ノートが数百冊。

　何の値うちもないけれど、何にも代え難いほど貴重なこのコレクションをどうしましょ？という何ともゼイタクな悩みから生まれたこの本は、没収ノートのうちの特にググっとくる女学生ノートの現物を、波長があいそうなソレ系のイラスト家や画家に手渡して、それを素材にあとは好きなように煮たり焼いたり、調味料をまぶしたりしてもらいましたとゆう、ナンチャッテ女学生なりきりアート作品集です。

　出版元が 20 世紀最後から 21 世紀の近頃にかけての北アメりゴ商業誌のなかでで、特にヒネくれた変てこ雑誌『マクスゥーニィの』で知られる「マクスゥーニィの」社だけに、賛歌アーチストも豪華としか思えないひとにだけ豪華と感じられるヒネた豪華さ。ロウブロウあーとの重鎮クレイトン兄弟や、カナダいらすとアートの気孔師マルセル･ザマ、ロードアイランドのジャンクノイズトランスコア系脱音楽とも連動するペーパー・ラッド、ドロドロ派ウンコいらすと家テイラー・マッキメンス、「最後の絶叫」社からの作品集も人気のジョナソン・ローゼンなど、実力派の実力無関係アーチスト 24 人が登場。女学生ならではの脳天気気分をそのまま、わりばしで金魚をすくうような生け捕り方式で作品化したものが多く、装丁も学習ノート風で怪しいヘルシー感ありありです。

メキシコの馬糞紙（ぱるぷ）ア〜ト

1960-70年代俗悪表紙イラスト怪作集

ボベッテ・アクセルロッド
テッド・フランケル

横=13.8cm ＊縦=20.2cm
約270g
ソフトカバー
カラーイラスト集
144ページ
2007年
ロサンジェルス
英語版
Mexican Pulp Art
Bobbette Axelrod, Ted Frankel

　寄り目がおそろしく魅力的な巨大女性をめぐる、小人男性2人の有り得ないのにありそうな三角関係だとか。目玉をひんむき、口をひらき、悩みが多そうなヲトコの顔が幹にとりついた人面木たちに教われ逃げまどう背広男性だとか。弁髪のアジア系男女を蹴散らす火を吹く赤い怪物とか。浮気の真っ最中にドアを開けて帰ってきた恋人はゴリラだったとか。道のまん中で巨大アリの大群に教われ、思わず衣服を脱ぎ捨てて、巨大アリにワキの下を舐めさせているオトコとか。読者の冷静な判断力を一瞬のうちに粉砕する不意打ち的にマヌケなアイデアのつるべ撃ちがロープ最上段を軽々と超えて急降下直撃する、1960-70年代初期のメキシコの三流俗悪ミステリ本のど腐れ表紙イラストばっかりを集めた悲惨コレクション本です。

　欧米系の馬糞紙ア〜トとくらべると、露骨に目につく絵の具や絵筆の種類の少なさがより一層の毒毒しさをかもす色彩が、メキシコならではのビンボーむうどを栄養分にして育まれる幸福感を、エクトプラズム式に骨太なかんじで実体化しています。ほとんどの表紙絵から、本のタイトルを記したロゴ文字の部分が消されているために、どれもこれも思いっきり間延びしきった絵の構図は、出前が遅れてべろべろに伸び切ってしまったラーメンのような悔しさとオイシさが同居する、損して得した複雑な気分もあり。全体的にはホラー色強めとはいうもののUFOも飛べば小人や透明人間、ゾンビや覆面プロレスラや原始人、狼男や吸血鬼や死神や気狂い科学者や金髪女性などなども、ざらざらと登場する具だくさんのおかげもあって、ポケットの中で大事に握りしめた10円玉に汗がべったりの駄菓子屋さんでオトナ買い気分満開。

ボテロの危愚連異侮（アブぐれいぶ）

残虐ガチむち拷問画集

フェルナンド・ボテロ

横 =24cm ＊ 縦 =28cm
約 720g
ソフトカバー
オールカラー画集
110 ページ
2006 年
ロンドン
英語版
Botero: Abu Graib
Fernando Botero

　世界をビックリ仰天させた危愚連異侮（アブぐれいぶ）刑務所での変態リンチ事件に真正面からカラミついて、発表当時から評判になったモンダイの連作シリイズが画集に。作者はぽっちゃりフクヨかアンコ型のおすもうさんのように、真ん丸な女体美ばっかりを追求するデブ専画家ボテロさん。

　実際におきた重大猟奇異常ぢけんを題材にしているにもかかわらず、「絵は絵。現実のうつしではないですちゃ」と言い張って、この画集にでてくるひとたちも、いつものボテロさんとまったく同様に、ムチムチのおでぶちゃん揃い。現実の事件と違うのは、セックス拷問をする側にもされる側にも女性のすがたが見当たらないことで、どちらをみてもオトコとオトコの、ガチむちホモ真正ハード SM 地獄絵巻が繰り広げられています。表面的な図がらだけに焦点をあわせると、正義の仮面をかむってさえいればあとはもう、どんな変態プレイをも変態とは無縁の正義のプレイと称してよろしい、というようなコドモじみた屁理屈で汚れきった SEX 拷問リンチ地獄図。SM ポルノ的お約束の枠の中でのお絵描きへの翻訳をどのようにでも展開できそうなこの題材が、ルネサンス絵画風のお絵えがき術を土台にすえたボテロさんが、得意のポッチャリ人間たちにムンムンのお色気をまきちらしながらの熱演のかたちで描ききっていることで、絵の印象はポルノとはまったく別次元へと横滑り。

　性的不能の告白を非人間的な拷問行為に置き換えることで、セクシーな肉体へのヤキモチや復讐をもくろむ拷問者たちは近寄ることも出来ず、嗜虐的のぞき欲を SM ポルノで満足したい視姦目的の鑑賞者にも近寄れない。オトコ神秘の禁断ラブラブ闘技場です。

見られたものぢゃない

悪趣味アート展図録

ジョン・ウォーターズ

横 =24.5cm ＊縦 =32.4cm
約 620g
ソフトカバー
カラー写真満載
256 ページ
2006 年
ドイツ
英語版
Unwatchable
John Waters

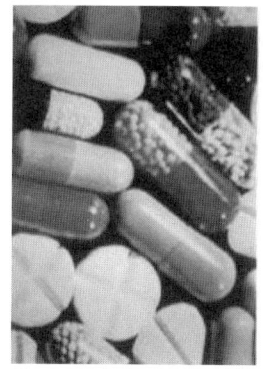

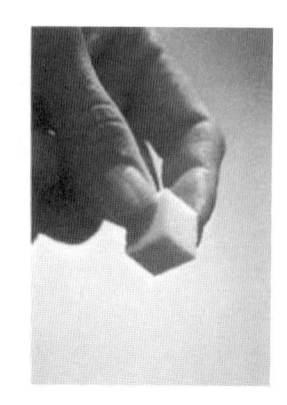

　映画監督作品『ピンク・フラミンゴ』など、悪趣味界不滅の大棟梁ジョン・ウォーターズの余技的悪趣味である現代芸術アーチストとしての活動を賑々しく披露した、2006年春チューリッヒ＆ニウヨウクでの「ジョン・ウォーターズ見られたものぢゃない」展の開催記念図録をかねた作品集です。

　アート業界の常識を異星人的な他人目線で見下ろすことができる、圧倒的に意味不明なアウトサイダー的立場から、どんなにヒドい作品づくりも可能なジョン・ウォータースの悪趣味現代芸術。予備知識も解説もぬきでよし悪しが直感的に伝わるのがアウトサイダーアートの美点だとすれば、予備知識や解説がいくらあっても、よいのか悪いのか誰にもわからないのがジョン・ウォータースの悪趣味現代ゲイ術。

　作品につけられている映画業界人の名前にちなむ表題が、1950 年代のレスビアンたちの間で映画女優ドロシー・マローン（「三つ数えろ」ほか）を真似てシャツのえりを立てるのが大流行していことや、芸術ホモ映画監督パゾリーニのニキビふぇちや、ある時期のアンソニー・パーキンスのピンナップ写真が男性同性愛者たちのオカズとしてアイドル的に愛用されていただったこと、キューブリックの失敗作『プロビデンス』とゲイ仲間の間でだけ世界的に有名な避暑地の地名プロビンスタウンをかけたダジャレ……などという同性愛社会映画史的な事実を知って初めて意味がわかる作品の数々は、それなら意味がかってたらオモシロいかというと、実は最初からオモシロいかどうかは課題でも目標でもなく。意味を説明されても別にオモシロくも何ともない現代芸術ならではの、乙に澄ましたポーズを演じる悪趣味な楽しさがある、のでした。

ブラックストツクさんの収集集

サヴァン症アーチストのウルトラ記憶力観察画集

グレゴリィ・ブラックストック

横＝14cm ＊縦＝24cm
390g
ソフトカバー
144ページ
2006年
ニューヨーク
英語版
Blackstock's Collections
Gregory L. Blackstock

　自閉症の中年おじさんグレゴリィ・ブラツクストツクさんは、見たものすべてが目に焼き付き、見たとおりの姿形のまま2度と絶対に忘れないという、ケタはずれの視覚的記憶力の持ち主。生きている間は一瞬も止まることなく新しい頁が追加され、最終的には全部で何億兆京巻になるのか想像しただけでも目まいで倒れそうほど、膨大な情報量を溜め込んだブラツクストツクさんの膨大な脳内ビジュアル百科事典の、ふだんは本人にだけ見える神経細胞のパチパチ火花の模様のいくつかを、グラックストックさん自らがエンピツでなぞってイラスト化してくれた、驚異の脳内小部屋コレクション陳列棚写生イラストお披露目標本箱です。

　鳥の部、魚類の部、イヌの部、虫とクモの部、植物の部、道具類の部、騒音源の部、のりものの部、航空機の部、船舶の部、建築の部、衣服の部、その他の大事なものの部。それぞれの部の中のいろんな項目ごとに、いろんな同じもの仲間のうちで違う種類のものの絵ばかり並べて埋め尽された絵がたくさん。言葉で説明するよりも、絵でみるほうが余計にヤヤコしいいろいろなソレばっかりの絵ばっかりがが次から次。記憶とど忘れの違いがトロけ忘れる力が膨張して、記憶力が薄いことの安心感のほうに逃げていきたくもなります。

　福祉や生活保護は受け取らず、アスレチツククラブの皿洗い。人格円満で社交性豊か。同僚の移民のひとたちと話をするうち12ケ国語会話を習得し、キリル文字の読み書きも出来る音楽や楽器も出来る。一芸だけが天才的というサヴァン症どころか、ただの天才という疑惑もわくブラックストックさんをめぐる、予備知識を一切捨てても興味深い宇宙卵の詰め合わせギフトみたいなフシギな画集。

シブシソ・ムベレのサカナ型ヘリコプター

飛ばない自家製飛行機アート写真集

コト・ボロフォ

横=28cm ＊ 縦=36cm
約 1.6kg
大判ハードカバー
カラー写真集
120 ページ
2002 年
ニューヨーク
英語版
Sibusiso Mbhele and His Fish Helicopter
Koto Bolofo

　17才で空飛ぶ機械ヘリコプターというモノを生まれて初めてみた1986年のある運命の日を境にして、以後の全人生と引き換えに完全に俺様流の直感だけに頼り切った幻覚的手作り飛行機製造に没頭。現在は自作のおサカナ型ヘリコプターが飛行機工場兼住居になっている、南アフリカの幻想ヒコウキあ〜ちすとシブシソ・ムベレさんがこさえた絶対に空を飛ばない素晴らしい飛行機の数々を集成した、幻想飛行専用アートマシン写真集です。

　この写真集が出版されるきっかけにもなったドキュメンタリ映画『シブシソ・ムベレとそのサカナ型ヘリコプター』（2000）が話題になるほど世界じゅうにファンの多い人気アーチストに成り上がるまでは、始めは親がペンチ1つ買もくれないので、針金や廃材置き場で拾った金属を加工するのにも、使う道具は素手や石でトリぐらいの大きさのヒコウキを作ったり壊したり。コドモみたいなガラクタいぢりはヤメロと村ぢゅうの笑い者になったり、作ったヒコウキやオウチを壊されたり警官に逮捕されたりと、地元の数々のしがらみに縛り付けられていたことが、空飛ぶ機械への憧れジェット燃料逆噴射を誰よりも激しく加速させたのか。

　ヒコウキの実物に初搭乗する機会が来て、実物のヒコウキがトリより大きいことを知ってから作ったジェット機・ジャンボ機・複葉機どれもこれも相変わらず、超低空飛行態勢で自動車の屋根代わりを兼ねていたり、機体と地べたとを木のぼうで直に固定してあって不動の姿勢で凍り付いていたり、何がどうなっても空を飛ばないヒコウキばかり。ボロボロでヨレヨレの骨組みだけのハリボテが接近する視線すべてを、強烈パワーで空の果ての向こう側へと拉致します。

A・G・リッツォーリ　誇大妄想の建築家

幻視画家の大宮殿幻想画集

ジョー・ファーブ・ヘルナンデス
ジョン・ビアズレー
ロジャー・カージナル

横 =25cm ＊ 縦 =31.5cm
約 1.5kg
ハードカバー
136 ページ
1997 年
ニューヨーク
英語
A.G. Rizzoli: Architect of Magnificent Visions
Jo Farb Hernandez, John Beardsley, Roger Cardinal

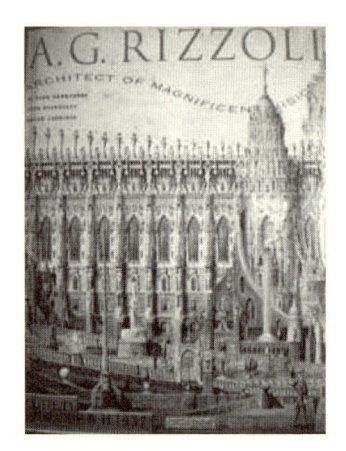

　ゴミやガラクタを建築資材として集めるような、現実的な段取りをスッポリ無視した壮大なスケエルの妄想建築の絵図面ばかりを、コッソリ自分の部屋に隠れて描きつづけた、大妄想大建築のすごいヒト、アキレス・G・リッツォーリさん（1896-1981）のキテレツな作品と生涯を讃仰した虚数的スケール雄大な作品集です。

　若い時に父親と生き別れてから、父親の拳銃自殺遺体が発見されるまでのおよそ 20 年間を、母親と 2 人で 1 つのシングルベッドで寝起き。昼間は土建屋で製図工の仕事をしながら、帰宅すると夜は自分だけの宇宙に閉じこもりっきり。その後に母親とも死別してからは家も荒れ放題の荒れっぱなしで、本人が残したほぼ実際どおりの記録によると、生涯を童貞のままで終えたらしいリッツォーリさん。その建築術は、人体の、血や肉や骨のシンボルとしての石造建物づくり。母親をはじめ、近所のひとでじぶんを褒めてくれたヒトや歴史上の有名人などを、建築にするとこんな風になりますという、分かり易いつもりで事実どおりに説明すると逆に視界がどんよりと濁ってくる奇妙なもの。

　アメリカの土建屋さん業界用語でボザール様式と呼ぶらしい、ギリシア＆ローマ＆ルネサンスすたいるを、コテコテに急速解凍ピザミックスした風ななものを土台に、大伽藍やドゥオーモ、リッツォーリさんの引きこもり当時流行していた 1915 年パナマ大平洋万博ゆずりの、地上から見上げる角度で建物を照らす照明や、ユートピア幻想などなどを特大サイズで増量した上に、装飾用の人物や動物の彫像や浮き彫り、第 3 の聖書のお告げや性的エクスタシーのシンボルから、安楽死ルームまでを強烈な妄想力で肉付けした、一大奇観パノラマ絵図。

ホントにあった出来事のでっかい本

街で見かけたヘンな看板

スコット・ルビン

横 =21.3cm ＊縦 =28cm
約 520g
ソフトカバー
144 ページ
2004 年
アメリカ
英語
Big Book of True Facts
Scott Rubin

　奇妙キテレツ呪文のようにも謎の暗号のようにもウワ言たわ言にも見える、街でみかけた変なカンバン写真集。ホントウにあったおバカばなしの紹介は、ほんのサシミのつま程度の分量そえられているだけ。下品な方面の基本的英単語をしっかりおさらいしておきたい方などには、ナマ臭いお手本にもなりそうな野外観察本。図版の大半は看板。
　「愛情なし証券」「こどもビアガーデン」「ダブルぶいマスかきセンターただ今開場中」「地獄あな沼たぬきクラブ」「汚れヲンナ公園」「生き餌モーテル」など、妙に違う意味で納得できてしまいそうなものもあれば、「屋内空中ダイビング」「じゅうたんのフライ揚げ」「樹木は立ち入り禁止」「防御的運転、夕食無料サービス有り」とか宣伝 CM が「ウジ虫だって？
　そいつは何とも粋な思いつきだ」の食品とか「防御的運転、夕食無料サービス有り」とかいった具合に、停電中に溶け出した文学的冷凍庫のソフトクリームほどにも、お箸でつまみにくいことが書いてあるものまで、少しだけ整理されて全体は雑然。「ゲイ燃料」のタンクの写真の近くに「ゲイ動物病院」「レズ（男役）デイケア」。SM 趣味とは無関係らしい「S&M 食堂」「S&M 食バー」「S&M 市場」「S&M 錠前サービス」。選挙看板の写真で「チップ・ディックス（= 直訳すると、かけら・ちんぽサン）」候補のとなりに「カーク・コックス」（= 教会ちんぽサン）候補がいたり、「ナザレの売春婦教会」の看板のすぐに「発情ヒキガエル救援」があったり。変な言葉が刻んである墓石の頁や、メキシコのへんな絵ハガキこれくしょんの頁などが紛れ込んでいたり。
　本作りのダラシない雰囲気も、今は懐かしい 20 世紀型 B 級出版物です。

ぼくはクリスマスプレゼントにぢぶんの包皮が欲しいのよ

反小児割礼絵本

カール・シュット

横 =21.3cm ＊縦 =28cm
約 340g
外見 ハードカバー
オールカラー絵本
36 ページ
2004 年
アメリカ
英語
I Want My Foreskin for Giftmas
Carl Schutt

　割礼みたいな風習は虐待行為だから、男女問わず止めたほうがよろしかろうという議論を耳にする機会が近年とても多くなっています。割礼廃止キャンペーンの波にのって漂着したこの絵本は「クリスマスの夜、サンタクロースにおねだりしたい一番のプレゼントは、ぢぶんのをちんちんお優しくくるむぢぶんの包皮なの。」など、いくらなんでも割礼反対という表向きだけでは他人に同意してもらうのに不十分な、理解不可能なお願いごとがとってもヘン。登場する皮なしニンゲンたちの絵姿も、♂（オス）と♀（メス）の記号が手足を生やして切り絵でこさえた背景の前で、デクノボーのようにぢいいっと動いている様子も負けずにヘン。古めかしいだけでなく読みづらいこともはなはだしい切り文字か、描きレタリングの文字もいたづらに読みづらいばっかりでヘン。絵も文字もテーマも全体がバランスよくヘンな絵本です。

　物心ついたとき、ぢぶんのちんちんには包皮がないことに気づいた坊ちゃんが、包皮よ何処と両親に問いだす。謝るばかりで返事はない。それならというのでサンタクロースのところへ掛け合いに。（以下ネタばれ注意）最後はリボンを結んだ綺麗な箱にはいった念願のマイ包皮をプレゼントされてアア幸セ。といった他愛ないストーリィ。登場キャラクタは 2 タイプのみで、部品やお道具のない顔面のまん中に大きなイカリング状のひとつ穴、そのぐるりをふちどりが囲むお粗末な顔に、マッチ棒のような胴体手足がついているタイプと、大きな穴がない代わりに顔に割れ目と 1 つ穴ぼこがあり、ちょうど割礼で不細工になったまま、2 度と元の姿に戻らなくなったちんぽこを正面から見たタイプ。包皮がどこまでもついてきます。

118

精神錯乱の別荘　チャールズ・クラフト作品集

悪趣味陶芸作家の展覧会図録

**マイク・マクギィ
ラリィ・レイド編**

横 =27.7cm ＊縦 =24.3cm
約 600g
ソフトカバー
写真満載
96 ページ
2002 年
サンフランシスコ
英語
Villa Delirium: The Art of Charles Krafft
Mike McGee and Larry Reid

　レストランや飲食店で捨てられた壊れたお皿を拾い、飛行船ヒンデンブルク号の大爆発や、ドレスデン大空襲や、阪神大震災やタンカー沈没や洪水で破壊されたおウチなど、デルフト焼の技法で絵付けをした 1990 年代初期発表の「災害時食器」シリーズで脚光を浴びた売れっ子悪趣味陶芸家、チャールズ・クラフトさん作品集。

　事件犯人の逮捕時、ポラロイド写真のコピーをすりつけた「わくわくピクニック皿」シリーズで使った皿は、一見ほんものに見えるだけの使い捨ての紙製の皿だったり、国際戦争犯罪裁判所からの購入問合せもあったという、ライフルや手榴弾や機関銃などのミリタリー殺人用具をかたどった陶器は、クロアチア内戦時にアンダーグラウンド市場で入手した本物のライフルや、手榴弾や機関銃から起こした金型をもとにして焼き物バージョンをこさえていたり。殺人バイク乗り集団・地獄の天使（ヘルズ・エンジェルス）のお皿や、第三帝国禁制石鹸（陶器）やヒトラー急須、それに粉にした人骨を焼きこんだ本格ボーンチャイナのスポーンしりいずなど。画家出身の作者ならでは、のどれもどれも目玉の快感を最優先にして、陶器をこねくる手の快楽を無視すること、はなはだしいにもほどのある見事な変態陶芸家ぶりを示す作品が並んでいます。

　インドヒッピー修行から故郷のサンフランススコ・シアトルに戻ってから仕事もひととおり図版があり、私淑するボンダッチに捧げたタイル製切手や、ライバッハを中核にする国境横断集団「NSK= 新スロベニア芸術」参加時の巡業ポスターしりぃずや、パスポート偽造容疑による逮捕事件に発展したほど、見事なできばえの NSK 親善大使用パスポートなどもあわせて収録されています。

おとし穴さまざま

既存物馴れ合いアートの断面

エリザベス・マクグレイス

横 =14cm ＊縦 =22.5cm
モノクロ写真図版満載
156 ページ
約 230g
ソフトカバー
2004 年
ニューヨーク
英語
Circumventions
Michael Rakowitz

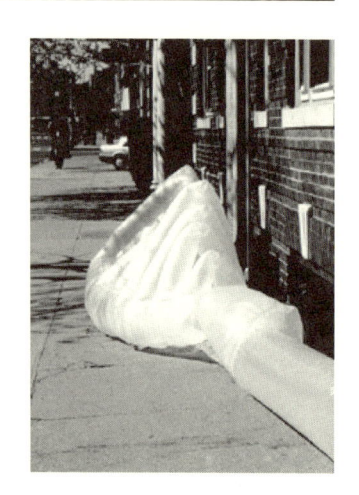

　「黒いゴミ袋じゃなく透明なゴミ袋にしてくれないと、略奪者や暴行魔などの外敵から身をまもることができまひん」とか「スターウオーズのジャバハットみたいのんにしてくらさい」など施主の屋外生活のヒトたちの希望を取り入れつつ、建築材料には透明ゴミ袋と透明テープだけを使って、砂漠の砂あらしでもヘッチャラな遊牧民ベドゥインのテントの使い心地を都会の砂漠用にフラワーアレンジ。造営解体自由自在で移動にも便利なうえに、街角のビルヂングの換気口に寄生して、建物内の温度も湿度も快適な空気を呼吸出来る屋外派都市生活者用の寄生はうす作品「ぱらサイト」シリーズ（1998 ～現在進行形）の発明で知られる、人工環境ちゃっかり拝借タイプの無形建築あ～ちすとマイケル・ラコウィッツさんの、パリ・ディナ現代芸術財団賞受賞記念本です。

　中国系住民の集会施設を追い出して、不動産屋がオープンしたモダン美術ぎゃらりぃへのイヤミをこめて、隣りのビルの 1 階にある中華点心屋から高さ 40 メートル近い煙突を伸ばして、点心の匂いをぎゃらりぃの展示会場に送風し、来場客にはその場で点心を食べさせたりした作品「のびあがり（2001）」。襲われて傷付いた小鳥の悲鳴を録音したテープを釣りえさに、群れの中の偵察役のトリたちを第二次大戦中のベルリン防空壕跡地上空へおびきよせて観察した作品「空中から海辺から（2001）」など、政治と冗談、爆撃機とコトリ、お祈りと拡声器などなど、時間も場所も出来事も同時に共有することが不可能なはずだった出来事をフィクションのふりをした、現実に変化させるダジャレ演芸みたいなラコウィッツさんの活動を、豊富なシロクロ写真とインタビウで一望。

ハイチ・ブードゥー教の旗

黒い異教の儀式アート研究

パトリック・アーサー・ポルク

横=21cm ＊縦=21cm
約380g
ハードカバー
カラー写真図版46点
72ページ
1997年
ミシシッピ
英語
Haitian Vodou Flags
Patrick Arthur Polk

　黒人奴隷貿易のころからの悪因縁を首かせのようにひきづりつづける、旧植民地国の典型的のようなハイチ名物のブードゥー教。ブードゥー教を独裁政治の道具に使った悪人たちの話はさておいておいてから、儀式のいちばん重要なお道具であるラメラメ＆ビーズでこてこてに飾り立てられたブードゥー教の「旗」の魅力、魔力の核心を、そおっと撫でなでする土俗宗教アート鑑賞本です。

　UCLAフォウラー博物館で開催された「ラメラメの精霊たち：現代ブードゥー教の旗」展覧会では監修者もつとめたりもしたとゆう著者の説によれば、たぶんはじまりは中世ヨーロッパの騎士たちが騎兵行進のときになびかせる旗さしもので、キリスト教のしんぷさんたちが北アフリカ＆西アフリカの沿岸地方に出張するようになるにつれて、そのイメエジが、家畜として飼い殺される運命に襲われたアフリカ黒人たちの文化遺産のひとつとして新大陸周辺諸島に飛び散ったのが、ブラジルのサンバの旗やブードゥー教の旗のそもそも。

　アフリカ風土の地霊のざわめきを響かせつつ、キリスト教やケルト神話やフリーメーソン伝説など、多種多彩なおカズが手当り次第に放り込まれているのがブードゥー教の旗の基本形。さらには観光旅行客用のおみやげによく売れるからという、零細商店のオバちゃんオッちゃんたちの営業判断から、ブードゥー教をただのデザインとして使い倒したお土産アートの要素も加わって、現在の「ブードゥー教の旗」が生まれたと。アフリカとヨーロッパの多彩な宗教がごちゃまぜになった超宗教アート色に資本主義とゆう、宗教の大工場の毒毒しさをプラスした駄菓子屋っぽいさや、イカガワシさは眩暈が起こるほど。

　けれど図版は淋しい本。

レニングラード市民アルバム

ソ連アーチストの1960年代青春エロ落書き

イフゲニィ・コズロフ

横=17.5cm ＊縦=24.4cm
約750g
ハードカバー
168ページ
2005年
ロンドン
(ドイツ語、英語、ロシア語の3言語)
The Leningrad Album
Evgenij Kozlov

　オトナになって国際的ゲージツ家になりすました、イフゲニィ・コズロフさんとゆう男性がまだウブだった思春期にこっそり描きためていた、1960年代後半ソビエト連邦の大都市レニングラードでビートルーズやローリングスットンズを鼻歌に口ずさみながら学校に通っていた時代の、秘密のエロ落書きノート6年分を復刻した、妄想スコスコ落書き画集。

　少年時代のコズロフさんが生活していた、アチラの地元コトバで「コミュナルヤ」と呼ばれた中級上流以上の家族用の共同住宅団地では、部屋は1家族に1部屋ずつとは言いながら、共同式になっている台所とトイレとお風呂を使うためには、通路ではなく、よその家族が使っている部屋のなかを通っていく間取りになっていたのだそうで。よそのおウチの大勢の女性たちのまきちらすイロイロな匂いがすきま風よりも頻繁に、小さなつむじ風になって部屋のなかのあちこちに転がって落ちているような部屋のなかで、多感な思春期を過ごしている坊ちゃんが描いた便所の落書き風の絵は、ぼっちゃん時代のコズロフさんの絵は、室井亜砂二と石井隆を足して佐伯俊男で割ったような、といえば遠からずといへども当らってもおらず。お色気フェロモンを発散するオトナの女性たちの、肉体の表情を目を皿のようにして記憶のなかで描き映した色情絵日記風でありながらも、後に芸術家になる作者ならではの几帳面な観察目が生きているところがチャームぽいんとになっていて、絵の中の部屋に散乱しているテープレコーダーやギター、レコード盤からは、赤魔ソビエト連邦にさえ充満していた、1960年代後半の底抜けノーテンキな解放きぶんのエレクトリックな大合唱が聞こえてくるようです。

エニアちゃんの世界　オイゲニエ・アルター・プロップ作品集

さかさクラゲ式4次元刺繍アート

シャロン・ゴールド編

横=23.5cm＊縦=31.5cm
約1080g
138ページ
ハードカバー
オールカラー
2005年
ニューヨーク
英語
Enia's World
: The Art Of Eugenie Alter Propp
Lee Kogan

　早産の未熟児として生まれ、幼少期に名付けられた「エニアちゃん」愛称のまま何の不自由も無いお金持ちのご令嬢としておバアさんになるまで、スコスコと育ってきたオイゲニエ・アルター・プロップさんというヒトが、65才のときに突然むらむらっ！優雅な香水の香りがムンムン香るゴミあ〜とという、世にも珍しい独特ジャンルを開拓した（のかもしれない）唯我独尊的粗大ごみオブジェアート作品を、83才時点の最新作まで約20年分を並べた、異次元ムウドたっぷりの作品写真集です。

　1922年2月22日モスクワ生まれで戦間期ウィーン育ち。ナチの迫害を逃れてアメリカに移住した亡命ユダヤ人社交界の裕福な一女性「エニアちゃん」ことオイゲニエ・アルター・プロップさんのお作品は、ボロ布や拾い物をつなぎ合わせて作られていくのですが、なにしろお金持ちのため、ボロ布とゆうても主役は高級なレース刺繍やつづれ織り、正絹のヒモ飾りに、真珠や宝石やビーズなどを重ねあわせてて、ドウブツやトリさん、フラワーさんやテフテフさんなどの模様を紡ぎ出していく手法。ゴーヂャスな要素のまぜあわせが、結果としてゴーヂャス感を倍増させるわけでなく、まとまりのないままバラバラに投げ出してあるかのような無重力感が第一印象。マバタキで目をよく湿らせてから鑑賞すると、地べたから空の中心に伸びる樹木の幹に相当するものが、構図の中心にどこんと置かれ、写真からはハミ出して伸びる何本もの枝に七夕かざりよろしく、もろもろのオカズがブラ下がるかたちは、変わったかたちのたくさんの目玉や鼻や口がおかしな位置にくっついている、顔たちが歌いかけてくる生命の樹木のようでもあるア〜トごみの山です。

郵便配達式イタコ

あの世の有名人に投函した手紙集

ヘンリック・ドレッシャー

横 =14.1cm ＊縦 =19.2cm
約 250g
ソフトカバー
全カラー版
80 ページ
2004 年
サンフランシスコ
英語
Postal Seance
Henrik Drescher

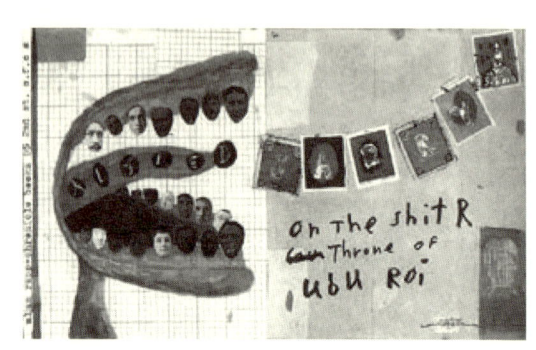

　おばけの世界に手紙を出すのに一番確実な妖怪ポストを知らない、カナダの郵便差出人ア〜チスト・ヘンリクさんが町なかのポストに投げ込んだ、死亡した有名人たちが宛先のこてこてア〜ト郵便ぶつお作品集です。投函後にもしも郵便が配達不能で返送されてこなかったら、イコオルそれは死後の世界まで郵便が無事に配達されたことにします、と、自分で勝手にゲエムの規則をひとり決め。死後の世界の住人とゆう役をふられた死者たちに向けた、その死者予備軍代表に自己推薦で立候補＆無投票当選した作者さまからの、徹底的に一方通行なイタコ的交流が、その立ち会い人の役をまかされた読者の前に、霊界アート郵便封筒と同時に作った複製品のご開帳とゆう、お有り難いようなダマシ討ちみたいなかたちでヅララ〜とご披露されています。

　封筒に貼付けた切手までが作者のお手製とゆう念のいりようだけに、郵便局のひとが貼付けた「こんなの料金不足だし配達したくありませんよ」の添付票もシブいアートの一部みたい。ドラキュラ伯爵の実在モデルの串刺し大公 V・ツェペシュや、元祖メイルアーチストの R・ジョンソンや 60 年代ヒッピー教祖 T・リアリーや安楽死幇助医師 J・ケボーキアンや、金満文学浮浪者ケルアックや植物分類博士リンネや、超男性的形而情学者 A・ジャリや、実験行動心理学ユートピアの家元スキナー博士や、松尾芭蕉や沈黙きのこ音楽作曲家 J・ケージや、残酷演劇家 A・アルトーやボンデージモデル女王 B・ペイジなど、微妙にどこか恥かし毛な世界的な有名人たちをアート郵便物を受取らせるために、死後の世界から呼び戻した理由が作者の愛情ではなく、見栄えや体裁なのが丸みえで、イタコ実演むうどをぐんと盛り上げてます。

掘りかえされた肉欲 ゲイ術的お絵描き逸品集ふろむデュベックこれくしょん

西洋ホモイラスト秘宝集

トマス・ウォー編
ウィリィ・ウォーカー協力

横 =20.2cm ＊縦 =24.6cm
約 745g
ソフトカバー
オールモノクロ
318 ページ
2004 年
バンクーバー
英語
Lust Unearthed
:Vintage Gay Graphics From the DuBek Collection
Thomas Waugh

　ホモいらすと不感症の未開の目線でみても、通常のお絵描きとは明らかに別の種類のいわくいいがたい吸引力をまきちらすゲイ術的いらすとを、ドイツ、フランス、ブリテン、アメリカのくにべつ順、および、ギリシャ・ローマ妄想、制服妄想、砂浜で発情、SM 趣味、2 人カップル、3 人カップル、大人数カップルなど、お好み料理別にちんれつ。ファッションデザイナー・エイドリアンさんに見初められ、1930-80 年代までハリウッドやテレビ界で活躍したアンブローズ・デュベックさんが半世紀がかりで収集した秘蔵中の秘蔵コレクションの世界初のお蔵出し。デュベックさん死後コレクションを引き取った世界最大の同性愛資料収蔵庫 LGBTHS の元・中心人物で、本書刊行作業の途中で急逝したウィリィ・ウォーカーさんの全面協力を得て実現したディープな作品集。

　どこか宝塚調のおタッチで、農園の作業はそっちのけの野外露出系ボディビルダーかっぷるを描くカール・コーレイさんや、泥棒詩人ジャン・ジュネの友人ポール・サマラさん、筆名ブレードさん筆名エティエンヌさんなど、長年マニア人気のイラスト作家たちだけでなく、どこの誰が描いたともわからないマニアっくな執念べっとりのお絵描きも大量にまじえ、ホモ行為が異常犯罪扱いされていたストーンウォール以前の暗黒じだいの作品を中心に、収録いらすと点数 200 点以上。じょうずな絵を描くつもりはどこにも無く、ただ自分の欲望の着火点をお仲間に指し示すための暗号として、好き勝手な放題に描き殴られる奔放なお絵描きが、フツーのイラストや絵画に毒され曇った目線を洗い流す公衆トイレの洗滌装置のような、さっぱりとした清潔感を珍珍満々と湛えています。

ペントタール絵ハガキ集

麻酔薬 DM 絵葉書コレクション

ディビッド・レイ医学博士

横 =23.5cm ＊縦 =16cm
約 620g
ハードカバー
90 ページ
オールカラー
2005 年
ロンドン
英語
Pentothal Postcard
David Lai

　本人の意志とは無関係に、何でもペラペラ喋らせることが出来る悪魔の自白剤として有名な「ソディウム・ペントール」は、薬そのものの名前ではなく、製造元アボット製薬の商品名。有効成分はチオペンタールナトリウム（ナトリウム＝ソディウム）とゆう、バルビタール系麻酔薬だとかゆー話など実はまったく理解できないのですが、なににしてもコノ本は、アボット製薬が 1954-68 年にかけて、アメリカはぢめ世界のお医者さんと医療関係者たちに数週間おきに郵送した、自白薬（麻酔剤？）ソディウム・ペントール宣伝用の絵ハガキ・シリーズを集めに集めた、珍品コレクション本なのであります。
　ペントール PR 用絵ハガキは、絵ハガキ文面の書き出しが「親愛なるドクトルさまへ」に統一されているために「親愛なるドクトルさまカード」の通称でしられ、数多いゴミくずダイレクトメイルのなかでも、ズバ抜けた珍品としてマニヤの間ではもっと有名でも、おかしくないほど知られていないとか何とか。
　本書には、全部で 170 種類を越すシリーズ全体のうちの 80 数種類の絵ハガキを、ウラ面オモテ面とも原寸サイズに完全複製した図版を収録しています。世界一周シリーズもどきに、現地の珍しい切手、現地投函の証拠になる消印スタンプ、土地の名所写真をあしらった典型的な観光絵ハガキむうどに便乗して、麻酔的しやわせ気分をぐいぐい押し付けるデザイン。文面では、世界各地の住人が親愛なるドクトルにむかって「わたしたちの土地でもペントールはコレコレこんなに好評です、一度是非遊びにいらしてください」という呼びかけの連呼。
　麻酔薬的効果のアピール度満点な退屈デザイン愛好家必携の絵ハガキ写真コレクション。

ダリ氏の美神の夢　1939年万国博覧会の超現実主義的びっくり屋敷

幻のNY万博ダリ建築館

イングリッド・シャフナー

横=27.7cm ＊縦=31.6cm
厚さ=2.5cm
重さ（公表数値）=約1.6kg
大型ハードカバー
144ページ
オールカラー＆モノクロ図版
2002年
ニューヨーク
英語
Salvador Dali's Dream of Venus
:The Surrealist Funhouse from the
1939 World's Fair
Ingrid Schaffner

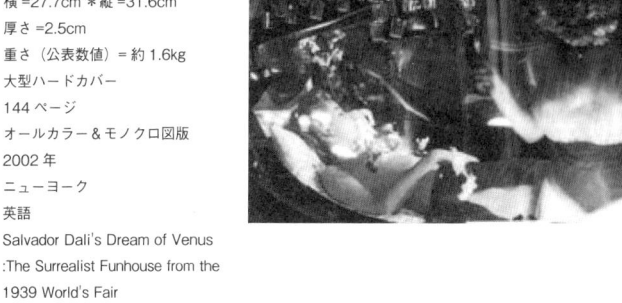

　20世紀の金満げーぢつ横綱サルバドォル・ダリ氏が発注をうけて、1939年にうょおく万国博覧会の会場内におったてた展示パビリヨン「美神の夢」は、超現実主義的とゆう恥かし毛なあだ名を臆面もなく立体化したよなエロえろメルへん趣味が意味不明の、大人気を集めたビックリ屋敷。1度限りの延長展示きかん終了と同時に、どさ回りの見世物小屋よろしく取り壊され、もしかしたらの最初からの予定どおり、すべてが夢まぼろのごとくキレイさっぱり消滅してしまったものと長らく信じられていたところが。21世紀のいまごろ偶然に、当時撮影された一連の写真をドイツ人写真家エリック・シャール氏の遺品中から発掘。膨大なダリ本のなかにさえ、ビヂュアル的にはマボロシの存在だった悪趣味の殿堂が、その影を豪華写真集に変身して忍び込んできました。
　食い意地のはったおサカナが、巨女の大股開きの間で帰れ帰れと凶悪っぽくパクパクする切符売り場に始まり、ダリ氏の平面画をそのまま立体化したハダカの花嫁たちが居眠りこける夢魔の寝室や、人魚の踊る水中のお庭などの完成されたはらわたや、吹き出物の間で美女が歩く外観などなどの建築物そのものはもろちんのこと、お得意の精神的不能者がおを連発するダリ氏と事業欲に萌えるデビ夫人似のガラ氏が、会場用のハリボテを前に作業場内でたわぶれている営業っぽい姿もあれば、お化粧をし、奇抜な衣裳に着替える途中のおヌウド美女たちの楽屋裏ものぞきまくり、「美神の夢」の全貌を写真で収録。谷崎ぢゅんいちろカブレが宝くじの当たり券でたてた、1970年代関西風ラブラブホテルをホーフツさせる圧倒的にペケペケなどうしようもないタヌキ寝入りでご永眠してくらさい。

コラム

女性アングラ漫画が描いた 1980 年代サンフランシスコの怪書店は実在したのか

　前歯と前歯の間に大きなすきまが空いている女性の映像ばかりを集めた輸入物の異色フェチビデオ「隙っ歯女性たち (Tooth Gapped Ladies)」のなかに、何食わぬ顔で女性漫画家ドリ・セダ (Dori Seda) さんが登場する場面があり、もちろんこちらが一方的に知ってるだけなのに！知っとる！知っとる！と浮かれたことが昔あります。ロバート・クラムが 1960 年代伝説の『ZAP コミックス』のあと 1970 年代初期に発行していたアングラこみっく誌『ウィアード (Weirdo)』誌上で写真マンガの登場モデルとして大暴れしたりして注目を集めるようになったドリ・セダ嬢は、女性としての好奇心や、現実や妄想のひだの隅々までをまるごと投げ込んで、快活にコミカルに描いたアメリカの女性あんぐら漫画家のはしりともいえるチャーミングなアホアホ女性です。

　生前に刊行された唯一のドリ・セダ漫画集「淋しい夜 (Lonely Nights)」は、昔のアメコミやアメリカあんぐらコミックスに共通の薄いペラペラな本。何とも素敵にあやしい本屋さんが登場する漫画がその収録作品中にあるのです。

　みたところ洋服屋だか何だかの表向きにつられて店内にはいる漫画のなかのドリ嬢とともに、店内にはいる漫画読者のわたしたち。そこになぜか場違いな本棚があるのですが、本の背中のタイトルを眺めてみると驚いたことに、本棚のなかに詰め込まれている本の数々はどれもこれも、何じゃこれは！と呆れてバンザイを絶叫したくなるようなケッタイな本ばかり。驚喜して飛び上がるドリ嬢にウエルコメと、駆けつける洋品店の店主夫婦の正体は実はとってもフレンドリィな非常識バンザイ趣味者たちで、お店には昼の顔と夜の顔の 2 つことを説明してくれ、夜のお店での乱痴気パーティに改めて招待をうけたドリ嬢は、そのお店の怪しい本屋さんとしての使命を嬉しのしく思い知るのでありました……とそんなような、どこか違うようなお話が、女性まんが家ならではのキューティクル感たっぷりな描線で描かれていて、1 冊読むほどに人格がハレハレしく幼稚になっていくようなバカバカしい本、くだらない本、他人から評価される値打ちがまったくない本などなど、愚書への愛着を通じてのアホアホ楽園幻想を煽り立てる実に結構な出来映えだったのでした。

　この漫画が執筆された 1980 年代後半当時、この怪書店のモデルになるようなふざけたお店が果てして実際に存在したのかどうか。たぶん実在しただろうと当店は想像します。

　インターネット時代の到来以前から通信販売の盛況にかけては 100 年にも及ぶうさん臭い歴史を誇る通信販売大国アメリカでは、ポルノ解禁以前のポルノ雑誌取締が郵便法の適用で行われていたほどに雑誌や書籍の通信販売業が盛んだったり、ブッククラブのような草の根読書サークルで平然と狂信的な本を回し読みしたり。本屋さんに行って本を買うことが習慣になるほどには、生活風景のなかに個性の薄い本屋さんの存在が浸透しなかった印象が強く、そのぶん逆に、店舗のすみっこに書籍売り場を置いてある、他の商売と兼業ショップなどは無かったと考えるほうが不自然なぐらいです。

　しかも当時は、20 世紀末も視野に入り出して、黙示録的活字中毒熱がいよいよあちこちで泡だちはじめていた時分。その本棚には、突然変異フリーライター青山正明氏のアブない活動にも深甚な影響をあたえていた筈の 1977 年創業の悪書総合通販出版社「聳え立つパニック社 (Loompanics unlimited)」の書籍が何冊も差し込まれていたに違いありません。

非公式版・ジャックＴチックの特殊なアート

キリスト教原理主義系カルト漫画家の徹底研究

カート・キュアスタイナー

横 =21.6cm ＊ 縦 =27.8cm
約 970g
ソフトカバー
カラー＆モノクロイラスト満載
224 ページ
2004 年
ペンシルヴァニア
英語版
The Unofficial Guide to the Art of Jack T. Chick
:Chick Tracts, Crusader Comics, & Battle Cry
Newspapers
Kurt Kuersteiner

　狂信的な宗教団体が世にも尊い教えを布教しているつもりで、自分たちの狂信性を狂信的に宣伝している典型的な見本として、世界の悪趣味物件コレクターから愛されている電波系キリスト教まんがの帝王ジャック・Ｔ・チック。1970 年代から現在までその道一筋といいますか、悪魔妄想と陰謀妄想の二筋道で己れの闘いを闘い続け、圧倒的発行部数をオール自費出版＆自主流通することで、その唯我独尊的本家本元の不動の地位を占めるジャック・Ｔ・チック漫画のふしぎな世界を、本書の発行年（2004）までに世界中の街頭で肺腑された漫画小冊子 170 冊以上、漫画単行本 20 冊、お及び、一般では入手できない定期購読会員用の 1983 年創刊ニュースレター「ときの声」の、それぞれ詳細な内容紹介によってこまごまと覗き見していきます。
　さらに、ジャック・チック腹心のフレッド・カーターのお絵描き達人っぷりを礼賛したり、ジャック・チック漫画のパロディ版や、過去に２点しか公表されていないという、ジャック・チック当人の肖像写真も収録されていたり。ジャック・Ｔ・チックの公式ホーム頁では金輪際発表も公表もされるはずのないシャレにしかならない実話、たとえば、正義の味方に転向したはずだった、悪魔 666 軍団イリュミナティのジョンさんや、魔女病院勤務ブラウン医師が、婦女暴行や医師免許詐称疑惑で逮捕された話や、ジャック・チック流の勝利の方程式によって、一方的な悪魔呼ばわりと地獄落ち宣告を下した相手のローマカトリック、ゲイ、ホモ、レスビアン、イスラム教、進化論者、共産主義者、エホバ、ドルイド教、モルモン教などから非難されたり、告訴されたりしくっている事実など楽しい話題を満載しています。

秘密の正体　元祖スーパーマン作者の変態ふぇち漫画

スーパーマンの原作者が匿名発表した幻の変態マンガ

クレイグ・ヨー編
ジョー・シャスター作

横 =22.5cm ＊縦 =22.7cm
約 725g
ハードカバー
復刻部分 =2 色カラー
解説図版 =4 色カラー
160 ページ
2009 年
ニューヨーク
英語版
Secret Identity
:The Fetish Art of Superman's
Co-creator Joe Shuster
Craig Yoe, Joe Shuster

　普段は冴えない新聞記者が正義のぴっちりタイツをはいた誇大妄想の超人に変身し、ブレーキの壊れた破壊衝動を大噴火させる世界的大ヒットまんがスーパーマンの元祖オリジナル版のお絵描き担当漫画家ジョー・シャスターの、アングラ変態まんが家活動を、20世紀まんが史のはきだめから発掘した、白日夢的復刻お作品集。

　今回発掘された変態まんがシリーズ「恐怖の夜」は小冊子スタイル全 16 冊で執筆時期は 1950 年代前半。全号の表紙をオールカラー復刻し、漫画本文は黒と赤の 2 色カラーで復刻されています。スーパーマン（クラーク・ケント）や女記者ロイス・レイン、写真部のジミー・オルセンなど漫画版の元祖スーパーマンとソックリのままの顔つきカラダつきの主要登場人物が、ヲトコとヲンナが、あるときはサヂストあるときはマゾキストと立場くるくる、秘密変態クラブめいた怪しいプレイに没頭。意味もなくナミダを流す。ニタつく。やっとこで足ゆびの爪のお手入れをする。お盆に急須をのせて運ぶ。地球儀の前でジュディ・オングのふりまねをする。3、4 人の少人数で短いラインダンスを踊らさせる。など、通常の変態プレイに劣るともまさらなず。鬼気せまるほど凡凡としたビザールぶれいが繰り広げられ、記憶のなかに初代漫画スーパーマンが生きているヒトには衝撃的。

　この作品を発掘した漫画家のクレイグ・ヨー氏の調査やインタビュによる作者シャスターさんの転落の半生と合わせて読めば、読者がおこした殺人事件のとばっちりで、スーパーマン時代には無骨でぎこちないと酷評された画風が、生活費のため匿名で描いたアングラ変態漫画でぐっと円熟していく辺りに漂う裏町人生の哀愁もひとしおです。

S・クレイ・ウィルソンのァァ〜ト

無頼派アンダーグラウンド漫画家 65 歳記念作品集

S・クレイ・ウィルソン

横 =23.5cm ＊縦 =29cm
590g
ハードカバー
156 ページ
2006 年
バークレィ
英語版
The Art of S. Clay Wilson
S. Clay Wilson

　因果宇宙のまっただなかで生まれ育った陽気な万年悪魔青年にして伝説的ハチャメチャ無頼派いらすと画家 S・クレイ・ウィルソン 65 歳のお誕生日おめでと記念出版。美大生時代から描きたてホヤホヤまで、およそ半世紀分のド腐れ未発表作品多数をふくめた作品約 150 点でゲバゲバ画家生活半世紀を生前供養した堂々の大作品集です。昭和 40 年代に活躍した元祖ヒッピーあんぐら漫画家といえば赤いケツネがロバート・クラムならば、S・クレイ・ウィルソンは緑のタヌキぐらい当時から大人気の実力派。

　本書収録のロバート・クラムによる序文にもあるとおり、ロバート・クラムがひとりでシコシコ作っていた元祖ヒッピーあんぐら漫画誌『ZAP!』に他の誰よりも早く加入した最初のお仲間というだけでなく、美術大学出身とゆうアカディーなお絵描き体質残り香のひとかけらもない筋金いりグチョグチョ落書きハードコア極道バイカーお絵描き野郎で、クラムにとってはアングラ人生開眼への道案内役をでもあったという鬼神中の奇人。赤い縞ズボンの半裸の悪魔「ちぇっかーど・でいもん」はじめ、レズビアン極道ヲンナ暴走族の牝犬ルビー「るびぃ・ざ・だいく」、暴虐海賊船長の尿もれ歯グキ「キャプテン・ピスガム」などスーパードーピィにクールでウルトラバイオレンスな超バッドトリップ系キャラクターたちが読者の大喝采を浴びた、アングラまんが絶頂期は食中毒の下痢便以上に光速の噴射とともにサヨオナラ。過ぎ去ったのも一切眼中にないかのようにガソリン飲み過ぎハードコア・サイキック・パンク街道百鬼夜行の酒池肉林を追う、魑魅魍魎絵師のスキマ恐怖症的酔いどれ宇宙の蟻走感の全身シャワーに心うたれます。

131

愛って... 暴走行為

1970年代全裸カップルひとコマまんが

キム・キャサーリ

横 =14.5cm ＊ 縦 =17.2cm
約 550g
ハードカバー
384 ページ
2005 年
ニューヨーク
英語
Love Is...A Wild Ride
Kim Casali

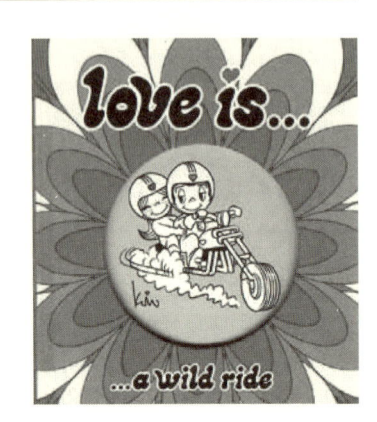

　作業衣を着たりバイクにのったりするとき以外には、いつも全裸のなかよしカップルを主人公に、それも愛。これも愛。愛ってコレでしょ。アレでしょ。ソレでしょ(以下省略)と、愛らぶラブの真髄を求めて、ひたすら横すべりする日常ありきたりの風景を通じて世界中にラブ裸舞天国昇天妄想をばらまきつづけて 30 年以上の、ラブラブ 1 コマ漫画『愛って...』シリーズを単行本化。本書『愛って... 暴走行為』では、愛の暴走をテーマにした、とゆいますか、テーマを見つける前から暴走しているイチャイチャベタベタ作品ばかりが寄せ集められています。

　2 人だけのシヤワセとゆう砂のお城にひきこもって、イチャイチャしてみせた元祖バカップルマンガ『愛って... ○○』シリーズの初連載が『ろさんぜるす・たいむす』ではじまった 1970 年は、若いクルクルパーな妄想パワーで世界ぜんたいをクルクルパーの世界に変えてやるぅ、とゆうハレンチ政治ごっこの絶頂期。一見、世間の政治ブームに背中を向けたように見えて、実際はいちばんディープなハレンチ政治をおラブラブしてのがこの漫画だったのかも。

　主人公 2 人の顔だちは、白人のようにも黒人のようにもみえるだけでなく、ニンゲンのようにもおサルのようにも見え、しかも、つねに 2 人ともまぶたは半開きで、なにかの催眠パワーに操られているかのような様子がありあり。しかも、赤ちゃん体型で、ふだんの服そうは基本的に全裸だったりしていて、1970 年製の消えない刻印が全身すべてに浮かぶ組み換え遺伝子の毛色がちがう、人工甘味料みたいなクドさが売り物。後ろ向きを極めた裸体主義のユートピアを夢みるカップルや、家族への恥かしウレシー金言＆教訓まんがです。

尻ぱっちんの本

特大尻フェチまんが集

エリック・ディシィティス

横 =15.5cm ＊縦 =15.2cm
厚さ 3.5cm
約 600g
ソフトカバー
オールカラー
280 ページ
2007 年
ポートランド
英語版
Crack Book
Eric Decetis

　特大サイズのお尻のワレメの神秘をネタにした、ヒトこま不条理ギャグまんがばっかりを描く世界でただ一人の「お尻のワレメ」ギャグまんが家エリック・ディシィティスさん。その 20 年以上にわたる人気とキャリアを圧縮した「お尻のワレメ」ギャグまんがケツさく臭です。

　原書名 crack は辞書でみると「お尻のワレメ」「ムチでぱっちんと叩くこと」「ピキーンと亀裂がはいること」「脳みそに亀裂が走るように気がふれること」「皮肉や冷かしや冗談」などなど、一見まとまりがない広がりのある言葉のように見えていながら、中心にディシィティスさんの女性のデカい尻を置いてみると、すべてがすっぽり 1 枚の大きなパンツに収まる気がするから不思議。本書の全体は 5 章構成で、第 1 章「尻ぱっちんを断固ボクメツしよう！」の章は、作者ディシィティスさんの十八番お尻でぱっちんギャグが大爆発。オバさんのスカートの下の巨大なお尻の肉のあいだのワレメに、迷子イヌポスターのイヌがぱっちんと挟まれてますゥ。とか、杖をひいてお散歩ちうに姿の見えなくなった連れの子猫を探して呼び掛ける白髪頭の歯ぬけバアさんの尻のワレメで小ネコが死んでましたァ。とか、妖精を探しているサンタクロースのオヂさんのデカ尻に妖精がァ。とか、行方不明のこどもを探して泣きながらケーサツに駆け込んだオバさんのお尻の谷間でオシメの赤ちゃんがペチャンコにィ、などデカい尻の谷間でたびたび発生するアホみたいな圧死事故の数々をサザエさん風の町内会ムウドで描破。

　2 章以下では女性の尻だけでなく、胸の谷間のワレメや人間に変装したお月さまの尻のワレメ、ドウブツの尻のワレメなども登場する A 感覚ギャグの島宇宙です。

ぼくの友だちダーマー

ジェフリー・ダーマーの級友が綴った実録思い出漫画

作・画＝ダーフ

横＝16.8cm ＊縦＝26cm
ソフトカバー
表紙＝カラー
モノクロ26ページ
28ページ
2002年
アメリカ
My Friend Dahmer
Derf

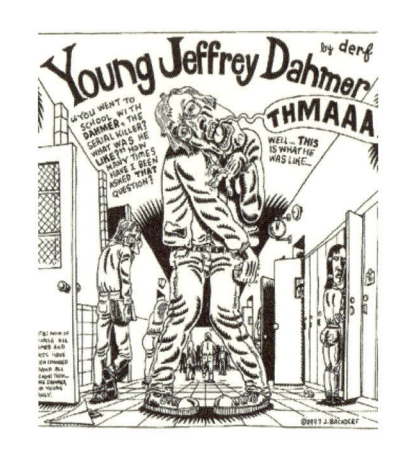

　男性のお肉を食べたがりの食人殺人鬼として、世界的にも有名なジェフリー・ダーマーさんの悲しい高校生ぢだいを、当時のダーマーさんの同級生が描いた、実録版青春おもいでボロボロまんがです。
　のちに自費出版系のまんが家になって、ゴミ回収アルバイト生活まんがなど、体験実話まんが活動をしている作者ダーフさんは、いぢめられっ子で友人のいない酒びたり高校生だったダーマーさんの元・同級生。唯一たまには一緒に遊びにでかけたりもしていたグルウプの一員で、そのうえ、身の回りにある世界と行ったり来たりをするための扉を開け閉めするための手段として、学校にいるときでも一日中酒びたりで酔い続けていることと、他人のまえで脳性マヒのまねしてみせることしか知らなかった、人格崩壊高校生ダーマーを微妙な距離をとりながら気にかけて、密かにファンクラブ会長とゆう誰も知らない肩書きまで持っいたのだそうなのでした。
　高校卒業直後に、あとから考えれば最初の食人行為ちうのダーマーと真夜中ぐうぜんに出会ったときから、ぢけんの発覚とダーマーの死刑執行をあいだにはさんだ20年後になって発表されたこの作品は前書きにも「連続殺人鬼ふぁんや、残酷描写を希望するひとには読んでもらいたくありましぇん」とお断りがしてあるとおり、作者の目線はどこまでも、食人さつぢん鬼のたまごとしてのダーマーさんではなく、人格崩壊しなくても生きていけた可能性を他人から埋め立てられて追い詰められていった、どこにでもいそうな高校生としての、殺人鬼ではなく自費出版まんが家になる未来の可能性さえ残されていたかもしれないダーマーさんを、作者じしんのカサブタのあとをイヂくる手つきで描いています。

134

ロックンロールは世界を救えるか

図説：音楽マンガの歴史

イアン・シャーリィ

横 =17.2cm ＊縦 =24.6cm
約 700g
ソフトカバー
288 ページ
2005
ロンドン
英語
Can Rock and Roll Save the World?
: An Illustrated History of Music and Comics
Ian Shirley

　らりぱっぱロッカー、ごりごりパンクロッカー、ポップ芸能人、いつでもその時点で人気絶頂の世界的アイドルが主人公なのに、いくら何でもカッコ悪いべっちゃ……純真な音楽ふぁん＆マンガふぁんのどちらからからも無視されることが多い、音楽マンガの魅力を秘蔵カラー図版たっぷりに再発掘。

　副題に付着している「歴史」という単語は、著者の個人的なロック経歴を大げさに飾って言ってみました程の意味らしく、アメリカやエゲレスのマンガと音楽雑誌の古本の発掘整理の手当たり次第に、ロカビリーから最新流行曲まで音楽時間の渦のなかを行ったり来たり。女性むけ恋愛マンガに描かれたウッドストック、1965 年 9 月 25 日午前 10 時 30 分から ABC 放送で放映開始したアニメ『ビートルズ』にはじまるロック・アニメの展開、米コミ大手マーベルのサイケまんが「ドクター・ストレンジ」の英サイケばんどへの影響、ロバート・クラムの鉛筆筆談インタビウ、マンガ家が描いたロックコンサートポスターの世界、便乗パロディマンガの数々、ルー・リードへのマンガいたんびう「ロックン・ロール・ベジタブル」で軌道にのった元祖パンクふぁんじん『ぱんく』(1976-1979) 編集者ジョン・ホルムストローム のお仕事、クラウス・シュルツと共演する時空超越ギタリストまんが『サベージ・ヘンリー』、海賊版あいどるロッカー伝記まんが、グレイトフル・デッドまんがのイヤな話、「KISS」マンガのすべて、ハーベイ・パーカー『アメリカン・スプレンダー』のジョン・ゾーンやサン・ラの巻などなど。とにかくオカズ盛りだくさんで、何かゲテモノ愛好癖があるかたならどこかで流れ玉に当る確率は極めて高いかも。

悪魔っ子―第4号　総特集・メキシコの邪道マンガ

直撃メキシコ俗悪まんが界ルポ

ダニエル・レイバーン編

横=19.3cm＊縦=21.6cm
約250g以上
雑誌／ソフトカバー
2002年
Historietas Perversas!
Mexico's Addictive Comics
Daniel Raeburn

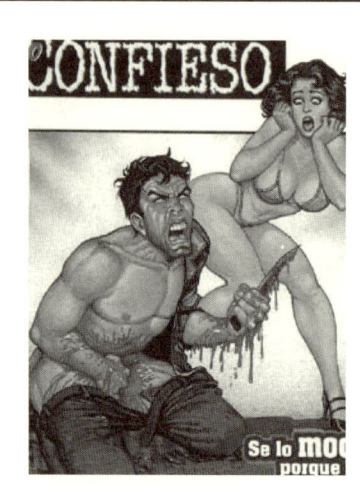

　地元のマジメなマンガ好きやマンガ研究者から、買うヒト売るヒト作るヒトすべてひとくくりに、世界最悪のばか、粗野、無知、ヘビメタ、ギャング、黒いビンボー白人、白いビンボー黒人、その他、ありとあらゆる侮辱や軽蔑の言葉を決まり文句のように毎度まいど雨あられと浴びせられ、猥雑じまんのメキシコ大衆文化のなかでも例外的に、これは外人には見せたくない一番恥ずかしい恥部かもと思われている、地元メキシコ産俗悪まんがの世界を、北米大陸から好奇心じゅるじゅるで訪れたミニコミ『悪魔っ子』編集発行人ダニエル・レイバーンさんが、命がけの突入取材でまとめたリアルメキシコ特集本。
　土地の事情をよくしっているヒトたちほど嫌がって近寄ろうとしない、最暗黒区域でのみ入手可能な低俗の極致としかいえない地獄まんが雑誌の、ホントウにアホみたいな表紙絵コレクションの肺腑をえぐりまくるすばらしさ。ビキニ水着の女性の前で自分の性器をナイフで切断して、ジミヘンぽい笑顔を受かべているナゾの男性の図、金髪メガネの女教師がガイコツ標本ある教室でテストの範囲をココですよ、と気合いいれらしく威厳にみちみちながら自分の尻肉を棒で指している図など、まだましなぐらい。
　梶原一騎と安岡力也と港雄一の陣頭指揮で、ありったけのバイオレンス＆魔薬＆女体をコネくりましたバージョンのヲトコの夢、骨のずずずいまでバカ一代なユートピア図が原色カラー図版でふんだんに盛りつけられていて、まるでニホン明治時代の錦絵新聞や幕末の血まみれ歌舞伎に時代と場所を飛び越えた、異国の地メキシコで思いがけず再会したかのような、大衆芸能の精髄にダイレクトにおタッチしたかのようなカンドーを味わえます。

マクスゥーニィの第 17 号

架空の通販カタログセット風な奇抜雑誌

横 =25.4cm ＊縦 =33cm
（雑誌 2 冊＋ミニポスター 13 点セット＋カタログ 2 種類＋お手紙封筒 2 点など）のビニール袋いり詰め合わせセット
約 700g
140 ページ
2005 年
ニューヨーク
英語
McSweeney's Issue 17

　オルタナポップ文芸アート雑誌の通天閣『マクスゥーニィの』の 17 号は、実在するヒトなのか架空のヒトなのかわからないバーモント州ァぁリントン在住のマリア・バスケスさんという、謎の住所と名前を持つ謎の受取人宛に差し出された郵便物が、なぜだかアナタのところに配達されてしまいましたよという設定。エンジ色に白い文字で『マクスゥーニィの』17 番と印刷した細い帯をはりつけた透明ビニール袋のなかに、てんでんばらばらな印刷物が詰め込まれ、まるでゴミ捨て場ハンターに転職したサンタクロースのショッピングバックのようなガラクタ袋仕立て。製本された小冊子の体裁のものもあれば、広告ちらしやチェック表まで、封入されている印刷物お互い同士そしらぬ顔をして他人の寄り合い風情をかもしています。

　中ぐらいサイズの事務用封筒のなかはミニポスターセットでマニュエル・オキャンポやマーク・ライデンやカミーユ・ローズ・ガルシアのお絵描きや、フイリッピン製のライフルと銃弾にハロー・キティのカワイイ絵柄をあしらったジェム・ショルニックのおとろしい立体作品の写真などを印刷した紙 13 点。2 冊ある冊子の 1 冊は、ひねくれぶりには定評のある『マクスゥーニィの』流の読み物＆色悪く肥大した肝臓レバーの写真＆ヲタクい漫画などを収録した冊子「無気味なもの」。

　もう 1 冊の冊子は、中国の野人をふくむ世界の雪男研究冊子「イエティりさあち」。木偶人形いりバスケット詰め合わせセットギフト宣伝用の偽カタログや、ルウシィ・オルタの集団で居住も可能な特製衣服のように、複数のひとのカラダがどこかでつながっている変な衣服専門の通信販売ニセ広告カタログなど、素人うなぎも驚きの正体不明特集です。

ホントの罪ホントの北　カナダのカストリ雑誌黄金時代

1940年代カナダ猟奇犯罪実話誌の再発見

キャロライン・ストレンジ
ティナ・ルー

横 =19cm ＊縦 =24.2cm
約 320g
ソフトカバー
カラー＆モノクロ図版豊富
112 ページ
2004 年
バンクーバー
英語
True Crime, True North
: The Golden Age of Canadian Pulp Magazines
Carolyn Strange and Tina Loo

　お腹あわせに北極とも結ばれた、世界のど田舎北米大陸北側よりの大森林ぞぉんとゆう、ビミョーな位置に広がる大自然や山なみをめぐって、地元先住民とヨオロッパからの移住者たちの対立や、摩擦や仲良しづきあいの歴史も深いカナダならではの、1940 年代発行の猟奇犯罪実話専門雑誌。忘れられたことさえ思い出すひとも少ない俗悪商業出版物の、北方的地下世界を初めて掘じくりかえした先駆的研究本です。

　著者によれば、カナダの犯罪実話雑誌は本場アメリカ合衆国産の犯罪実話雑誌スタイルの完全なパクリ。無内容な記事のカラッポさを水増しして、紙面のスキマを埋めるために、事件の実況中継や捜査から逮捕まで、容疑者や犠牲者の心理やセリフまでを安っぽい想像でデッチあげた無責任きわまる作り話なのに、登場人物の名前や地名などの固有名詞だけが実在のものという、粗製濫造系アメリカ犯罪ジャーナリズムの最悪部分の伝統を真っすぐに継承。ひたすら勧善懲悪で因果応報ご都合主義的な古臭〜い記事ばかりという話を上の空で聞いているだけでも、カナダ産の低俗カストリ読み物雑誌の読み物部分への興味は薄れていくばかり。

　とは言いつつ、本文そちこちにまき散らされている、アメリカの犯罪実話雑誌の表紙絵を、さらにド下手にしたようなプロだかシロウトだかわからない、優秀な絵描きたちによるカナダ・カストリ雑誌の貴重な表紙や写真の図版はベリーないす。悪女のシムボルというつもなのか、くちびるの端にくわえ煙草をぶらさげている女性をフィーチャンリングした表紙絵が何種類も収録するなど、マニア限定読者サービスはキッチリしている雰囲気もあり。イブシ銀のような平平凡凡本と言えそうです。

悪い雑誌たち　出版史上サイコーに奇妙で異常で下品な雑誌の群れ

1960-70年代最低最悪マガジン大図鑑

トム・ブリンクマン

横=17.3cm ＊縦=23.0cm
約760g
ソフトカバー
モノクロ図版満載
カラー口絵4ページ
312ページ
2008年
ロンドン
英語版
Bad Mags Volume 1
:The Strangest, Sleaziest, and Most Unusual
Periodicals Ever Published!
Tom Brinkmann

　ヘンタイ、暴走族、オカルト、凶悪犯罪、最低映画などとゆうた世間の目線には最低最悪方向に向かって遠ざかっていくように見える可能性も、人間と社会の無限の可能性を押し広げているのに違いない！とゆう理想と希望が燦爛と輝いていた1960年代から70年代初期には、雑誌もむしろ最低最悪のゴミくず雑誌であればあるほどオモシロかったという歴史的事実を懇切丁寧に解説した最低最悪雑誌大図鑑。

　ゴミくずエロ雑誌の表紙図版を並べただけのコレクチン本とは異なり、見出しから記事内容、写真モデルなどにいたるまで、紙面にヨダレが垂れるほど熱心に表紙も含めて中身に目を通し、1冊ずつの雑誌の全ページに目を通さなければ絶対に知ることができないゴミくずデータが、ゴミに埋め尽くされてゴミ屋敷からゴミそのものへと丸ごと進化した繁殖力の強いゴミのようなスゴ味を漂わせながら、ゴロンゴロンと転がっています。

　主な収録分類項目は「モンドびざーろ」なエロ本、「無法バイク族」もの、「エロ映画雑誌」、最低映画監督エド・ウッドのエロ雑誌関連の小銭儲け仕事やエド・ウッド関連人脈のエロ雑誌などで、エロ出版各社所在地や、その住所が私書箱の住所だとか悪の巣窟だといった役立たず豆知識を交えつつ続々と紹介される秘蔵エロ雑誌の中には、若き日の巨根男優ジョン・ホルムズが写真モデル出演の宇宙ポルノ雑誌や、遠隔地通信セックス雑誌、オトナのための狂気プレゼント雑誌などなど、インターネット上であれば直ちにFBIのお縄頂戴間違いなしの超サヂスチック雑誌も大量発掘。1970年ポルノ解禁前後の素直でマジメなエロ本読者への嫌がらせ感が鬼気迫る、ゴミくずゲテモノ雑誌讃歌です。

139

コラム

「ビザールな本」(その1)

　1985年に初めて書籍化されてから、出版元を変えたりもしながら25年以上にわたっていまだに版を重ねているロングセラーなので、海外の珍本に興味のある方はきっとご存知の「ビザールな本(Bizarre Books)」という本がありますね。英国ジャーンダイス社刊行の増補改訂版(2002年)が1冊、当店にも置いてあるのですが、これは非売品扱い。

　1週間2週間とお客さまが1人もないことも珍しくない超零細個人書店である当店ご来訪の手みやげに持参の本を置いていってくれる奇特な方がおられ、この本もまたお客さまにいただいたものだったのですが余談はともかくも。

　ビザールという英語も、当店の無いのも同然な語学力では、ビザールでござーるとあいまいなまま丸呑みにするしかできない微妙なことばなのですが、古めのところでは地下ボンディジイラストの帝王ジョン・ウィリーが1950年代に刊行した変態秘密雑誌『ビザール』や、オーストリアからロンドンに渡りモンティ・パイソン以前のモンティ・パイソン的コメディアンのひとりに数えられるバリィ・ハンフリーズが編んだ、高踏的エログロナンセンスあんそろじい『ビザール』(1965年)。新しめのところでは、天野大介や山口夕香はじめ世界のポップシュール系画家を中心にした画廊活動に集中しているものの、出発は悪趣味ミニコミ同人誌、直接的にはたぶんラモーンズのアルバムから名前を頂いた風もあるイタリア・ローマの「モンド・ビザーロ」、身体改造アート色をずんずん濃厚に強めながら現在に至る1997年創刊の英国つむじまがり文化雑誌『ビザール』など。

　バーソロミューの定期市のような両国橋のたもとのようなバザール感を凝縮した「ビザール」という言葉を書名に掲げた「ビザールな本(Bizarre Books)」は、かなりの部分は何の注釈もなしに刊行年や出版社など最小限のデータ、あってもなくても代わり映えのしない少量の図版を添えた上で、基本的には最初から最後まで、ビザールな本のタイトルと著者名だけを延々と羅列してあるだけの奇書なのです。そして実はこの本は同時に、「ビザールな本(Bizarre Books)」という店名で営業するイギリス郊外の珍本専門古書店の取り扱い書籍リスト、珍書専門の古書目録でもあるのでした。

　書籍「ビザールな本」は、第1章「そういうつもりじゃなかったのに―意図しないdouble entendre(もうひとつの意味)を持つ書名の本」。第2章「呪文に通じる名前―著者のものすごい名前」。第3章「その仕事が天職じみた人物―驚くほどその本のテーマにぴったりな、または完全に不釣り合いな、名前をもつ著者」。第4章「音楽でひとやすみ―型破りな夜会のヒント」。第5章「それについての本、有りますよ―驚異的に特殊なテーマの本」。第6章「科学上の奇人たち―ボフィンの才気溢れる本」。第7章「汚穢な本―肥料についての本、さらに汚穢な本」。第8章「素晴らしき自然界―植物、動物についての珍妙な本」。第9章「病めるときも健やかなるときも―おかしな医学やびょうきの本」。第10章「恋愛、結婚、そして―エキゾチックな出会い、エロチックな出会い」。第11章「倒錯的な気晴らし―風変わりな娯楽」。第12章「ファンタスティックな小説」。第13章「完全に見込みなし―気分が沈む書名の本」。第14章「善良な本―非正統的な宗教の本」。第15章「ゲテモノ的な本づくり―好奇心を刺激する装丁やさまざまなムダ知識」。第16章「最後の書き置き―肥料についての本、さらに汚穢な本」と全16章から成っています。(＊次のコラムに続きます)。

愛欲自動車経（カー、マスートラ）

ハウツー・カー・セックス

**アレックス・ゲームズ
エスター・セルスドム**

横 =21.2cm ＊縦 =18.4cm
約 300g
ソフトカバー
カラー図解豊富
80 ページ
2006 年
イギリス
英語版
Carma Sutra
: The Auto-Erotic Handbook
Alex Games and Ester Selsdon

　自動車が大好きで寝ても醒めても自動車のことばっかり考えているひとの体内で、ヒトとヒトと自動車を結ぶ愛の絆欲がウズいた時に必要な性愛機械工学上必要な知識は何か。交通事故でこの世にサヨオナーラする直前直後のヒトたちが、せめてもの思い出としてコノ世の最期の記念にコレだけはしておきたい最良の性技はどれか。走る棺桶・自動車のなかでのセックス行為、略していわゆるカーセックス走行時における安全運で心地よい運転技術について、明解でわかりやすい写真イラスト図解をふんだんにこき混ぜて指導してくれる世界初（？）の自動車内 SEX 専用男女交尾ポジション四十八手完全イラスト図解本す。

　まず前半はサイドブレーキやアクセル、ハンドルなどの基本的な操作の確認をしていたと思ったら、運転席で運転手のおヒザにのっかったり、ニウヨウクのタクシーの客席で大胆にまぐわったりと、自然な流れで愛の暴走スタート開始。トランクルームにぴったりな体位やセダン型、ハッチバック席にぴったりな体位などベテラン指導員による親切なご指導は、後半の部にうつると車種ごとにさらに具体的なに手とり足腰とり。ハーレー・ダビッドソンでの結合、トヨダ FJ クルーザーでのソレ、フォード F-350 スーパーデューティでのソレ、トヨタ・プリウス・マーク 2 でのソレ、ロールス・ロイス・ファントムでのソレ、ハマーでのソレ、グングン加速し熱を帯びながら自動車中毒者・お色気系珍本ダンスマニアはじめ皆々さまをのせ妄想一方通行の泥沼へと突進していきます。

　道路地図や地球温暖化現場報告本や、反原発愛情教育本などともども 1 台 1 册おクルマに放りこんであって全然大丈夫な自動車 SEX 教則本です。

せくす用の機械たち　写真あんどインタビウ

自家製 SEX マシーン開発マニア

ティモシィ
・アーキボールド

横 =24.6cm＊縦 =26.5cm
約 690g 弱
ハードカバー
全カラー版。写真＆ルポ
112 ページ
2005 年
ロサンジェルス
英語
Sex Machines
: Photographs and Interviews
Timothy Archibald

　電気仕掛けの模造ちんちんの自宅製造を、趣味や仕事にしているヒトたちの自宅作業場を訪問。個人的事情を根掘り葉掘りしながら訪ね歩きいた、21 世紀草の根 SEX 機械化ブーム最前線写真集です。

　業界向けプロ仕様の装置を開発したマッサージ師くずれの千人斬り氏は、装置の購入を希望するお客さんと性的関係を持つことに執着するタイプ。自家製 SEX 機械発明工作ブームの火付け役になった fuckingmachine.com これくしょん。

　合法売春街ネバダの名門「ちきん・らんち」内で稼動中の、世界初のインターネット経由で操作可能とゆう総重量約 230kg、最高震動速度毎分 6500 回転のウルトラ電脳 SEX 機械の作者とやり手婆。といった SEX 産業のプロ中のプロがいる一方で、それとは正反対な素人も多数。パスタの麺うち機を改造した電動ちんちんや、真夜中ムウドのときにだけ夜の電動おもちゃになり、普段はお菓子も作れる改造着脱モーター式 SEX ミキサー作者。じぶん用の義肢を子どもの時から自作し、自作 SEX 機械第一号は高校の同級生のホモ生徒用のものだったとゆうヒト。白血病の子どもを抱え、家族の生活のためリサイクル部品合計 2500 円を材料に売れる、せくす機械を製造販売する失職者。棺桶型バイブで遊ぶゴスかっぷる、50 才すぎのおデブな彼女と彼女をモデルに有料えろーすホーム頁で小銭をかせぐ車椅子生活の彼氏という組み合わせのカップルのために、SEX 機械を製造＆無料プレゼントしたボランティア SEX マシーン職人、ピストン運動無用論証明のために電動 SEX 器具作り 17 年の理論派おじいさん。

　いろいろあり過ぎな自作 SEX 機械まわりの興味つきない写真集です。

顔面発写

イクイク男性肖像写真集

オーラ・ローゼンベルグ
ゲーリー・インディアナ

横 =17.0cm ＊縦 =24.5cm
約 560g
ソフトカバー
オールモノクロ写真集
1995 年
ニューヨーク
英語
Head Shots
Aura Rosenberg, Gary Indiana

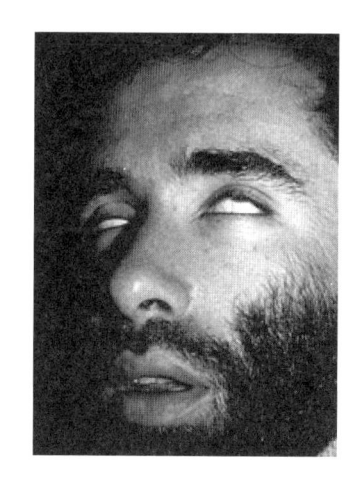

　新聞や雑誌やテレビどころかポルノ映画をみても（ゲイポルノを除いて）、男性のエクスタシーの映像を見かけることがないのはなぜか。この世でいちばんビューティフルなイメージのひとつということにされている、性的エクスター時の女性の表情を写した映像に類するものは至るところに氾濫しているのに、見かける機会はごくごく稀れな、数のうえではほぼ同じぐらいあるハズの男性のエクスタシー時の表情を写した映像は、どこに隠されているのか。女性写真家としては当然な疑問や興味に発情した女性写真家アウラ・ローゼンベルグさんが、射精する瞬間の男性たちの表情にピントをあわせて撮影しまくった、男性のエクスタシー顔って一体何なのよ写真集です。

　入れ替わり立ち代わり登場する、青年中年老年の人種もとりどりなシロウト男性モデルたちの手配は、アウラさんとその友人たちが 10 人以上がかりで手分けして調達してきたらしいのですが、小説家リン・ティルマンとゲイリィ・インディアナの短編小説を併録することで、男性の表情がエクスタシーのときのソレになるまでの撮影準備については、詳細の説明は一切省略され、写真をみながら読者が勝手に妄想をふくらますスキマを膨らませています。外国語では思い切り気取った「小さな死」という言葉で飾られることもある射精時男性たちが、ブレーキとアクセルと両方がバカになっている状態のときに浮かべる表情の手放しのマヌケさ。動物園のオリの中の動物を見ている時に感じるような、同じオリの中に入ってる感。男性のエクスタシー顔にはビューティフルな要素がどこにもない代わりに、バカバカしくて面白いという発見にお腹の皮がよじれる珍顔マンダラ写真集です。

ピンク色の個室　ニポンせくすクラブの内幕

来日観光客の性風俗見物写真集

写真＝ジョーン・シンクレア
解説＝ジェームス・ファラー
（上智大学教授）

横＝21.5cm ＊縦＝24.2cm
約820g
ピンクビニール付きソフトカバー版
カラー写真集
192ページ
2006年、ニューヨーク、英語版
Pink Box
: Inside Japan's Sex Clubs
Joan Sinclair

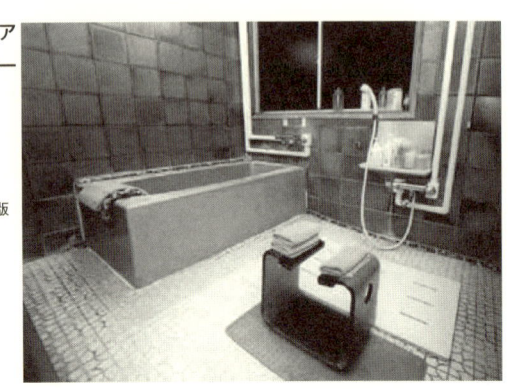

　実際に現地での滞在経験があるヒトが珍しくないはずなのにも関わらず依然として、黄金と聖水が潮を吹くロボ声芸者とウタマロちんぽこ怒張のスケベイ聖地として、世界ぢゅうのヒトびとの妄想のなかに長年定着しつづける、大東亜エロースの神秘境ヂャポング。ガイコクヂンである私たち読者ご一行を載せたバス観光ツアー方式で、珍妙キテレツな現代ヂャポン式SEX儀式ビジネス現場をぐるぐる巡る、現代フーゾクびじゅある大図鑑本です。

　ご案内女性ジョーン・シンクレアさんは、英会話学校教師としてのニポン滞在中に学んだフーゾクの綺羅びやかさが忘れられず、撮影のためにニポンに逆もどりしましたというほどの意気ごみとコーフンがそのまま紙面の勢いに飛び散っていて、写真の目配りも、ニポンのエロフーゾク情報雑誌が手本かと思うほどなサービスポイントの押さえ方。現場で作業中の雇われ人やらお客やらの寒いような熱いような、糞マヂメみたいな焼けクソみたいなもやっとした空気を見事にあいまいなニホン感覚で生け捕りにしています。

　伝統を自慢しない大阪・飛田遊廓から外人マーメイド水中ショウ、ホストクラブやウリ専バー、テレクラのサクラ女性の楽屋、痴呆都市ヌウド劇場やキャバレイ、ソオプらんど、SMくらぶ、コスプレ焼肉、シングルマザー・キャバレー、パチンコ屋プレー、おピンク回転スシ、お色気ボクシング・リング、なんだかんだ。駆け足で飛び込み荒らすだけ荒らしたら次の店へ！そこは「ぱらだいす」か「いんふぇるの」か。

　ここまでSEX大明神を大切にする土地が地球上に実在するのなら、死ぬまでに1度は行ってみたいと願わずにはいられない、幻想じみた現代ニポンのヘソごま探訪録です。

144

発情旅館　ニポンの秘められたファンタヂーのお部屋

アメリカ人が驚嘆する日本のラブホテルめぐり

写真＝ミスティ・キースラー
解説＝桐野夏生（英文）

横 =28.6cm ＊縦 =28.6cm
約 1.2kg 以上
ハードカバー
愛蔵版オールカラー写真集
120 ページ
2006 年
ニューヨーク
英語版
Love Hotels: The Hidden Fantasy Rooms of Japan
Misty Keasler, Natsuo Kirino

　世界中どこを探してもココにしかないのだと言われてみればびつくりくりな、ニポンが世界に誇る珍奇エロ文化施設、発情交接旅館。そのの最新式スタイルを亜米利加の女流写真家ミスティ・キースラーさんが 2004-2006 年までの約 3 年間にわたって探訪取材した、愛情建築物インテリアお写真集です。

　取材場所はおもに大阪で、あとはちょっこし神戸と東京。人気ミステリ作家桐野夏生による解説文（英文）によれば、売春婦さまと客の絶えまない無数のいい争いと、大小の喧嘩沙汰の舞台だという発情旅館のおヘヤが、空室中のときのシーンとした様子ばっかりを撮影しています。ピンクのピアノがどどんと置かれ、ブランコにのったキテーちゃんの視線の真ん前におかれたベッドに手足を縛り付ける拘束具が 4 つもついているラブルームや、壁面を埋め尽くす本棚に旧版大型判の夏目漱石全集や文芸年鑑が持ち出し禁止シールつきでズラリと並ぶラブルーム、地下鉄の座席そのまま再現した痴漢ごっこプレイルーム、萌えキャラの大きなパネルを飾ったラブルーム。すべてがアイマイな極東ニポンの性愛をオール鏡張りルーム以上に正しくアイマイに映し出し、ホッコリした空気を世界に向けて情報発信。写真集のちょうど真ん中辺にオマケ的に収録されている、オオサカのホテル・ルワール室内の利用者カップル落書き帳の英訳つき複製からは、スッポンポンカップルたちの体温となごみ感がはっきりと伝わってきて意外なほど愉快。

　後半では、鎖や鉄格子、檻、はりつけ台に加え、たたみの上に真っ黒塗り十字架のハリツケ台を床にベタ置きしてある、明らかに妙ちくりんな配置の部屋なども。西洋風な部分ほど強烈にニホンを感じさせます。

汚れ系インテリア

同性愛インターネット裸体露出者インテリア写真集

ジャスティン・ユルゲンセン
トッド・オルドハム

横 =15.2cm ＊縦 =22.8cm
約 330g
ハードカバー
全カラー版、頁の上半分に写真、下半分に写真のお部屋についてのいや〜な寸評、てゆう風になってます
64 ページ
2004 年
カリフォルニア
英語
Obscene Interiors
Justin Jorgensen and Todd Oldham

　光の速度で世界の露出魔とノゾキ魔を結ぶインターネットの長所と短所を変態的に合体。これでどうよとばかりに、男子同性愛者から男子同性愛者に向けた出会い系メッセージに貼付されている劣情まるだしギンギラギンのセルフヌード写真のなかで、撮影場所がメッセージ投稿者の自室と思われるものだけを釣り上げ、出会いを妄想するだけでドロドロしているトンマなヌード露出魔のヒトたちを直接に指さして笑いものにするのではなく、そのヒトたちの人格をそのまま鏡のように映し出しているかのような、露出魔が住んでいる部屋のインテリアにボロかすな激辛イヤミコメントを浴びせかけているノゾキ魔根性丸出しの、寸評つき変態インテリア写真集です。

　投稿ヌード写真集と誤解されないための配慮でもあるのか、未知の出会いを求めて自分の性的魅力を全裸で誇示するのに無我夢中な露出魔たちの肉体は、頭のてっぺんから足のつま先から陰毛の毛先まですべて灰色に塗りつぶして、一切見えないようになっているのですが、それが逆に、露出魔のからだの輪郭線をクッキリと浮かび上がらせる効果になって、指で筋や皮をひっぱってじぶんのお尻の穴に笑い顔を作ろうとしたり、色々マヌケなポーズをしてるのがよくわかるだけでなく、塗りつぶされている顔の表情までがありありと伝わってきてスゴく嫌なイイかんじ。部屋の様子は、すべての露出魔に共通というよりは、たぶん、著者のノゾキ魔根性を直撃する異臭を発散するあやしい部屋ばかりをこの写真集用に選んでいるせいで、自覚のない悪趣味を趣味のよさを錯覚し、清潔より不潔を重んじる汚れ系がズラリ。ノゾキ魔の肩越し目線を体感できる変格的変態写真集です。

シリア人の密かな下着愛好癖

中東ラブリーランジェリー事情

マル・ハラサ、ラナ・サラム編

横 =17.0cm ＊縦 =22.5cm
約580g
ソフトカバー
カラーカバー付き
176ページ
写真満載
2008年
サンフランシスコ
英語版
Secret Life of Syrian Lingerie
: Intimacy and Design
Malu Halasa Rana Salam

　聞くからに夜も昼も性生活が窮屈そうな、アラブ社会主義独裁国シリア。ところがゴチゴチに硬そうなイメージとは裏腹に近頃は、悪趣味ド派手せくしぃ下着の産地として秘かに大繁盛しているのだとか。ハードコアな漁色家の他には現地人以外の誰も知らなかった現代シリアの女性下着事情を現地取材報告する仰天ランジェリィ写真ルポです。

　本文によればシリアでは、ベッドの中で女性を笑わせることが性生活の充実のための大事な要素と信じられ、1980年代に悪趣味下着が市場に出始めるやいなやオトナの夜の常識というほど定着し、ことに新婚カップルは夫も妻も悪趣味下着のお買い物には非常に熱心なのだとか。シリア産悪趣味ランジェリィの現物写真に加え、製作作業写真や販売店のカタログモデル写真、首都ダマスカスの下着専門店の写真や街行く女性たちの姿まで、インコース・アウトコース・低め高めと立体的な取材写真で見るシリア・ランジェリーは、エレガントと錯覚するほどヒドい範囲も軽く越えてしまい、ヒドすぎてヒドいのがあるわあるわ。パンティーの前あて部分にプラスチック製の造花や昆虫がへばりついている程度ならお上品でオホホホと笑えるぐらい。気持ち悪い目玉や口が乳当てやパンツの上から囁きかけてきたり、左右不対称な穴ぼこや切り込みもまだお淑やか。電気仕掛けで歌を歌う下着やピカピカ光るハレンチ下着などウルサイのもあれば、チョコレートやキャンディなどがよそってあって食べられるという糖尿病や成人病が心配下着もあり。股間の前あてにただの飾りとしてケータイ電話がとりつけているパンティまであって、芸能人が着けてもヒンシュク確実な悪趣味下着にフツーの女性たちが無我夢中。不思議な現代のアラビヤンナイトです。

現実体重うけいれ計画

超重量級女性ヌード写真集

レナード・ニモイ

横 =27.5cm ＊縦 =21.8cm
約 700g
ハードカバー
モノクロ写真集
96 ページ
2007 年
英語版
The Full Body Project
Leonard Nimoy

　「女性の平均体重は、彼女たちが着ている洋服の宣伝モデルの体重よりも、250 ぱあせん分重たい。現実の体重をヘ宣伝広告用の妄想的理想体重に近付けようとして、ムダなお賽銭をエステ美容神社に奉納するよなおろかな劣等感とはサヨナラをして、現実の自分を素直に思い切り露出してください」。バルカン星人のもつ宇宙レベルの常識的信念と女性観ではづみのついた宇宙 SF テレビ映画『スタートレック』シリーズのミスター・スポック博士が、まるまるまると肥えた女性たちならではの充実してはちきれそうな肉体美を、妖精たちのお遊戯会っぽく演出した異色のおヌウド写真集です。
　モデルとして登場する女性たちは総員 6 名。デブな肉体にだけ備わっているデブ美がゲテモノ専門高級レストランの特別メニュにだけある現状が、給料日にコドモ連れが食事にでかける回転式屋上展望台レストランのお好み弁当の一品にもデブ美の栄養が自然に溶け込む方向に変化することを願う、非論理的どすこい活動に普段から取り組んでいる前向きなおデブな女性たちが、みずからおヌウドモデルになって次々に登場。カラダ全体のあちこちにぶらさげ、垂れ下げた、おデブなお肉のかたまりを積極的にゆらゆらゆらしながら、輪になってぐるぐる回ってみたりみたり、ラインダンスを踊ってみたり。おデブの一言で大雑把にひとくくりにするのが無意味にしか思えなくなるような、おデブどうしの間での体型やバランスのいちぢるしい違いが、じわわっと浮き上がって見えてくるようになる効能もあり。積載重量オーバー大推奨の無重力嗜好、通常のヌード写真集にないづっしりフワフワした夢見心地を堪能させてくれるデブ美の宇宙。

誰かの恋ぶみ（らぶれたあ）　まさか誰も見ないだろおとアナタが思っていた150通の手紙たち

一般人のラブレターを共有資源化する本

ビル・シャピロ編

横=21.8cm ＊縦=18.7cm
約760g
半永久保存版（？）
ハードカバー
生ラブレター図版満載
192ページ
2007年
ニューヨーク
英語版
Other People's Love Letters
:150 Letters You Were
Never Meant to See
Bill Shapiro

　書く。渡す。受け取る。読む。保管する。捨てる。恋ぶみ（らぶれえたあ）が手から手へと渡されていくどの段階にも必ずつきそうなのが、その時次第では赤面した顔から吹き出す炎で熱気球が空を飛ぶほどの勢いも珍しくない恥かしさ。ところが。読むべきでないヒトに恋ぶみを読まれた時に関係者それぞれが味わうたまらないほどの恥かしさも、無関係な人間にとってはニヤニヤ笑いのタネにしかならないのがひとの感情のふしぎなところ。コチラからみれば福笑いのようなもの。アチラからみれば拷問器具のようなもの。そんなデリケートな恋ぶみというものを、たくさん集めて陳列したらばさぞかし面白かろうという、ひとの悪い思いつきから、どこのだれとも知れない大勢のひとたちが書いた恋ぶみを150件も集めて公表してしまった、見てはいけないものコレクション本です。

　恋ぶみの出所は、著者が知人方面に片っ端から頼み込んで昔貰って大事にしまってあった恋ぶみを貸してもらったものや、助っ人を頼み、助っ人が助っ人を頼みと順繰りにおねだりの範囲を広げて貸してもらってきたものなのだとかで、読者が偶然に自分が昔書いた恋ぶみと本書のなかで再開する確率は低めですが、可能性ゼロとは誰にも言えないうっすらした期待感も本書のひそかなチャームポイントのひとつ。便せんと封筒という昔ながらの手紙の「ふみ」のイメージのものばかりでなく、ノートやメモ用紙の切れはしや紙ナプキンなどに殴り書きしてあったり、グーグルGメールのモニタ画面を撮影してあったりで「ふみ」っぽくないものも。ただの紙くずや電気のチカチカにさえ乗り移る発情する恋ごころたちの執念が、世界をポッポと熱く照らすようです。

ボヨ〜ン揃い　　エロちっく西洋骨牌（とらむぶ）のア〜トと歴史
世界のお色気トランプコレクション

マーク・リー・ローテンバーグ

横 =19.8cm ＊縦 =27.6cm
約 1.05kg
ハードカバー
カラー図版満載
192 ページ
2007 年
フィラデルフィア
英語版
Stacked Decks
:The Art and History of Erotic Playing Cards
Mark Lee Rotenberg

　25 年以上の収集歴のあいだに総点数 20 万個以上のエロ本、エロ写真、ブルーフィルム等等を集めた強者コレクター、ローテンバーグさんが、父親の寝室でたまたまコレをみたのがマニア道に溺れる第一歩だっただけに愛着も自慢もひと潮吹の、セット数 450 点以上、枚数 2 万枚におよぶエロ・トランプ大秘蔵これくしょんから、よりくすぐったい珍品の数々を図鑑風に陳列した愛蔵版仕様の秘宝本です。

　握っていると手の熱で、隠されているスケベな図柄がぢわぢわと浮かび上がって目にみえるようになる凝った仕掛けの、1830 年代ドイツかフランスで作られた世界最初のエロトランプカード。19 世紀末にアメリカのタバコ会社がタバコの箱のなかにオマケとして 1 枚ずついれた、宣伝用のベルエポック風エロイラストトランプ。1920 年代阿婆擦れ娘フラッパーたちをアールデコ調で描いて、ヴァルガスやペティなど後のピンナップイラスト画家たちへの影響も多大なロルフ・アームストロングのお色気トランプ。第一次大戦の復員兵が戦場ヨオロッパから持ち帰り、世界中にまき散らされたビンボー臭さ満点な 1920 年代頃のシロクロヌウド写真トランプ。アメリカ男性ほぼ全員がポーカーに夢中だったというバラエティ感たっぷりな 1950 年代前後のエロ。おヌウドモデルたちが動物の着ぐるみを着ていたりする、悪趣味衣裳と奇抜なポーズでブウムとなりホンコン製や英国製の模造品まで出回ったとゆう、エロ・トランプコレクションの定番「ウルフぱっく」。東アフリカ裸族女性のヌウド写真のモンド人類学的エロトランプ。昭和 40 年代おピンク調ぱっとカラーな冥土いんジャパン亜細亜系えろ写真トランプまで網羅するマニアの執念。

静かな恋人たち

ダッチワイフ同居生活者たちのお宅訪問

エレナ・ドーフマン

横 =26cm ＊ 縦 =26cm
約 1.05kg
ハードカバー
オールカラー写真集
128 ページ
2005 年
ニューヨーク
英語
Still Lovers
Elena Dorfman

　ダッチワイフは南極探検隊員の夜の代理妻をつとめるためにある、と思っているウブな皆様に、全身まるまる人間そっくり人形なシリコンラバ製の超精巧ダッチワイフたちと、その利用者たちとが毎日毎晩過ごしている、ヒミツ生活のマカふかしぎな現場を報告する実録・愛情人形性生活ルポ写真集です。

　ただの性処理の道具とゆうよりは、人造肉質の観音様かと思うほどに微妙な役回りを利用者たちの妄想にあわせて引き受けることができるほど超精巧ダッチワイフは、元メタルばんどカオティック・オーダー歌唱担当マット・マクマレンが起業した「あびす・くりえいしょん」社製品の超リアルな「リアル・ドール」シリーズ。お値段は 10 数種類から選べる基本モデルが各 1 体 7000 ダラ（時価換算＝灼 80 万円）肌の色合いから手足の爪先まで各種高額オプションも用意されている高価なぜいたく品とはいうものの、ダッチワイフ使用者たちのお財布事情は、老後の生活資金まで全財産を注ぎ込んで「リアル・ドール」を購入したヒトもいるなど、ピンからキリまで色とりどり。ヨーロッパにもニポンにも棲息するダッチワイフ使用者たちの生活環境も、バカバカしいほどいろとりどりで、ひとりで何人もの女性ダッチワイフに囲まれて暮している中年女性もいれば、ダッチワイフとともに家族全員で茶の間でくつろぐオウチもあるという調子。

　MP3 で百回聞くより写真を 1 回みるほうがウケる的な意味で、この写真集をみるまでは想像もできなかったような、ふしぎな緊張感に満ちたダッチワイフとのありふれた日常行為の数々が、ダッチワイフ同棲未体験読者に向けて、ヒトと神さまの抜け殻との触れ合いに立ち会うような感銘を投げかけます。

眠っているヒトたち

カップル居眠りヌード写真集

エリザベス・ヘイアート

横 =25cm ＊縦 =31.5cm
約 690g
ハードカバー
64 ページ
2002 年
ニューヨーク
英語
The Sleepers
Elizabeth Heyert

　腐爛の華のお花畑にも見えるほどお肌にいろいろとシミ・ヨゴレ・網目系の模様がたっぷりへばりついているヲンナたちヲトコたちが、寝巻き腰巻きも着用しないで眠っている姿を写した、優雅な心霊写真風ヌード写真集というか、居眠り眠りヌウド写真集です。

　くはしく説明すると意外にたいへんなメイキングらぶ行程は、悪夢にとりつかれて眠れなくなってしまった写真家エリザベス・ヘイアートさんが、グーグー安眠できるひとたちって羨ましいよー、と思ったのが始まり。ニウヨウクの自宅に、ウレタンクッションと敷布代わりの舞台用の黒幕でこさえた寝ごこちの悪そうな仮設の寝室を用意して、寝姿モデルになってくれる男女を順番にご招待。エリザベスさんは部屋のベランダから寝室を見下ろす位置で写真機のうしろに座り、下で眠っているヒトのいいポーズ待ちのため、自分だけ一晩じゅう起きていてシャッツターチンスをうかがう、とゆー意味不明の苦行が第一段階。そのノゾキ魔的執念がぢぶんでも恥かしかったと、撮影後のフィルムは箱に入れて封印することに。

　ところが。父母が相次いで他界したのを境にエリザベスさんのおつむに浮かんだのが、寝ているヒトたちの写真をローマ時代の古い壁の上に投影して、それを写真にとりたいという不思議な欲望。エリザベスさんは撮影隊を引き連れイタリア・シシリアで 30 年前の大地震で住民が避難したあと放置されている幽霊村へと遠征。夜の夜中に高い足場をわざわざ組んで、眠っているヒトたちのヌウドを古壁に投影して写真の写真を撮影してきましたとの事。何層にも積み重なった甘い罪悪の数々を不眠と永遠の眠りの間で、サンドイッチにしたげなケッタいヌード写真集です。

2つの喜び

ベトナム娘と台湾男のお見合い業界ルポ写真集

シェン・チー・チャン

横=24.0cm ＊縦=16.8cm
約650g
ハードカバー
オールモノクロ
頁数=記載なし
2005年
ニューヨーク
英語
Double hapiness
Chien-Chi Chang

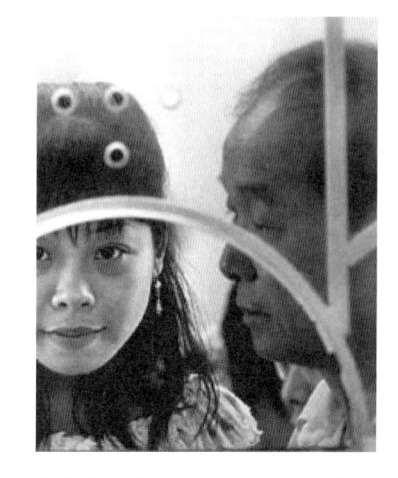

　国際結婚専門のお見合い斡旋業者という、誰が聞いてもアブナっかしいヴァージンロードを空路で経由して花嫁候補として台湾にむけて続々と輸出されてくるベトナム女性たちと、その到着を待ち焦がれる台湾の独身男性たち。一世一代の大事業にチャレンジしているかのような錯覚に完全に支配されているヒトたちが、集団で右往左往するときにだけ発散されるたいぷの特別なフェロモンや気合いが、隅の隅まで浸透しつくしている不思議な儀式イベント事業の現場。処刑の順番をまつお寿司やさんの生け簀のなかのお魚のように、不安な空気のなかで数人ごとのグループ単位に分割された、さまざまな系統の顔だちのベトナム女性たちのやったるでー、とゆう表情に刻まれた頭脳の線。役場の窓口に手続きのために2人そろって顔をだしにいくベトナム女性と、まるで買い物客のような風情の男性の、スレ違い重なりあい入り乱れる感情の線。すべてセットで業者が最初から用意してあるらしい結婚披露宴に至るまでの間に、出会いのでたらめさにもかかわらず、カップルらしいカップルの雰囲気へといつの間にか変身していくひとたちの運命線。一族子孫郎党繁栄セックス生活の末永い幸福を願う気持ちで煮えくり返るような生命の線が、お見合いによる出会いのチグハグさも人種が近いがゆえに、際立って大きく感じそうなコトバや習慣や生活感情のデコボコもなぎたおし、目出たくもあり目出たくもなしのどこにでもある結婚線へと吸引されていく過程での「新婚サンいらっさい」ぽいドタバタ話のおもしろさ。写真集団マグナム所属の女性写真家シェン・チー・チャンさんが、カメラを持ったベテラン女うらない師のごときリラックスぶりでまとめています。

アナタがお望みのヲンナ　アトリエ・マナッセ 1922-1938 DIE FRAU, WIE DU SIE WILLST

1920年代お色気写真集

モニカ・ファーベル編

序文に代えてD・H・ロレンスの
短文エッセイ付き
横 =22.2cm ＊縦 =29.0cm
約860g
148ページ
ソフトカバー
オールモノクロ写真集
1998年
ウィーン
ドイツ語版
Die Frau, wie du sie willst.
Atelier Manass 1922-1938
Monika Faber

　1920-30年代。冷血冷感集団ナチスの革長靴の足音が、遠く近くに迫りくるオーストリア・ウィーンで、人気アイドルの舞台女優や映画女優たちのお色気＆おヌウド写真を、娯楽雑誌掲載用やコレクトまにあなどの消費者にむけて大量生産をし、世間のひとに感謝されまくった偉人としてエロチック写真150年の歴史に今も名を残している、伝説的な写真スタジオ「アトリエ・マナッセ (Atelier Manasse)」。ブタペスト出身のオルガさん（妻）とアドリアンさん（夫）のヲラシックス夫妻が2人でちょめちょめした「アトリエ・マナッセ」の特製写真は、裸女とガマがえるさん、裸女と大仏さん、裸女とおカネさん、裸女とゾウさん、裸女とカブトムシさん、裸女とコーシーカップさんなど、みるからにバカバカしいお色気写真だけに限らずどれどの写真もが、撮影用のセッティングにも照明にも衣裳にも、とにかく何だかバカっぽいムウドが女性の肉体美を押しのけてまで出しゃばろうとするかのように、モワンモワン漂っているのが最大の特色。女性のハダカだけに執着する、ガツガツした欲情を相手に磯臭い肉体の切り売りをするのではなく、都会の悪徳がシビレるほど匂う、一歩二歩すれすれのあたりで肉体と脳みそをヒダの奥まで蕩けさせるような膨らみや、浸透力のあるお色気を写真ごしにふりまいています。
　序文がわりには「女性」性をまえにしたヲトコはどれほどバカであるか、とゆーD・H・ロレンス氏執筆エッセイを、当時ベルリンで発行されていた風流雑誌から転載。おヌウド写真をながめて、気分よくバカになりたがりる男性の視線の低さにあわせて地べたに深い穴をほるおマヌケえろ写真の原点を再確認もできる、レトロお色気写真集。

ジャズエイジ美女の群れ　まぼろしのジーグフェルド写真師これくちおん

禁断秘蔵 1920 年代写真集

ロバート・ハドバーニク編

横 =18.5cm ＊縦 =23.6cm
約 1.2kg
ハードカバー
デュオトーン写真集
262 ページ
2006 年
ニューヨーク
英語版
Jazz Age Beauties
: The Lost Collection of Ziegfeld Photographer
Alfred Cheney Johnston
Robert Hudovernik

　人類史上はぢめての世界大戦争直後の成金バブル期、狂躁の時代 1920 年代伝説の怪人興行師フローレンツ・ジーグフェルド統率のもとアメリカ的現代美の大宮殿（かてどらる）とうたわれたジーグフェルド・フォーリーズの座付き写真師で、スター女優や芸能人から上流婦人までがモデル志願に殺到したほど大人気の 1920 年代写真家で、晩年は人気絶頂時に撮影のヌウド写真を田舎で路上販売していて逮捕歴が数回、葬式は列席者が 2 人だったというアルフレッド・チェニィ・ジョンストンさんの幻の作品群が復活。
　収録写真モデルは、年間 1 万人にも及ぶ入団希望女性の品定めをしたジーグフェルドの鑑定眼にひっかかった女性たちが大半で、なかには中学卒業後フォリーでの束の間のスターの座を振り出しに淪落の坂をころげ落ち、末路は魔薬中毒者として早死したり、有名ギャングに虐殺されたりで「ジーグフェルドの呪い」と噂された凄絶にして数奇な運命を終えた女性たちが多数。加えて、20 年代白痴美女優ルイーズ・ブルックスのお宝おヌウド、元祖イット（あれ）女優クララ・ボウ、醜聞新聞王ハーストの愛人マリオン・デイビス、最後の大君アーヴィング・サルバーグ夫人、毒婦セダ・バラ、「黙示録の四騎士」のアリス・テリー、美人画絵師アルベルト・バルガスのモデル役カジャ・エリック、クローデット・コルベールやグロリア・スワンソン、ドロシー＆リリアン・ギッシュなど大スター女優もゴロゴロ。ジョンストン師撮影のスコットとゼルダのフィッツジェラルド夫妻の肖像も。
　魔術師ケネス・アンガー「ハリウッド・バビロン愛読者にはたまらない、1920 年代の悪徳を肥料に咲いた花束をつめ込んだ夜の写真集です。

呪術師ヘンリー・ウェルカム氏の忘れられた博物館

世界変態医学ウルトラ秘宝館まぼろし旅

ケン・アーノルド、ダニエル・オルセン編

横 =16.8cm ＊縦 =24cm
約 1.1kg
416 ページ
ソフトカバー
カラー＆モノクロ図版多数
2003 年
ロンドン
英語
Medicine Man. The Forgotten Museum of Henry Wellcome
Ken Arnold, Danielle Olsen

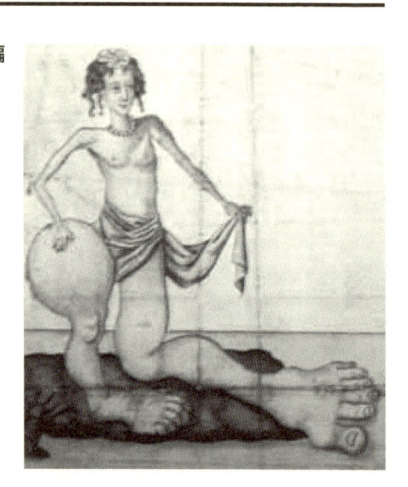

　ブラック商会「変奇堂」もびっくり。怪盗黒蜥蜴が盗み獲ろうとしても宅配便の営業所をいくか乗っ取ってからでないと無理なほどの、怪奇骨董収集偉人ヘンリー・ウェルカム氏生誕 150 周年に当たった 2003 年。ウェルカム氏の旧蔵品の買い取り先のひとつでもある開館 250 周年めの大英博物館を会場に、世界各地の博物館や研究機関にちらばった元ウェルカム氏コレクション多数を含め、全コレクションの 0.1 パーセントにあたる約 1000 点を陳列して開催されたウェルカム氏回顧展「呪術師」の記念図録本であります。
　おカネとは無縁な開拓農民のこどもとして生まれた苦学の末に、製薬会社をおこして大成功したウェルカム氏は、誕生から現代までの滅亡した部族民族含めた古今東西全人類の「いのち」と「からだ」の肉体文化のすべて、タブーもデタラメも間違った可能性へのありとあらゆる挑戦も含めたすべてを収集しつくした「人類館」の創設とゆう途轍も無い妄想の現実化を目指し、ありったけの私財を投入して邁進。整理も収拾もつかないままひたすら増えて行った珍宝秘宝は、ウエルカム氏が計画なかばで逝去した 1936 年の時点で、ルーブル博物館の膨大な収蔵品の 5 倍にも及ぶ 100 万点以上とか。
　関連団体に遺贈された死後のコレクシオンは施設移転や財政難から散佚。幻と消えたウェルカムさん悲願の「人類館」の残影を蘇らせた「呪術師」展覧会の図録をかねた本書では、セックスや受胎、妊娠、分娩に、病気やケガの治療や解剖から死後の肉体や精神、迷信タブーにかかわる魔術的医学や科学的呪術のための、キテレツ奇妙なお道具や標本や貴重文献まで徹底的に雑多な展示物中の、約 500 点をカラー＆白黒図版でご案内。

「セツクス医学」傑作集　図解いりセツクス科学雑誌

SFの父が創刊した1930年代ビザールセックス科学雑誌記事復刻集

クレイグ・ヨウ編
編集長＝ヒューゴー・ガーンズバック

横=14.0cm ＊縦=20.4cm
約550g
ハードカバー
モノクロ図版豊富
480ページ
2008年
フィラデルフィア
英語版
The Best of Sexology
:Kinky and Kooky Excerpts from America's First
Sex Magazine
Craig Yoe

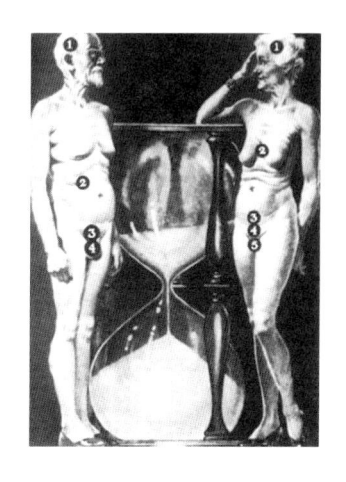

　「サイエンス・フイクション」とゆう、まるでハムカツの天ぷら並みにあり得ない新造語を発明したり、馬糞紙雑誌『どっきりばなし集（アメージング・ストーリーズ）』を創刊して、妄想の科学的乱用とゆう新宗教の普及に大貢献をし過ぎた実績によって「SFの父」と称されるヒューゴー・ガーンズバック。その知られざるもうひとつの大手柄「げてものエロほんの父」としての顔を、ちょうどニホンでは梅原北明や酒井潔が活躍したエログロナンセンス流行期と、1933年にガーンズバックが創刊したエロ雑誌の名記事・珍記事の復刻によって集団的もの忘れの谷間から救出する真面目なハレンチ大全集本です。

　皮膚にできる巨大なハレものがヲトコにばかり多い理由は、ハレものの正体がヲトコの想像妊娠だからだ！とか。動物による植物の受粉の様子をみているとムラムラしてくる植物SEX観察フェチだとか。多夫多婦性を実践した古典的セックスカルト教団「オネイダふぁみりぃ」の自由恋愛実験れぽーとだとか。慢性的勃起症で苦しむペニスだとか。東方聖堂騎士団のA・クロウリーの性魔術儀式だとか。ヒトラーやナポレオンの性生活の実際だとか。ヒトとドウブツは結婚したら子どもが出来るかとかとか。サイエンスとホラ話との異族間結婚を実現したサイエンス・フィクションの父ならではの好奇心くすぐりパワーを最大限に発揮した、性医学とホラ話と魔術と金銭欲の手当たり次第の変態的交配の絶倫ぶりは奇観にして痴観。その影響は、純粋エロ本よりもむしろ無数のZ級タブロイド新聞や、ガセネタ特ダネ専門週刊誌ややテレビワイドショウなどを経由して、インターネットにまでまっすぐに受け継がれているかのようです。

サミュエル・フォッサさん写真集

アフリカのナルシスティックアーチスト、コスプレ写真集

フランチェスコ・ボネッティ
グイド・シュリンケルト

横 =24.5cm ＊縦 =28.8cm
約 1.1kg 以上
ハードカバー愛蔵版
2004 年
イタリア
（イタリア語、英語の 2 言語併用版）
Samuel Fosso
Maria Francesca Bonetti and Guido Schlinkert

　女装、土人やマイケル・ジャクソン（？）のコスプレからおもむろに衣服を少しずつ脱ぎすてて、一人妖しくベッドで全裸の鼻息フンフフンまで、変身するモデルさんに変身した自分じしんをモデルさんにして、写真機の前で夜な夜な発情するオレオレ萌え写真家サミュエル・フォッソさん（1962、亀ルーン生まれ、ナイジェリア育ち）晴れて初めてのお写真集です。

　女流コスプレ写真の元祖シンディ・シャーマンとナルナル写真芸術家メイプルソープの、両方の屈折したうしろ影だけをしっかり悪いとこどりする素直さが愛されて、2004 年イタリアで初めて開催されたフォッソさん単独での海外展覧会の愛蔵版っぽい記念本で、夜開くオレオレ写真の各種シリーズだけでなく、洗面器と裸電球で作った照明設備を完備した、自分の写真館で来店のお客さんたちを有料撮影した昼間の写真職人としてのお仕事まで収録されていて、オレオレが後ろにひっこんだ凹凸逆転じょうたいの、非常に興味深いオレオレ写真もご覧になれれます。

　フォッソさんの経歴をながめると、子ども時代に世界的に大もんだいになった 1970 年代前半のビアフラ飢餓のさなか、ビアフラで飢餓線上をさまよう大勢の子どもの 1 人だったときに、子供であるフォッソさんを残して死んで行く母親の記念写真をとったのが写真家への道を歩む出発点になったという話など、事情を聞けばヘビィな事も山ほどあるらしーのですが、どこまでもお気楽に、自分で自分が恥かしーひとを演じることで、トラウマ再生装置としての写真機の胎内をさかのぼって、写真がまだ生まれていない架空の楽園にむけてじぶんを救出しようとしているにしても、いないにしても暖かい人肌ぬくもりもりもりです。

キャロル・ダンハム画集

アシッド生殖器ユーモア画集

キャロル・ダンハム

横 =24cm ＊縦 =29cm
約 920g
ソフトカバー
オールカラー
160 ページ
2005 年
ドイツ
英語
Carroll Dunham
by Carroll Dunham

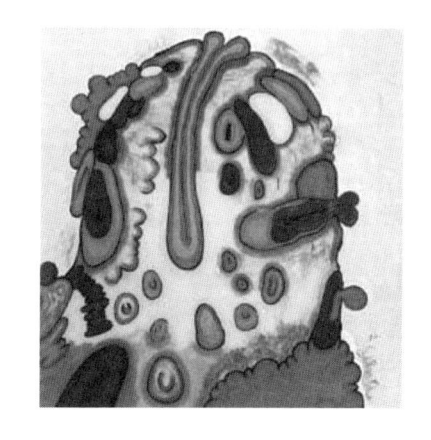

　名前を聞いた事がなくっても全然だいじょうぶな画家キャロル・ダンハムさん（昭和24 年生まれ～現役）は、誰でもだいたいは自分の体にくっついている御そそ、御ちんちん、御あぬすのことばっかりが筆先にまとわりついて離れなくなった、スケベいなカンディンスキー、あるいはいい年齢をぶちこいてテレビ・アニメに夢中になることをおぼえたフィリップ・ガストンみたいな作風の、誰にでもわかりやすそうでい誰がみてもチンプンカンプンなところも多いふしぎな絵描きさん。同業者受けばかりがはなはだしいままデビウ 25 年以上にもなった数年前に、ニューヨークの新・現代アート美術館で初の本格的回顧展がようやく開催され、本書はその記念出版であります。

　1994-5 年前後をさかい目に、以前と以後に分かれるダンハムさんのお絵描きの、前半期は、具象的あいまいにニンゲンの各種の生殖器をサイケデリックにいろどった風な、カタチの脈動感のある生命体のようなものたちが蠢きあい、いはゆる脊椎動物たちのアニマル SEX を連想させる性的闘争を、繰り広げるわけでもなく、繰り広げようとしていないわけでもない性的闘争がタミフル 10 倍増量っぽく描かれています。

　前半期のそんなムウドが一変するような似たような後半期のお絵描きは、記号化されたニンゲンもどきたちが画面に登場。お船にのったり、ビルヂングの窓から姿をみせたり。その表情や姿には、不自然な位置に巨大な御そそか御ちんちんがあることと、誰にも目とゆう器官がついていないという 2 大特徴が。マヂメなスケベさのブレないダンハムさん流の、性欲プラスひとまわりふたまわり広大なキテレツなエローすの風景に御タッチ＆昇天できます。

バチあたりの大神殿　1960年代の低俗SEXペーパーバック集

60年代ハレンチ小説カバーイラスト怪作集

ブリタニィ・ディリィ、アダム・パーフリィ他
編執筆者＝ジョン・ギルモア
ロバート・シルバーバーグ
リディア・ランチ他

横=17.2cm＊縦=26.0cm
約970g
288ページ
ハードカバー、オールカラー
2005年、ロサンジェルス
英語
Sin-A-Rama
:Sleaze Sex Paperbacks of the Sixties
Brittany A. Daley, Adam Parfrey, Hedi El Kholti and Earl Kemp

　ポルノ解禁はまだ夢のまた夢で、ヘンタイなどは病気か犯罪と思われていた1960年代のエッチな低俗小説本は、お腹の空いた性的もーそーのための夜のお菓子として一番の人気を集めながらも、いまでいえば1本1000円以下で手にはいる裏DVDと同様に、真正マニア以外の誰からも鼻もひっかけられないたんなる使い捨てのゴミ。毒電波系出版社としてまいどおなじみ「地獄の家」社が、時代のゴミ捨て場に咲いた毒花を、あらためて拾い集めて編なおした、ヒネくれ趣味の花束、1960年代ハレンチ小説カバーイラスト怪作大全集集です。

　有名SF小説家や有名ミステリ小説家、映画監督エドやロック歌手ロン・ヘイドック（ヴィン・サクソン名でレイ・デニス・ステックラーかんとくのZ級映画にも出演）などが変名で書き飛ばしたエロ小説や、ドアーズのジム・モリソン書き下ろしのまぼろしのエロ小説、ボンデージイラストの巨匠2人が専門学校時代の同級生だったというはなしなど、当時のエロ小説業界の大立て者たちの、誰にも貴重と思われない数々の貴重な証言資料としても充実。メインの表紙イラストは、職場での男女色恋模様。サーカス見世物ものやストリップショウもの。旧世代の性道徳を足蹴にするジャズマン、ビートニク、ロック、ヒッピーなどの進化型SEXもの。乱交、浮気、恋人交換など郊外型SEXもの。海辺やスチュワーデスなどのセックスお遊戯もの。未来の宇宙人ロボせっくすや、同性せっくす、魔法SEXものなどなど、収録数はオールカラー300点以上。

　エロ小説ふぁんやSMふぁんに限らず、ハードボイルド、SF、ミステリふぁんなどの方にもとりどりに興味深いアウトサイダーお絵描き本です。

妖精たち　理想と声とカワイイ服

同性愛共和国写真集

ケリー・ピケット

横 =25.2cm
縦 =30.0cm
約 1.2kg
ハードカバー
モノクロ写真集
128 ページ
2000 年
ニューヨーク
英語
Faeries: Visions, Voices & Pretty Dresses
Keri Pickett

　妖精のなかにもあれやこれやのニンゲンさまが、ニンゲンのなかにもそれやあれや無数にいろんな妖精さまがおありですが、極端バンザイ派の妖精ぐるうぷ「らぢらる・ふぇありぃず」は、両性愛や変性男女や服装自由人や、レズやホモやオカマやゲイや誰や何やのすべての妖精たちの妖精たちによる、妖精たちのための生活をめざすための道のりとして、非妖精族のオキテがいつも最優先するきうくつな社会とはバイバイして、妖精族の完全独立・分離を主張するピュアーソウルなこだわり派。「らぢらる・ふぇありぃず」のお仲間みんなの集団夢や欲望を実現するための聖地とするべく、1989 年からえんやぁとっととミネソタ北部の林間を開拓して手づくりでこさえた妖精きゃんぷランドに、6 年間現地いりびたった写真家ケリィ・ピッケットさんが、ぢぶんも妖精さんたちのひとりになりきり取材したべりぃビューチフルな妖精すけっち写真集です。

　性ほるもんの絆できつく結ばれたコミューン内での、何でもオッケーなかんぢの生活といえばドギついっぽいですが、非妖精族の世界での積もり積もった疲労感からの避難場所としての森の生活にあこがれ、聖地に入った 17 才から 70 代までの妖精たちが、仲間や大自然のなかでゆったりと翼をパタパタしている光景に満ちあふれる新鮮なマイナスイオンのヒーリング効果とゆうたら、紙面からおこぼれがじゃんじゃん溢れかえって読者のお肌にうるおい成分をめぐむ化粧水の気前のよい試供品かしらと思うほど。じぶんたちのシヤワセを演じてみせることを、そのまま他人のシヤワセに直結させる妖精さんたちの真剣にオチャメな姿が眩しいほど爽やかな、女装同性愛ユートピア共和国お写真集です。

ホモ記念日クリストファー通り　パレードの黄金時代

街頭ホモ解放区写真集

序文=ウィリアム・S・バロウズ
写真=ハンク・オニール
写真説明ポエム
　=アレン・ギンズバーグ

横=21.6cm＊縦=23.8cm
800g、ハードカバー、2006年、
ニューヨーク、英語版、160ページ
Gay Day
:The Golden Age of the
Christopher Street Parade 1974-1983
Hank O'Neal

　ストーンウォール暴動記念日6月28日の前後に毎年開催され、今では吉例となっている全米随一のゲイ名所クリストファー・ストリートの路上大宴会ゲイレズビアンパレードが、毎回どうなるのかの見通しもない緊迫感のなかで開催されていた初期の高揚期1970年代の約10年間（途中歯抜けもあり）を記録した、ゲイレズ解放運動史上にも貴重な写真集であります。

　時代はまだ同性愛は精神異常なり病気なりと決めつける迷信が、アメリカ精神医学協会の診断基準書からようやく消えた翌年以降。エイズ生き残りを賭けて汲々としている現在の目でみると、本書に記録されているような相手を選ばず発情しまくっていた時代は、返らない夢のまた夢の日々にみえるのだそうで、公衆トイレのタイムマシン的壁の穴のようなお値打ちがまずひとつ。それにぺったり重なる大きなお値打ちのもひとつは、20世紀アメリカを代表する放浪派ゲイ詩人アレン・ギンズバーグさんが写真選びとキャプションの作業を担当していること。巻頭に掲載されているギンズバーグさんとウィリアム・バローズさんの手と手を触れ愛写真からもモヤモヤと伝わってくるとおり、撮影者ハンク・オニールさんも、ギンズバーグさんのLP『ふぁーすと・ぶるうす』を共同制作したこともある昔からのその方面のお仲間。

　オニールさんが撮影した1000点以上の写真からギンズバーグさんが厳選した写真、約120点のほぼ全てに自筆（といっても本でみるときには自筆の印刷）の手書きと活字に直したものの2通りで収録されている、写真の中の胸毛や髪型や物腰や目線の動きなど、いちいち反応するギンズバーグさんの萌えコメントにも歴史的資料価値の高そうな写真集です。

ウ〜ワン！人間イヌの調教とスケベな介護のための多角的視点

愛玩用イヌ人間飼育なんでもガイド

マイケル・ダニエルズ
挿し絵＝ロブ・クラーク
　ユーリ・オブ・ベルリン他

横=15.3cm ＊縦=23cm
約900g
ソフトカバー
160ページ
2003年
ニューヨーク
英語
Woof! Perspectives into the Erotic Care & Training
of the Human Dog

　人間イヌとしての新たな第一歩を踏み出してみたいヒト、お世話がかりとして人間イヌの成長を傍にいて見守ってみたいヒト。一体全体そんなヒトが世界中のどこにいるのか？とホンキで不思議に思うヒトたちと多分同じぐらいアチコチにいそうな、人間イヌとしての人生の可能性、可能性を最大限極めたいと願う皆々様のための、人間イヌ調教ごっこ実践マニュルアル本です。

　著者マイケルさんは、革ふぇちマニアの船に乗ってたら人間イヌ萌えについただよと嘯く人イヌ歴15年以上ベテラン。少年時代に革フェチに目覚めたのが尻尾のフリ始め。動物の皮をかぶった人間に興奮するプラスの性癖と、動物の皮をかぶらない人間には興奮しないマイナスの性癖がもつれ愛こんぐらかり愛するうちに、人間より鋭い嗅覚や人間性を持つ犬族の血が体内で沸騰。動物の革製の洋服を着ることで人間と動物ができる。という完全に独りよがりな妄想が飛躍して、感じ方も考え方もおイヌさまに変身したような妄想へと妄想が次々に枝分かれし、誰かを人間イヌに変身させてあげたいとゆう隣犬愛に結晶する思いはまさに「発情期のイヌを見たら人間と思え。発情期の人間をみたらイヌと思え」。

　イヌ人間を選ぶか人間イヌを選ぶかの役柄の割りふりを越えて、人間イヌ役のひとだけでなくマスター（＝人間イヌ）役のひとも、早くイヌになりたくてたまらんワンとゆう空気にくるまれているため、よそ目には非人間的と非難されそうなド変態全開な話題にも関わらず、全編を通してのムウドは和気あいあい。電気ショックプレイなどは禁じ手として即刻却下するなど、いかにもイヌ好きならでは温かい動物ニンゲン愛が随所にかいま見えるようです。

「ビザールな本」（その2）

　意味不明ぎみのキャッチフレーズ「世界のキテレツ洋書＆デヘブヒデヘ専門店」をホーム頁に謳う当店「どどいつ文庫」にとって、英国の「ビザールな本」専門古書店「ビザールな本」の取り扱い目録のエキスを濃縮した書籍「ビザールな本」が何とも興味深いのは、むやみに広い意味でいえば同業者の書いた「ビザールな本」が、業務の参考になるどころではなく、ほとんど参考にならないところが特に面白い本なのでした。

　たとえば第1章「そういうつもりじゃなかったのに一意図しない double entendre(もうひとつの意味) を持つ書名の本」。「ビザールな本」の表紙には、収録本のうちの何冊かの書影が写真図版で並べられているのですが、そのうちの1冊は「ボーイスカウト団員たちの絆 (Scouts in Bondage)」。この書名が持つ、この本の著者がまったく意図していないもうひとつの意味はもちろんSM的な意味での「緊縛（ボンデージ）されたボーイスカウト団員たち」。

　どうでしょう？ このダジャレが笑いのツボにはまって腹筋の痙攣が止まらなくなる人間が続出するなどという事件を、英国事情の何かについて少しは知っているということが見事になにもない当店が強いて想像することは不可能なのですが、アチラの珍書ファンにとっては、これが相当に面白いらしいのです。

　どれほど面白く感じるかということの間接的な直接証拠には、書籍「ビザールな本」に欠けている要素だけに狙いを絞り込んだということなのか、「ビザールな本」で取り上げられている類の「ビザールな本」の表紙の書影だけを羅列したビジュアル本を、これまたどこかの古書店店主を名乗る人物が2007年に出版しているのですが、いみじくもその書名が「ボーイスカウト団員たちの絆：及びその他の文学的財産権の侵害 (Scouts in Bondage: And Other Violations of Literary Propriety」だったのです。

　書籍「ビザールな本」に話を戻すと、第2章「呪文に通じる名前—著者のものすごい名前」は、こんな凄い名前の著者がいたよという人名の羅列。まるで鈴々舎馬風のキックボクシングネタのような無邪気さで、見方によっては言い逃れも出来なさそうな差別すれすれネタ。200人ほどの人名の大半が下半身方面を指す卑猥な俗語に関連しているので、お品下お下劣な方面の興味が薄いひとにはチンプンカンプンなだけでなく、カトちゃんのウンコチンチン的なギャグでカラダの芯まで笑ってホカホカできるひとでなければ興味を維持するのが難しい世界になっています。ちなみにこの、ものすごい名前の著者名リストには、ヨシモト・バナナの名前も堂々のお仲間入りをしています。

　次いで、ひとの名前をネタにした危ない笑いにもうひとヒネリの加わる第3章は「その仕事が天職じみた人物—驚くほどその本のテーマにぴったりな、または完全に不釣り合いな、名前をもつ著者」をテーマに、書名と著者名の組み合わせが面白い本のリスト。これは前章とはちがい、ダジャレが下半身だけに限定されてはいません。「軍備刷新の政治学」by アームコスト（Armcost= 武器の価格）氏だとか、「犯罪人生：警察官人生42年の回想」by ベント（Bent= 倒錯者）氏だとか、「狂気についての論文」by ベティ（Batty= 調子が少しズレてるひと）」。

　きまじめな読書家的な本の愉しみ方とはかなり露骨に別の本の愉しみ方、書籍販売業者や書籍収集マニアのほうに大きく偏った視線で屈折した、本をめぐる笑いの世界。その出発点を「ビザールな本」以前にどこまで遠くさかのぼれるか。想像してみるのもまた楽しそうです。

写真で捕まった幽霊たち　超正常現象お写真集

心霊的がらくた写真集

メルビン・ウィリン博士

横 =21.0cm ＊縦 =17.5cm
約 560g
ハードカバー
モノクロ＆カラー恐怖写真集
本文 156 ページ
2007 年
シンシナテイ
英語版
Ghosts Caught On Film
Melvyn J. Willin

　ロンドン心霊研究教会で資料保存庫の幹事をつとめる著者が監修を担当した、血統書つきにも等しいような由緒ある一冊。古典的名作から、21 世紀の最新問題作までを陳列したなにしろバカバカしい心霊写真集です。

　「初期の名作」の章では、椅子に座っているヒトの肩に、暗殺されたリンカーン大統領の亡霊が「オマエもガンバレよ」という雰囲気で手をかけている決定的瞬間を撮影して有名人になった、19 世紀末の心霊写真撮影家 W・マムラーのお写真はじめ、インチキ騒動で世間を沸かせたホンモノ写真のオフオフぱれあど。「見えないものが見えている」の章は、二階建てバスの写真や、ちぎって捨てた葉っぱのかたちまで写してみせましたとゆうキルリアン写真、ネコのカラダから女性のヒトのヒザがしらにめがけて飛んで行くオレンヂ色のフェチっぽいエネルギーの写真など、見えているものが見えていることへの不安をこちょこちょ。「日常の中の異常」の章は、ヌポンでゆういわゆる「心霊写真」ばっかり。本を上下さかさにしてみてくださいとゆうお願いがぶら下がった「怪談で転んだ幽霊」と題された写真の恐ろしさ。全編とおして脱力写真あんど爆笑写真の大後進。

　いわゆる心霊的なものが写っていてもいなくても、すべての写真が心霊写真なのだという居直り強盗か説教強盗みたいなオチにたどりつくための伏線なのか、こんなにバカバカしくて、どこまでマヂメなつもりなのか想像がつかないアホなトリック写真や、失敗写真の数々を製造・加工・販売した歴代の有名無名の心霊写真サギ師たちが、作業真っ最中に人知れず浮かべる変てこな笑顔を想像するだけでも、コワいものをみた気分が愉しめる暗黒ガラクタお写真です。

165

世界の呪われ観光名所ご住所録

世界の心霊スポットガイド

デニス・ウィリアム・ホーク

横 =19cm ＊ 縦 =22.5cm
大きめのペーパーバック版
あいまい心霊スポット写真およそ 90 点
276 ページ
2000 年
マサチューセッツ
英語
The International Directory of Haunted Places
Dennis William Hauck

　毛穴のないところにも枝毛が伸びるように、根やタネがなくても生えてくるのが幽霊やオバケのオバカなウワサばなし。しかも直接に現場を確かめるのはチョトむづかしい異国のお話というだけでも、もう完全にウソっぽく聞こえる世界各地の怪奇心霊スポット 700 ケ所にまつわる、オバケや幽霊や怪現象のウワサばなしばっかりを、90 点以上のアイマイ写真をまぜえて 1 冊の本のかたちに濃縮とゆうより、膨張させた恐怖の噂づくし系世界観光がいど本です。

　アフリカをなぜだか含むヨオロッパ、南北アメリカ、オセアニアジアまで、北極南極を除いた世界ぢゅうのくにぐにの出没地点を網羅しているように見えるのですが、実際はエゲレスの大ブリテン島とカナダとオーストラリアあたり、英語圏内からアメリカ合衆国を除外した範囲ばっかりを重点的に、実地調査ではなく参考資料から引き写したり、孫引きしたおハナシでたくさんの頁が埋まっています。

　アンコールワットやストーンヘンジ、モアイ像、秋の宮島など世界の観光名所をいたづら半分の落書きのように、背景に織り込んで語られる幽霊ばなしの数々。大英博物館が収蔵するエジプトミイラの呪いや、ヨオロッパ各地の古城に出没する騎士や血まみれ乙女たちの絶叫。東京湾岸のナカノという場所にあるらしい海岸ナカノビーチに出没するサムライの幽霊や、在籍教師の証言つきのフクオカジョガクインかれっぢ周辺の因縁ばなしなど、ニポン編で紹介されている 30 数カ所の怪奇名所を試しにみてみても、書名でうたわれている「住所録」とは名ばかりで、実用ガイド本のつもりがないのはみたとおり。

　安心して笑いながら拾い読みのできる時代錯誤ハード満喫系です。

完璧な霊媒師　写真とオカルト

西洋心霊写真大全集

クレマン・シェルー
アンドレアス・フィッシャー

横=23.6cm ＊縦=2.8cm
約2kg
ハードカバー
写真図版多数
288ページ
索引付き
2005年
ニューヨーク
英語
The Perfect Medium: Photography and the Occult
Clement Cheroux, Andreas Fischer

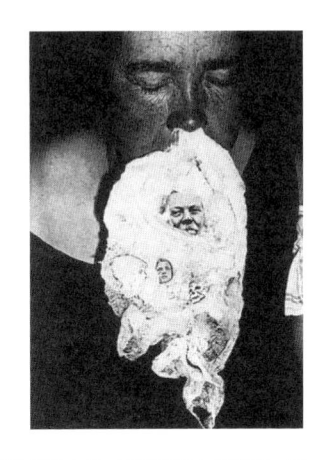

　オカルト系詐欺事件史上有名な疑惑の心霊写真150年ぶんの、実物の数々を世間一般の晒しものにして、写真の歴史上の特殊ジャンルとしての、そのお値打ちを改めてしげしげ鑑賞してみまひょうとゆう趣旨のもと、パリのヨーロッパ写真会館やニウヨウク・メトロポリタン美術館など、各地の世界的有名美術館を巡回した、大規模な西洋心霊写真展覧会「完璧な霊媒師：写真とオカルト」の、開催記念図録をかねた写真集。
　心霊系、オーラ系、霊媒師系の3系統に写真は整理されており、企画のいかがわしげな印象を豪華愛蔵版仕立ての装丁が、ぐっとこじらせています。関係筋からヨーロッパ初の心霊写真の公認を受けている、1872年3月4日撮影の元祖心霊写真を撮影したウィリアム・ハワード・マムラーが、栄誉あると無理に言えば言えるのかも知れないインチキ心霊写真師第一号として裁判の被告席に座ったことを強いて学習しなくても、素直に見れば見る程どうにもこうにも冗談にしかみえないのにやっぱり気色の悪うい幽霊写真、心霊写真、妖精写真、念写、キルリアン写真、交霊術の現場写真、霊媒師の肖像写真などを、だんだんと自分で真似してこさえてみたいような誘惑に駆られそうなほど、大量に収録されています。
　特に笑いをこらえきれないのは、目にあまるほど露骨すぎる重ね焼きで、フツーの写真に心霊のタレを上塗りしたっぽいドツキング式心霊写真や、クチやハナの穴などから霊魂の一部がずるずるとハミ出した布団のワタの如く抜け出していく、エクトプラズム系の写真の恐ろしさ。立体心霊写真これくしょんなども収録しています。笑わせる効果に加えて、アウトサイダーアートの一種としても異常に興味深いインチキ心霊写真集。

ゆるされた顔救助と救済

奇跡の集団心霊発狂写真集

スティーブン・キャッツマン

横 =31.5cm ＊縦 =26.2cm
約 1.1kg 以上
138 ページ
ハードカバー
オールモノクロ
2005 年
ニューヨーク
英語
The Face of Forgiveness
: Salvation and Redemption
Steven Katzman

　コワいテレビの心霊番組で死者の霊がのりうつっている状態でありんすとゆう能書きのもと、白い着物のオバさんが髪もおどろにデロデロデデンの光景が中国直輸入の純ニポン的な夏の風物詩だと思うのは、プチまちがい。心霊実演ショウに集まった白色人種や黒色人種のヒトたちが、降りてきた「神様」のパワーの前で号泣しながら転がり回ってザンゲをしたり、高価高額のおゆるしをチョーダイして失神＆昇天したり。てんやわんやの大狂乱集団発狂現場からの実況写真集です。
　「目のみえないヒトが見えるようになり升、耳が聞こえないヒトが聞こえるようになり升、車イスのひとが歩け升、売春婦や薬物依存が治り升」など、逆差別まるだしの宣伝文句で誘導される心霊ショウ大盛況の会場は、これを変態的過ぎる反則扱いで禁止している純正「キリスト教」のどの派閥の主催でもあり得るはずもなく、イベント主催は「キリスト教」原理主義と呼ばれる「奇跡のテント」や「神さま会議室」など限りなく灰色ぎみの宗教類似団体。お悩み中毒気味な白黒黄色の老若男女が真っ暗闇のなかで「ワシぢゃぁ、ワシぢゃよ」とゆう神さま声の幻聴に操られ放題。フラッシュの閃光に異様きわまる光景が浮かんでは消えていきます。
　さらに呆れるのは、この写真家スティーブン・キャッツマンさん、以前は火葬場で焼き上がる途中の遺体の撮影などもしていて、この企画もただケッタイで面白そーだからとウケ狙いで軽く手を染めたのだとか。ところが撮影許可をもらい、集会に参加しているうちに、ぢぶんまで神さま体験をして救われちゃいました！とゆうオチに２度びっくり。「永遠不滅の絶倫ちんぼ的神さま」をオカズにした、全身イキ顔観察写真集。

レロス島

人権圧殺精神病院告発写真集

アレクス・マイオリ

横=17.0cm ＊縦=24.5cm
約670g
ハードカバー
オールモノクロ
頁数＝記載なし
2002年
ロンドン
英語
Leros
Alex Majol

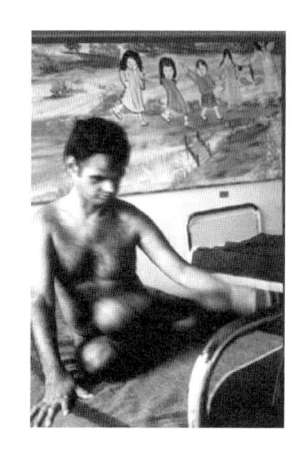

　エーゲ海に浮かぶ世界有数のリゾート地ギリシア・レロス島。この島に実在した本当にグリム童話よりも怖い精神病院の崩壊末期的実態と、奇跡の生還をとげた入院患者さんたちの救出前・解放直後の状況をナマ直撃写した実録お写真集です。

　政治犯専用の特殊監獄として建設された不気味な建造物を、そのまま居抜きで流用したという、設立のそもそもから秘密めいた来歴にくわえ、築30年以上の風雨に晒されて暗鬱さを重ね塗りした精神病院が病院とは名ばかりの心身破壊施設だったのは、誰もが予感する胸騒ぎどおり。開院早々からその実態は、治療や医療に必要な最低限の設備も準備も医者の姿さえもないままに、精神医療使用者の強制入院だけを受け入れるためだけの生き地獄。黒い噂の数々がともどもなく流出するのもまた当然で、病院をめぐる告発の高まりを受けて、イタリア・トリエステの反精神病院活動グループ一行がいよいよ初めての視察に乗り込むという時に同行し、看護士の暴力と汚物まみれの狭い密室のなかで恐怖と沈黙の殻のなかに閉じこもり、折り重なって呻き喘いでいた入院者たちの悲痛な姿を活写活写と撮影し、世間に衝撃をあたえたのが本書の写真家アレクス・マイオリだったというわけなのでした。

　素手でバケツに顔をつっこんで犬喰いする以外の食事の仕方をイヤがったり、靴をはくことや衣服を着用することにさえ、コワくて出来なくなるまで徹底的に「人間らしさ」を破壊し尽くされてしまい、無明無限の暗闇のなかで震えることしか出来なかったヒトたちが、救援グループの差し伸べた体温に戸惑いながら少しずつ手応えを返し、遂には精神病院のカベが崩壊するに至るまでをドラマちっくに記録しています。

モダンな木伊乃　20世紀式の人間の死体保存術

最新版実録ミイラ本

クリスティン・キグレィ

横=18.6cm ＊縦=26cm
約640g
ハードカバー
モノクロ図版入り
262ページ
索引付き
1998年
ノースキャロライナ
英語
Modern Mummies
:The Preservation of the Human Body in the
Twentieth Century
Christine Quigley

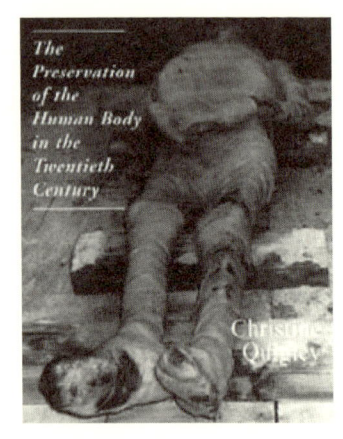

　バカは死んでもなおらない。バカは死ななきゃなおらない。どっちのコトワザがコトワザで、どっちがガッツ石松のなにわ節だったのか。他人さまの視線とはヂゴクの別名なり、とゆうもうひとつのコトワザも重ねてみれば、木伊乃になって地上に留まりつづけ、生きているヒトたちの見世物にされるのは、まさに死後をヂゴクで過ごしているヒトたちと言えなくなくなくもないような気もするのですが、一生に一度ぐらいそんな恥かしい目にもあってみたいとゆう、超ポチティブで露出症ぎみのみなさまに包帯でぐるぐる巻き付けてあげたい本書は、20世紀西洋世界の木伊乃製造をめぐる正談・珍談・奇談をとりまとめた最新版実録ミイラうんちく本であります。

　礼拝用ミイラ篇では、本物のミイラか、ただのロウ人形かの言い争いでも知られる、赤色ロシア初代棟梁レーニンのミイラをめぐる製造後数十年間におよぶどたばた記から、手づくり発狂庭園「エデンの園」の奇人S・ディンスムーアが本人と妻の死体を保存するのにこさえた三角堂まで。

　見世物用ミイラ篇には、1円の出演料も支払われないまま長い間のドサ回りの果てに、ボロボロのクズになった有名なミイラ男やミイラ女など、生前に犯した罪の見せしめとゆう口実でミイラにされた不運なミイラもぞろぞろ。医学校や見世物小屋で「教育」用に使用されるミイラたちや、南極の氷壁やエベレストに遭難してミイラになった冒険家や探検家のミイラたちや、宗教上の奇妙な信念から進んでなったミイラたち。過去100年ほどの間に生まれた旧式ミイラだけでなく、古代エジプトと同じ方式のミイラを作ってくれるサンマム社など、これからミイラになりたい場合に役立つ最新ミイラ製造法も。

アルミホイル製でんぱ除け帽子偏執狂者のための

お手軽電波除け防止作製マニュアル

リレ・ザパト

横 =21.cm ＊縦 =13.3cm
約 270g
ソフトカバー
180 ページ
モノクロイラスト図解入り
2003 年
コロラド
英語
Aluminum Foil Deflector Beanie
:Practical Mind Control Protection for Paranoids
Lyle Zapato

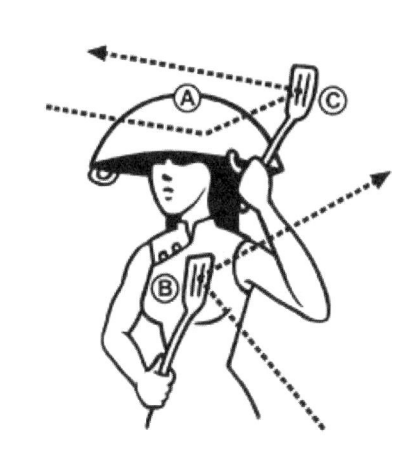

　わたしを狙う「電波」の恐怖。わたしの人生を破壊に人格を乗っ取りに襲いかかってきやがる「電波」の恐怖。とゆう妄想をまったくの現実としか思いたくない妄想に溺れることに夢中でわれを忘れている方々のために、アルミホイルを使った、手軽にできる電波除け帽子の作り方のコツを指南しまひょ、とゆう電波系ハウツウ本でひ。

　危険きわまりない電波による人格破壊攻撃から脳みそを守るための防護用ヘルメットは、フライパンを使う。弾丸のように空中を飛び交う電波退治の武器にはフライパン返しなど、台所用品をそのまま利用できるお手軽さ。作り方だけでなく、電波を送りつけてくる「敵の一味」にたいして、電波除けの帽子で防御している中ですとゆうこと悟られないようにするための、まさに「気」のキキすぎ、「気」をまわしすぎのアリ地獄的らせん階段を一歩ずつ下降していく系のアイデアや工夫ももりもり。

　著者いわく「洗脳のおとろしさのひとつは、洗脳されている当人は、洗脳状態から脱出しない限りはいつまでも、じぶんが洗脳されているとゆう事実に気づくことができないことで、つまり、読者のあなたが、何からも洗脳いないと本気で信じられるようならば、まさにそのことが、なにかに洗脳されていますとゆうウレしい当選おめでとうのお知らせサインなのですよ。」そんなオドシ文句さえうれしくなるほどに、実用ハウツー本と称するジャンルの何のお役にも立た無さを極めていくことで、最初から実用性の範囲を思い切り踏み外すことで実際には、冷静さや正気の立場に立っているつもりになりきって「想定対象読者」を冷やかしている読者を、落とし穴の中に突き落とそうとする二重に怪しい怪著です。

悪魔のオメデト状・悪魔絵ハガキ名作集

帝政ドイツ末期のクリスマス悪魔カードコレクション

モンテ・ボーシャン

横 =13.7cm ＊ 縦 =21.4cm
約 380g 以上
ソフトカバー
オールカラー
96 ページ
2007 年
シアトル
英語版
Devilish Greetings
:Krampus Vintage Devil Postcards
Monte Beauchamp

　渦巻き角がにょっきり頭上に 2 本。充血した目は真っ赤。舌ベロだらり。色グロ全身毛むくじゃら。両手首に鎖じゃらじゃら。手にはカバの枝を束ねたムチや三叉の刺股。思い切り子どもたちをビビらせた悪魔クランプス。西洋なまはげ妖怪としか見えないそのオドロオドロしい姿が、なぜか 19 世紀末から第一次世界大戦直前にかけてドイツ語圏全域では、サンタクロース爺を圧倒するほど大人気のクリスマスかあどの名物キャラだったという何とも不可思議な歴史的事実を、よりすぐりの古びた悪魔クリスマス絵はがきで、いまに伝える恐ろしくもお目出度い骨董的コレクション図録本。

　『悪魔の図案／悪魔クランプス絵はがきコレクション集』に次ぐ同じ企画の第二弾にあたる本書では、枝笞を振りかざして尻に一発喰わせてやるど〜、カゴに押し込んで攫ってやるど〜、などコドモたちをブキミに威嚇する姿だけでなく、笞を奪い取った少女が悪魔にお仕置きを企てたり。制服をきたヒゲの軍人さんと熱い抱擁と接吻を交しているゲイ悪魔がいたり。社交界の花形めかした洗練された悪魔もいれば、都市伝説的未確認動物ほども毛もぢゃらな野人風の悪魔がいたり。ビヤホールで乱痴気騒ぎの悪魔大宴会や、恋人たちの耳もとで悪魔のささやきを吹き込むのに夢中な悪魔や、自転車になってムチを片手の女性に漕がれている悪魔。ライト兄弟の飛行機のような乗り物にのって、大気圏の彼方から地球めがけてヒイラギの束を爆裂弾のように投下する悪魔や、王様の絵札の巨大トランプをかかえて行進中の悪魔。極彩色も多色刷も二色、単色、写真コラージュもドイツ圏も英語圏も笑える悪魔も可愛い悪魔も。釜ゆでムウド強火な悪魔の寄せ鍋セットです。

172

「ビザールな本」とインターネット（その1）

　毎年その年1年間に刊行された世界じゅうの本のうちで一番おかしな書名の本に贈られるダイアグラム賞という1977年に始まり現在も恒例行事化している小さなイベントがありますね。イギリスの出版業界紙『ブックセラー』主催のダイアグラム賞。インターネットを通じて知名度がゆっくりと浸透するまでは殆ど世間に知られておらず、初めてインターネットでこの賞を知ったとき当店は、仕入れたことのあって書名のわりに中身が面白くないことを知っている本や、書名はおもしろそうでも、内容は物足りなそうと感じて仕入れなかった本など、書名の面白さと内容の面白く無さのズレを知っている本までが受賞リストや、候補リストにあれこれ混じっていることに目がいき、ちょっこし複雑な気分になってしまいます。というのは内緒の話めかした貧乏職業自慢。

　「ビザールな本」の書名いじりネタや著者名いじりネタは、ダジャレとゆう言語ライフ上の悪習慣を大量に練り込むというひと手間ぶん余計に屈折しているため、時間的な前後関係から見れば先輩格にあたるダイアグラム賞よりもう一段階、ひきずる因果が深くなっているとも言えそうだし、軽薄度が深くなっているだけにも見えます。

　とはいうものの実際のところ、「ビザールな本」の、書名いじりネタや著者名いじりネタ以外の部分はほぼ全てダイアグラム賞候補リストに挙げられていても不思議のない本ばかり。各年度ごとの新刊本を選考対象にしているダイアグラム賞とちがい、バカバカしそうな本を、過去に出版された古本の大海原から水たまりまで範囲を限らず漁っている「ビザールな本」のほうが、どんな本が出てくるのかわからない意外性が質も量も充実しているのは勿論なのですが、古本の大海原や釣り堀に貝の船を浮かべ、釣り糸を垂らして珍本のあたりを待つための手引き草そのものも「ビザールな本」以前にも以後にも探せば探しただけ色々あるのもまた当然。

　洋書珍本釣りのお供にちょうど手頃な珍本書評集の1冊としてクリス・マイカル『ビザール主義 (Bizarrism)』（2002、ロンドン）などお勧めしておけば話が丸くおさまったのは、いまからほど10年前までの話だったのですから、本をめぐる世の中の変化の著しさには、自分を呑み込んだ鯨の腹のなかに別荘を立てて、お客さんをじゃんじゃん招待する程度には気持ちの余裕がないと、おいそれと付いていくのは大変だと思います。

　インターネットを経由しての電子書籍ダウンロードやスマートフォン、携帯アプリの登場によって、20世紀までの意味での「本」それ自体の存在がどれもこれもビデオテープ並みの「珍」な存在に急激に成り上がりつつあるご時世にあっては、珍の中の珍、珍珍であるのかないのかにまで細かくこだわるのは意味がないようにも思う反面、細かくこだわらなくてもよいのなら、そもそもこだわる必要もないようにも思え、こだわるならばこだわるべし、珍本にこだわるべし。データだけの本は本ではないよ、と断言しておきます。

映画ロケ撮影地めぐり　世界旅行がいど：増補改訂版

映画ロケ現場世界旅行ガイド

トニー・リーブス

横 =15.0cm ＊縦 =25.5cm
約 660g
ソフトカバー
モノクロ＆カラー図版 1000 点以上
（おもにはモノクロ図版です）
464 ページ
2006 年
ロンドン
英語版
Worldwide guide to Movie Locations: Revised
Tony Reeves

　各種「名作」映画 1500 本について、いちいちのロケ場所とその可能な限り具体的な住所を、お散歩ちうの犬ちゃんが近所の電柱におしっこをかけてまわるような丹念さでご案内する、世界の映画ロケ撮影地ガイドブックです。

　電話番号やホーム頁アドレスの記載もあり（無いのもあり）。ロケに使われた建物の来歴、実際にロケに使われた場所だけではなく、ロケの候補地にあがりながらボツになった場所だとか、ロケ現場の楽屋ばなしなどが、現場撮影の建物写真などとともに、みっちりぎっしり。収録「名作」映画に選ばれているは、巻頭いの一番のふりだしがゴダール「勝手にしやがれ」で、「スターウォーズ」「ハリーポッター」などハリウッド娯楽作やアカデミー賞受賞作の数々もあれば、「戦艦ポチョムキン」「メトロポリス」「アタラント号」「去年マリエンバードで」などなどヨーロッパ＆おロシア映画芸術系もあれば、「怪人ドクター・ファイブズ」「悪魔のいけにえ」「ゾンビ」などホラー系も、「グレンミラー物語」「ドアーズ」など音楽系も。ニポンものでは、ゴジラや黒沢明などのロケ地のご案内。最後の締めは「ヤング・シャーロック ピラミッドの謎」まで 1500 本。

　スクリーンのなかに客席からすたすた歩いてそのまま入ってしまいたいほど気に入った映画をみたり、映画の中にだけ自分の人生があるようにしか感じられない映画廃人になっていたりして、映画のロケ地にいけば映画の登場人物たちに会えるような錯覚に溺たりしたときに限らず、世界旅行と映画の両方の分野に精通する著者が次々に繰り出す密度濃厚な映画トリビアが確実に空想や妄想をヒットして、寝たきり引きこもりの道連れにも好適です。

アメリカの西部劇　ポーランドの西部劇ぼすたあアート

ポーランド西部劇ポスター集

ケビン・マロイ編

横 =23.1cm ＊縦 =30.4cm
約 1.5kg
ソフトカバー
オールカラーポスター図版満載
230 ページ
1999 年
ワシントン
英語版
Western Amerykanski
:Polish Poster Art and the Western
Kevin Mulroy

　インディアン虐殺を娯楽にする西部劇映画は、帝国主義の洗脳宣伝コマーシャルでけしからん！と表向きは公式丸暗記主義的批判でコキおろしながらも、好きよ好きよもイヤのうちという意味でなのか、実際には大量のアメリカ製西部劇映画を輸入して国内上映していたのが、当時まだ共産主義圏所属のポーランド。ポーランド製の映画ポスターは、共産主義の洗脳宣伝コマーシャル担当者として、検閲や規則だらけで不自由をしていた当時のポーランドのアート職人さんたちが、多少は自由な表現を黙認されていた数少ない活動分野のひとつだったそう。

　そんな不思議なポーランド国内向けのアメリカ西部劇ポスターを、ポーランドから輸入してポーランド国外で最大のコレクションが自慢のタネのアメリカ・ロサンゼルスオオトリイ西部遺産博物館で開催された「ポーランド西部劇映画ぼすたあ」の記念出版で、1947 年以後の「ポーランド西部劇映画ぼすたあ」が、解題えせえ 3 本とともに収録されています。オオトリイ西部遺産博物館がコレクションをはじめた動機は、世界中あっちこっちの土地土地で作られた膨大な量の西部劇映画ぼすたあのうちで、ポーランド製のものだけが明らかにヘン、映画そのもののイメヱジを無視したかのような好き勝手なイメヱヂのポスターがやたらに目についたから。具体的には、一般的には義理人情ものの名作と思われている映画「シェーン」の主人公アラン・ラッドが、ポーランド版ポスタアでは偏執狂的反社会性人格障害の殺人鬼にしかみえないことに衝撃をうけたからなのだとか。

　東ドイツやチェコやルーマニアで製作された西部劇映画のポーランド版ポスターといった、他では目にする機会の乏しい珍品も。

衝撃！戦慄！　ヨゴレびでお期のドッキりあ〜とわ〜く集

1980年代イギリスＺ級ビデオ有害指定パッケージアート

フランシス・ブリュースター
ハーベイ・フェントン
マーク・モリス

横 =19.5cm ＊縦 =25.3cm
約 950g
ハードカバー
全カラー版
256ページ
2005年、イギリス、英語
Shock! Horror!
Astounding Artwork From the Video Nasty Era
Francis Brewster, Harvey Fenton, Marc Morris

　消防署のお達しを完璧に無視した真っ闇な映画館の暗闇よりももっと暗く、笑い声も鼻毛のカーテンをくぐった途端に凍りつくほどさぶぅく、どの時間帯にどの方向からみても救われようもなく最低最悪な、1980年代初期えげれすで粗製乱造されたＺ級ホラー＆妄想あくしょん映画ビデオ版ばっけ〜ぢの最悪びじゅある傑作集。
　パッケーヂのヒドいスバラシ〜さで選びましたとゆう著者が保証するとおり、映画ポスターとゆうよりも、見世物小屋の変態残酷ショウの看板絵のようなものが、愚乱擬尿売風な血みどろ人形ダンスを踊りまくりまくるこのビヴュアル本、とりあげられているビデオパッケイジはすべて、当時「ヨゴレ」のラベルを張られて関係者一同大変な目にあったビデオ作品の、まさに問題ありありバージョンのものばかりを完全収録139点。
　のちにカルト系の超定番となったものの、当時はゴミどころか単なる話題としてさえこの世に存在しないも同然だった『スナッフ』や『食人族』や、H・G・ルイスかんとく作品が超Ａ級作品に見えるほどな、その何倍もばかばかし毛で観客動員できない記録をほこるだけの最低予算の、コケおどし駄作群の正規版海賊版こきまぜた大狂宴。家庭用ビデオ再生機がポチポチで回りはじめたのに目をつけて、一儲けをたくらんで雨後のキノコのようににょきにょきのさばりだした、当時の零細ビデオそふと販売業界の悪い熱にうかされ脳波のよどんだ体臭がＷモアモア。
　現在の進化したPC環境では再現不可能な、驚異的カスカスびじゅある表現のスキマ風が火花を吹き散らす、ろんどんパンクに憎まれたサッチー首相の血まみれ構造改革に感光した、呪われキルリアン写真の死の灰を思わせる素敵にイヤあな本です。

コンバンワ！波乗り映画　サーフィン映画のぽすたあアート 1957-2004

ポスターで見るサーフィン映画の歴史

マット・ワーショウ

横 =23cm ＊縦 =30.5cm
835g
ソフトカバー
オールカラー図版満載
144 ページ
2005 年
ニューヨーク
英語
Surf Movie Tonite!
:Surf Movie Poster Art, 1957-2004
Matt Warshaw

　「波乗り」とゆう言葉さえ世間には知られておらず、サーフィンが世間の外にしかあり得なかった時代の波乗り中毒者のひとたちが、波乗りお仲間のために製作した波乗り映画に始まるマニア手づくりの自主製作波乗り映画こそサーフィン映画の王道、と言いきる熱い著者による波乗り映画 50 年史上の貴重ポスターこれくしょんです。

　第 1 章は 1957-1967 年ごろのポスター。予算の限界から印刷用インキは 2 色が最大目いっぱい。印刷時には空白のままの上映スケジュール欄は上映会ごとに手書き。使用許可をとれる会場は最大でも海辺の学校の講堂などで、巡回方式の映画上映イベントそのものが大狂乱のハレンチぱあてぃ。この時期の特に初期の 1960 年ごろまでは、波乗りがビートニクやボヘミア系の秘密忍法の一種だった時代らしく、音楽担当係として西海岸ジャヅの巨人たちの名前があったりも。。第 2 章は波乗り映画第 2 の波 1968-82。ヒッピーから恍惚革命への流行の波風にどつかれるままに、ポスターも一気に天然色カラー化。大波小波のいちいちに宇宙細胞全図解を幻覚する絶頂モードに突入し、妖しいにおいのポスター花ざかり。

　第 3 章はビーチ映画の王様フランキー・アヴァロンや、ビーチ映画の女王アネット・ファニセロでおなぢみのハリウッド製サーフィン映画（1959-2004）。最終章では 1985-2005 年のサーフィンびでお & DVD のパッケージジャケットが、デジタルでみるサーフィン映像の面白くない点の指摘などとともに展示されています。映画愛好者がもとめる映画的コーフンという意味ではおりがみつきの駄作以下の駄作、怪作入り乱れるポスター 140 点以上の天地逆転宇宙です。

映画のドブ川　ヲトナのための史上最高のムカムカ映画とムラムラ映画がいど

最底辺Z級映画ミニコミ傑作集

ロビン・ブージー（鼻くそロビン）

横 =17.0cm ＊縦 =24.4cm
約 350g
ソフトカバー
モノクロ図版＋イラスト煎り
192 ページ
2007 年
イギリス
英語版
CINEMA SEWER
:THE ADULTS ONLY GUIDE TO HISTORY'S
SICKEST AND SEXIEST MOVIES!
Robin Bougie

　ゴミくず映画最底辺を流れる地底のどぶ川漁り根性の凄まじさで、世界の最悪映画マニアをうならせ続けてきた「鼻くそロビン」ことロビン・ブージーさん責任編集のカナダ発の超Z級映画ミニコミ「映画のドブ川」。初期絶版号12冊からよりすぐった自信まんまんの最低ゴミ映画記事に、今回の初単行本化のための未発表記事約100頁ぶんを増量、最悪映画のゴミ屋敷状態を実現したおとろし毛な映画本です。

　映画界以前と以後までを含めた片足切断のアタルト女優ロング・ジーン・シルバー総まとめや、ジェラルド・ダミアーノ監督のポノル映画史上最もエロくないハードコア人形ボルノ映画『LET MY PUPPET COME』論、映画『ゴースト・ワールド』の女優モナ・バーチの両親がホルノ男優、女優だったとゆう噂の火元になった記事、「生中継テレビで自殺したひとたちの映像史・完全版」とか「リー・フロストとウェス・ビショップの知られざる性的ムカつく映画」とか「下らな過ぎるホルノ映画題名わーすと100」とか「ヲンナがヲトコを手ごめにする映画」とか、マボロシのSF黒人コメディ『ED-209』の紹介とか、ザ・ジャンクしりーず他ですビデオれびう大全集とか。その合間には、なぜだかニポンの一発芸人なすび、稲中、クレクレタコラの紹介までネット検索も図書館も折れた爪楊枝ほどの役にも立たず他では絶対読めない、ゴミくず映画についてのゴミくず記事の大洪水。

　全頁手描きなのですが、同人マンガ家でもある作者が書いた読みやすい手描き文字と、内容ぴったりなゴミくず手描きイラストの、ぬくぬくとしたヲナゴの立ち小便的な気持ちよさが湯気をたてながら、紙面いっぱい広がっています。

下着は週2回取り替えるコト

子供向け偏向教育用短編映画集

ダニー・グレゴリー

横=20.6cm ＊縦=24.2cm
約890g
ソフトカバー
全カラー版
214ページ
2004年
ニューヨーク
英語
Change Your Underwear Twice a Week
:Lessons from the Golden Age of Classroom
Filmstrips
Danny Gregory

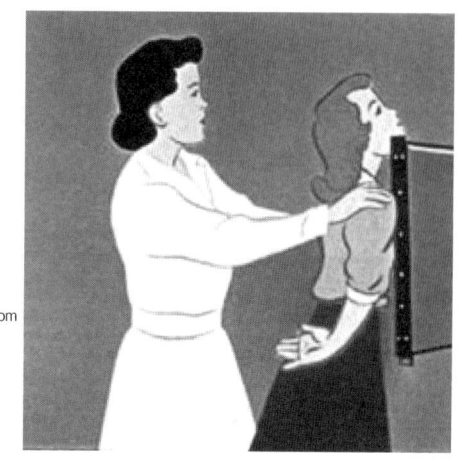

　子供たちの学校の教室の窓にいちばんよく似合うはずの、お陽さまのポカポカした日射しを、真っ黒いカーテンでぴっちりと遮蔽。真っ暗というのも少し中途半端に光の閉ざされた教室で、黒板の前にぶらさげた白布の映写幕に、授業の一部上映された無数の教育用短編映画。ケータイやゲエムなど現代式洗脳用具どころか、テレビさえ普及途上の1940-50年代当時に世界的規模の大流行をみたにも関わらず、映画館で上映される映画やオトナが見る映画だけを語る従来の映画本、映画研究本では顧みられることのなかった子供むけ教育用短編映画の世界を、画面撮りスチル写真満載で再現していきます。

　学級会のぢかん、保健衛生のぢかん、社会科、算数と理科、道徳のぢかん、などに区切られて、「朝7ぢ30分までに目をさまし、親と一緒に朝ごはんを食べて学校に行き、ミルク飲んだら、お昼ねしよう」とゆうものから、「スコットランドから転校してきた移民の子どもがイヂメられてから仲直りするまで」「給食室の順番待ちの列」「ツベルクリン注射の大切さ」「姿勢をよくしよう」「食べ物の好き嫌いをやめよう」「清潔3人組が不潔な子を矯正」「テレビや耳あかの害を解剖図つきで説教」「害虫退治はDDT」「お肉やさんの仕事」「大きくなったらオマハリさんになってペストルをうちたい」ほか収録作品多数。

　すべて字幕入りなので、気になる箇所だけつまみ食い的に脳内編集して、お好みのテンポでの鑑賞も。学校が、つむぢの渦巻きを不正確な知識で埋め立てる場というだけでなく、虫めがね的スケールで手足目鼻口の動かしかたまで干渉して、子どもの心身をぼろぼろにする虎馬製造工場である歴史的事実の証拠品的画像集です。

キャッスル映画社　愛好家がいど

家庭用8ミリ&16ミリ映画メーカー研究

スコット・マクギリヴレィ
序文＝テッド・オカダ

横 =15.5cm ＊縦 =23.5cm
約650g
ソフトカバー
モノクロ図版22ページ分
408ページ
2004年
ニューイングランド
英語版
Castle Films: A Hobbyist's Guide
Scott MacGillivray

　再生時間の短い8ミリフィルムを手回しの映写機で再生するのがおウチで動く映像を愉しむための高級な贅沢品だった時代に、劇場用一般映画から題名が同じなだけで予告編から毛をむしったような超短縮版8ミリ/16ミリフィルムなどホームムービーの家庭・学校・職場向け製造販売の最大手「キャッスル映画社（キャッスル・フィルム社）」。「キミもボクも魔法つかいの仲間になろう。キミのおウチを映画館にしよう」が宣伝文句で、当時の製品カタログは「常時300タイトル」をうたい、通算の出荷タイトルは1000作品以上。骨董品市場では単に古いだけで付加価値のない古道具扱いされているほど社会の隅々にまで浸透した全盛期があったにも関わらず、通常の映画研究では映画未満のまがい物のような取扱いしかされず、確かにそれも仕方がないかもと同情されることも少ない。
　そんな「キャッスル映画」に焦点をあわせ、キャッスル家が全作品データ、創業者ジーン・キャッスル（ユージン・W・キャッスル、1897年生）氏の足跡、キャッスル映画の熱心なコレクターオカーダ氏の懐旧談などを収録。しかも図版は少なめという、貴重かどうかも不明なほど瑣末な映画史資料本です。
　作品ラインナップをのぞいてみると、飛行船ヒンデンブルク号爆発炎上や英吉利国王の戴冠式、第二次大戦勃発前夜から戦時中のニュース記録映画、世界旅行、無声喜劇映画、アニメ、教育、産業、スポーツ、動物、音楽など、映像化することそのものへの新鮮な驚きが共有されていた時代ならではの、今では「それが何か？」と冷たく却下されそうなものばかり。映画が幻灯機の末裔だった時代がジ・エンドを迎えた余韻に震える1冊です。

ヒトラー映画ぐらふぃ

1940-2000 の世界映画 & TV ドラマに描かれたヒトラー

チャールズ・P・ミッチェル

横 =18.3cm ＊縦 =26.2cm
約 700g
294 ページ
ハードカバー
モノクロ図版あり
索引付き
2002 年
ノースカロライナ
英語
The Hitler Filmography
Charles P. Mitchell

　現実の世界のワルいヒトには腹が立つばっかりですが、いちぢるしく悪いヒトたちが活躍すればするほど盛り上がるのが、お芝居や映画の絵空事の世界のならわし。映画の時代だった 20 世紀の 100 年間に世間をうんざりさせた無数の実在する極悪人たちのなかで、名無しのワルいヒトたちの担ぐおミコシの上で、どアホウなハリボテ人形のふりをして、思い切りふんぞりかえってみせるのが際立って上手な脳みそなしのお祭り野郎、チョビ髭の道化師ヒトラーおぢさんを主人公や登場人物にした、何だか映画や TV ドラマがいつまでもひっつこく作られるのが、自然のなりゆきなのか不自然な作為が働いているせいなのかは。

　ヒトラー映画大百科を目指した本書は、ヒトラー氏がまだ存命ちゅうで合法的に非合法な暴力三昧にふけっていた 1940 年から、没後半世紀以上になる 2000 年までの間につくられた、世界のヒトラー関連映画 100 本ぷらす TV ドラマしりーずを取り上げ、スタッフや詳細ストーリーはもとより、映画のなかのヒトラーの迷文句や、ヒトラーに扮して付けチョビ髭をたくわえたヒトラー男優たちのはまり具合もキビシく採点。

　たとえば、ニポンからはクレージー・キャッツ主演の『クレージーの大冒険』（1965、監督古沢憲吾）を紹介、この映画でヒトラー役を演じた男優アンドリュー・ヒューズはニポン映画（東宝）の常連で、『日本沈没』ではオーストラリア首相、『怪獣総進撃』ではスチーブンソン博士を演じていた。というような、重箱の隅を爪楊枝でせせくる類の記述で延々うぢゃうぢゃ全頁が埋め尽くされています。怪奇アイドルや権力便乗型シリアル・キラー、有名人モノマネお好きな方に幅狭くおすすめできそうです。

野生の映画　裸体主義映画の歴史

ヌーディストドキュメンタリー映画研究

マーク・ストーニィ

横 =15.3cm ＊縦 =22.8cm
約 420g
ソフトカバー
カラー図版 8 ページ
貴重モノクロ図版ぽつぽつ
288 ページ
2003 年
ウィスコンシン
英語版
Cinema Au Naturel: A History of Nudist Film
Mark Storey

　今ではほぼ絶滅したものの、お色気映画の進化の歴史の早い段階の時期にはポルノではなく、健康やスポーツというくくりで合法的に堂々と女性の裸体を撮影することが出来るという理由で観客を十二分に興奮させもした特殊ジャンル、ヌーディスト、裸体生活至上主義の宣伝や普及のため裸体生活至上主義の集団生活をドキュメンタリー映画、アメリカの裸体主義映画の歴史をたどり直した特殊映画ぢゃんる研究本です。

　裸体主義運動といわれるスッポンポンの集団生活の実態とは？ヨオロツパで流行した裸体主義を 1930 年代にマネしたあめリカ初期の裸体主義者たちが、世間のひとたちからどれほどアホに思われたことか。裸体主義者（nudist= ぬうでぃすと）と、その別名と思われがちな野生主義者（naturist= なちゅりすと）のちがいは何か。裸体主義をとりまく基本的な誤解や疑問などをときほぐしつつ、裸体主義者たちの具体的な活動や考え方への理解がどの程度まであるのかを基準にして、ヲナゴの裸体の魅力を売り物にしたエロ映画の歴史を一枚づつ衣服を脱がせるようにして解体。安易な銭もうけだけが狙いのインチキ裸体主義映画各種から、裸体主義者みずからが制作したマヂメな裸体主義学習映画までを、それぞれさらに細かいヂャンルに分解して、いんちきドキュメンタリ各種から裸体主義を素材にした小説各種まで、づいぶんな数の作品の内容にまで立入って、裸体主義的にみて正しいか間違っているのかを紹介＆判定。人体のスッポンポンをめぐる理想と妄想、映画にかかわるタブーと商売人根性と上映反対運動の暗部、裸体主義運動と映画と世間との複雑なカラミぐあいなど、充実度の高い歴史資料読み物です。

ミスターろしゆつの映画ろしゆつ百科事典

お気に入り女優ヌギヌギ場面探し虎の巻

ミスター露出

横=19.0cm ＊縦=23.3 cm
厚さ 4.0cm
約 1.4kg
ソフトカバー
モノクロ図版入り
670 ページ
2005 年
ニューヨーク
英語版
Mr. Skin's Skincyclopedia
:The A-to-Z Guide to Finding Your Favorite
Actresses Naked
Mr Skin1

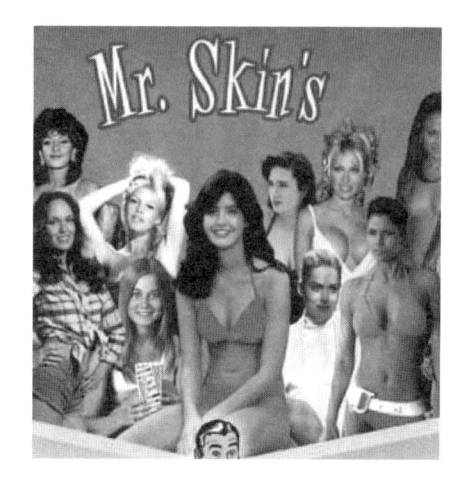

　セレブ女性系お宝ヌード映像を発掘する専門科、筆名ミスター露出とゆう覆面人物（集団？）責任編集。全編が脱ぎ＆露出場面の発掘紹介オンリィの女性ヌード場面映画大事典です。事典作成のために見まくった映画は 2 万本以上。掲載されているだけでも白黒無声映画から、近作まで有名女優 2000 人以上のヌギヌギ＆露出場面を含んでいる映画に関して、英語題名と公開年度、主要作については詳しい場面内容も。

　そして本書が最大の売り物にしているヌード露出については「毛の有無を問わない上下半身ともまるみえ」から「右乳房のみ」「左乳房のみ」「にうとうポロリ」「おしり亀裂」などと、露出の程度を焼き肉店のベテランアルバイトのごとく部位ごとに細かく報告。「母も娘も脱いだ女優ベスト 10」「オトコ名前で脱いだ女優ベスト 10」「あの世ゆきの場面でヌウドだった女優ベスト 10」など各種ベスト 10 記事が随所に埋め込まれていて、その記事で気になった女優の名前を事典内で探すと、モンダイの映画が見つかる仕組み。

　例えば「映画で脱いだ有名モデルのベスト 10」にあるニコという名前で記事を探してみると、ベルベット・アンダグラウンドの歌姫として世界のアイドルになる以前のお仕事で、ニコがおヌウドを披露した B 級映画の題名（いまは内緒）や年度、ミスターろしゆつ氏の感想などが一気にわかります。「ベスト 10」には、フェチ系「煙草とヌウド」「50 代以上でヌウド」、B 級映画ジャンル系「女囚ヌウド」「怪物とヌウド」「ふぁむふぁたるヌウド」やヒネリ系「脱がないほうが賢明だった」「苗字がない」他とりどり。ビヂュアル度は 100 点満点を基準にしたら、5 点未満のハードコアな資料本です。

183

ビルボウド 100 位直下でブクブクちう　1959-2004：第 4 版
ビルボード 100 位目前で消えた流行歌集

ジョエル・ウィットバーン

横 =18.3cm ＊縦 =24.2cm
約 730g
大判ハードカバー
モノクロ図版入り
352 ページ
2005 年
ウィスコンシン
米語版
Bubbling Under the Billboard Hot 100
: 1959-2004
Joel Whitburn

　流行歌ヒット順位表の本家本元ビルボオド誌の大ヒット予報コオナア「100 位目前でブクブクちう」に取り上げられたものの、結果的には最高位 100 位以内に 1 度も入賞することなく消えていった、中途はんぱな流行歌の曲名あんど歌手名あんどグルウプ名ごちゃまぜの西洋アイウエオ順に陳列した、すべてがみごとに中途はんぱな音楽りすと本です。

　対象になっている時期は、1959-2004 年まで区切りの悪い 45 年ぶん。そのうえ 1985 年夏にビルボードチャートから 100 位目前コーナーが消滅してから 92 年末に復活するまで約 7 年ぶんの空白があって、実際は 38 年ぶんだったりするような重ねがさねの中途はんぱ。取り扱いジャンルは、ロック、ソウル、ポップス、ブルース、カントリーからパンク、ヒップホップまで、中途はんぱに広く浅く。それぞれの歌手、グループには 1、2 行ぐらいの役に立つでも立たないでもない中途はんぱなトリビア入りの解説もあり、図版は 2 ページごとに 1 か所、オールしろくろで、3x3 せんち角ほどの小ささでジャケットの写真やドーナツ盤などが 5 点ずつ収録されていて、全体としての図版点数は 300 点前後にもなりそうなのですが、図版のひとつずつが小さいのと、どの図版がどの項目の図版なのかを自力で結びつけない限り睦び着かないため、図版あっても無くても代わりなしとゆうこれまた素晴らしい中途はんぱさ。オリジナルしんぐる盤の中古相場も調査されていて、9 割以上は最近のプレミア価格が 4 ドルから 20 ドルで購入可能という中途はんぱなお値打ちのものばっかり。ツユぬるめ麺固めのカップ麺をドンブリで食べてるような中途はんぱなノドごしをぶくぶく楽しめます。

虚構ロックバンド事典

非実在ロックバンド音楽事典

マイク・チャイルド

横=19.1cm ＊縦=23.2cm
約 525g
ソフトカバー
モノクロ写真図版入り
244 ページ
2004 年
ニューヨーク
英語
The Rocklopedia Fakebandica
T. Mike Childs

　有名な実例では、バンドメンバーが誰も演奏できないモンキーズ主演のテレビ番組シリーズ『モンキーズショウ』とか、映画『ファントム・オブ・パラダイス』に登場するバンドあれこれのように、映画やテレビドラマの中の「登場人物たち」が、それも主役ではまったくないワキ役たちが演じた、架空のロックバンドやロック歌手についての、無用も不要もいいところの誰にも殆ど興味も関係もナイすな、ウンチクばっかりでこりかためた人類音楽史上初の快挙。おんりー非実在ロックバンド音楽事典です。

　虚構のなかにだけ実在する、といっても、それを演じているのが実在のロックすたあだすとだったりもするのがミソで、あの怪人スカイ・サクソンが THE SEEDS のメンバーをひきつれてテレビドラマ中で演じたガレーヂバンドのこととか、電車にのりおくれてライブに遅刻する、数年来のひきこもり歌手の役をあの変態ルー・リードが演じた映画とか、あのそのチーチ＆チョンの映画『スモーキング作戦』の LA パンクの殿堂 Roxy でのライブ場面に The Dils、TheWhore、The Berlin Brats の登場場面もあった（？）とかいった類いの、ロック～パンクお宝映像をめぐる貴重な手がかりが、至るところに。

　虚構バンド発掘の範囲は、映画はアメリカの一般向け劇場公開映画、テレビもアメリカの一般向けテレビ放映ドラマに限定。すべてを網羅し尽くしていない悔しさを著者本人がお詫びしている誠実さも好印象。バンド名だけでも制作スタッフのやる気のほどがわかりすぎる、バカバカし毛なバンドたちのことなどなど、無意味な楽しさいっぱいな駄菓子の食べ放題みたいなロックむだ知識の宝庫です。

楽譜のかきかた 21

楽譜の限界を踏み越える音楽家たちの自己流楽譜大全

テレサ・サウアー

横 =22.2cm ＊縦 =28.5cm
厚さ 35cm
約 1.2kg
愛蔵版ハードカバー
カラー＆原色図版満載
索引付き
318 ページ
2009 年
ニューヨーク
英語版
Notations 21
Theresa Sauer

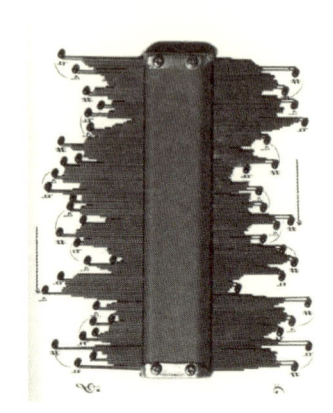

　100 年も 2000 年も昔の音楽を愛好するひとには、音楽に聞こえないように感じられている現代音楽の変幻自在な広がりにふさわしく、世界 50 ケ国以上 100 人以上の音楽家＆非音楽家が、ヒラメキやガチガチの理論にもとづいて思い思いにこしらえた、楽譜なのに楽譜にみえない楽譜の一大コレクション本です。
　旧式の五線譜に旧式の音符や、記号を並べた旧式の楽譜そのものをひとつの楽器にたとえて考えてみれば、旧式の楽譜では鳴らすことができない音を響かせたり、音楽を作ったりするために、楽譜を書くための前例のない方法を求めるムラムラした気持ちが、他人には理解しづらい訳のわからない形へと変態化しがちなのは分かりやすいところ。音楽家にしみついた職人気質にそそのかされて、脳内で定規やコンパスが自走しやすい幾何学脳が働きやすいのか、それとも曼荼羅図を目指すタイプのアウトサイダーアーチストの創作物に共通する何かの力に動かされているせいなのか、楽譜の中や外で異物感をかもす図形が多く出てくるために、楽譜に見えない楽譜の多くは図形楽譜と呼ばれることが多いものの、楽譜でない楽譜のヘンタイっぷりを「図形」と呼ぶのは実際には当らずといえども近からずで、本書だけをざざっと眺めるだけでも、自己流の象形文字あり、新聞記事の切り抜きあり、ポエム、地図、天体図、風景写真、人物写真、水彩画、油絵、速記、ゲーム、配線図、オカルト、まんが、コラージュなどなど。
　どこまでの範囲を図形と呼ぶにしても図形の範囲をこえているどころか、楽譜そのものが 2 次元 3 次元 4 次元超えを狙う、オブジェや反オブジェを取り込んだ変態的創作物も出没。聴覚視覚からもズッコケる音の玉手箱です。

世界の最悪レコードじゃけっと集パート2

ゲテモノレコードジャケット集

ニック・ディフォンゾ

横 =17.6cm ＊縦 =17.8cm
約 270g
ハードカバー
カラー図版満載
96 ページ
2005 年
ロンドン
英語版
The Worst Album Covers in the World Volume.2
Nick DiFonzo

　レコードジャケットから脳みそにお邪魔してくるモロモロがヒドすぎるため、ビックリした脳みそのほうが、目盛りの振り幅の大きさだけに注意を奪われて判断を間違ってしまい、このスゴさは何だかわからいけどきっとヨイ！と自分で自分をだますことに快感をおぼえずにはいられない級の強烈にヒドい珍品ぞろい、ゲテもの粒よりレコードジャケットびぢゅあるコレクシヲンぶっくです。

　9人の元・魔薬中毒者が結成した「ざ・中毒者」の『中毒者は歌う』のジャケットは、無数のビルの窓あかりが照らす都会の夜に、矯正係りの指揮者のもと、行儀のよいヒトダマのように宙に浮かんで合唱する中毒者たちの9つの首。そのいくつかが合唱をさぼってカメラ目線でニヤリと微笑みを投げていたり、口元を引き締め鋭い眼光バチバチ。台の上の立派な棺桶に白い布までかけらえているジャケットの『これがアナタの葬式だ』。性転換手術で芸能界復活を狙って、失敗した挙げ句に殺人事件首謀者として獄中死した元映画スターレイ・バーボンが、タイコ持ちの藤八拳みたいな手つきでしなだれかかる『わたしの手術のはなしを聞いてください』。4オクターブの魔女イマ・スマックやドイツのあんまさんハイノ氏など世界的有名などマイナー歌手たちの名盤もまじえつつ、どこの馬のホネともしれない因果まみれのセクシィ、または逆セクシィなイイ顔歌手たち本人みずからもレコード絵がらの中にご登場。

　ニンゲンの歌手だけでなく、アコーディオンを弾くゴリラや歌う番犬、吠えるライオン、荷物をひくラマ、腹話術のお人形など次々にしゃしゃり出て来てきて、表情も髪型も服そうも動きもへんてこな音波を飛ばして、へんてこな魅力が飛びちります。

クリストフ・ミゴーン　音と声と演奏

人体音響作曲家 CD ブック

クリストフ・ミゴーン他

横 =15.2cm ＊縦 =21.7cm
約 275g
CD= 収録時間：75 分 59 秒。50 曲入り
ソフトカバー
カラー＆モノクロ写真入り
88 ページ
2005 年
カリフォルニア / コペンハーゲン
英語版
Christof Migone: Sound Voice Perform
Christof Migone

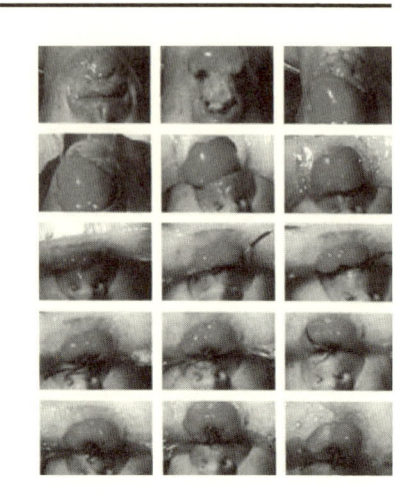

　聞こえる必要もなく聞く必要もなく聞かれる必要もなく、一般的な社会生活をしているあいだは聞く必要のない空気の振動としてまとめて雑音のゴミの山に投げ捨てられている耳かき 1/2 杯ぶん未満の微小で微細で人体音の数々。それを電気的に拡大したうえで音響食材として煮込んでいく人体調理法発明家としてのミゴーンさんの包丁さばきを、合計収録時間 75 分 59 秒の CD つきで紙上試食。

　首の関節、指の関節、首や背中やヒジ、ヒザ、足首、アゴ、つま先など、カラダのあちこちの関節をばきぼきこきごきと鳴らす音を素材にした曲「ばきぼき鳴らすひとたち」。作者と友人がおたがい同士で相手の首を手で絞め、クビに装着したマイクで拾った呻きやうなり声、脈拍計や血圧計の音などを増幅したものを素材にした曲「縛り首」。目玉や目のまわりの筋肉を伸ばしたり、縮めたり歪めたり打ち付けたり、思いつくだけのことをして作ったすべての音を素材にした曲「あい」。収録 CD 曲順 3 曲めの「ななろくいちのよんはちよんいち」は、ミゴーンさんと同じ市内局番の電話番号あてに、異なる市外局番や国番号を最初に付け足したうえで電話をかけまくり、電話に出て困ったひとたちの声を素材に調理した曲。舌べろを出来る限り長く口の外へつきだして、口の粘膜や唾液や歯が口の中でふれあったりぶつかりあったりする音を素材にした曲や、オナラの出口である尻めど置いた音声再生装置の音を聴衆の鼻先で再生する曲や、マルセイユ育ちの 2 人の貴人であるオナラ芸人プトマーンと A・アルトーとの架空おならコラボなどなど。CD の音だけ聞いても正体が掴めない、1990-2003 の発表済み＆未発表音源合計 50 曲攻略本です。

悪ふざけパート2

悪趣味パフォーマー・アーチスト・インタビュー集

V・ヴェイル編

横 =20.3cm ＊縦 =25.0cm
545g 以上
ソフトカバー
モノクロ図版入り
196 ページ
2006 年
サンフランシスコ
英語版
Pranks 2
V Vale

　イレズミ部族やボディピアスや身体改造やZ級ゴミくず悪趣味映画やモンド・ストレンヂ・ビザール音楽やZineやフリーペーパーなど、21世紀のネット喫茶宿泊所の壁のもようより身近になった、世界あほあほカルチャーの渦巻きの渦が最初に巻き始めた頃の花形参加者たちの肉声を、インターネットの前身のパソコン通信どころか初代ファミコンの時代にすでに直撃ロングインタブー連発で現場報告し、1980年代オカルチャーに圧倒的な影響力をしめした伝説の雑誌「リサーチ」の「悪ふざけ号」パート2が前号パート1からなんと20年もの歳月を経て刊行に。

　特集の中心は、ロサンゼルス、ブルックリンなどに拠点を持つ謎の街頭演劇ぐるうぷ「不協和音の会 (カコフォニィ・ソサエティ The Cacophony Society)」関係者インタブウ。1980年代後半からの「フラッシュ・モブ」始め各種お騒がせなりすまし活動や、その母体になった秘密ぐるうぷ「自殺くらぶ」のスレスレ的集団愚行の数々を当事者たちが証言。初期の人間炎上祭（バーニングマン・フェスティバル）やSRLと「不協和音の会)」の接点など意外なようで納得のつながりも色々。他にも宣伝カンバン「訂正」活動40年の「宣伝カンバン解放戦線」やロン・イングリッシュ、ハッキング料理長マーク・パウエル、ベテラン女装パンクのバンビ・レイク、ゆっくり自転車こぎ大会優勝者ポール・クラスナー、悪趣味村長ジョン・ウォータースやリディア・ランチ、モンテ・カザザなど2度のおつとめ組もまじえ怪人奇人が続々登場。街角はみんなのもの運動の源流に連なる陽気なイタズラものたちの笑い声がはじけるインタブー集です。

189

ロックいぢめ　ロックTシャツ黄金時代

最悪ロックTシャツ写真集

エリカ・イーズレィ
エド・チャルファ

横 =20.3cm ＊ 縦 =22.9cm
750g
ソフトカバー
オールカラー図版満載
192 ページ
2006 年
ニューヨーク
英語版
Rock Tease
: the Golden Years of Rock T-Shirts
Erica Easley, Ed Chalfa

　ひとから相手にされなくてもヘッチャラな、素敵にイカレた図画工作とゆう意味でロックのアウトなサイドまで飛んでいってしまっているため、ロックとゆう洋服やTシャツとゆう放送局などについての好みや趣味とは一切関係なし無関係あり。ヒドいもの、ダメなもの、カッコ悪いものが好物な方であれば、その幼稚な悪趣味ぶりをトリ肌さすり背筋ぶるぶるしながら堪能できる、珍品ロックげてものTシャツ写真コレクション本です。
　絵がらとしてはドアーズやブラック・サバスからソニック・ユース、ニルバナまで。おもに 1970-1995 年ごろのアメリカやエグレスの人気ロックばんどの、あくまでも非公式にテキトーにファンや業者が作ったものでなかったとしたら、実在を否定されずにはいなかったような凄まじ出来ばえのTシャツ約 200 点を年代順オールカラー陳列。人類の共同生活もアフリカで始まったよみたいな昔話がありますが、穀物袋の裏側に描かれた奇妙キテレツな絵で知られるアフリカ・ガーナの映画宣伝用ポスターとどうしてか異常に似通った、西洋風のタテ・ヨコ・タカサの 3 次元座標のオリのなかには収納きないほどにイビツなロックスターの顔面やカラダ、わけのわからないモンスタや、乱調だけがとりえの、定着の悪いムラだらけな染料にぴったりな色づかいをみていると、ロックの起源にあるはずがなくていいはずの、実在したことがない魔法の儀式で演奏される脳天気なアフリカン電気演歌に感電したかのように、脳波がびりりとシビレてきそう。
　申し訳程度に挿入されているミュージシャンインタビウが、ファン以外には邪魔っけですが、悪趣味お口直しにはキノコぐもや KKK などドンパチ系Tシャツも。

コロすア〜ト　美学的威嚇主義の俯瞰的肖像集 1984-2001

1980年代オカルチャーパンクス同窓会ブック

ジョージ・ペトロス編

横 =17.7cm ＊縦 =25.5cm
約 600g 以上
ソフトカバー
貴重モノクロ図版満載
320 ページ
2007 年
ロンドン
英語版
Art That Kills
:A Panoramic Portrait of Aesthetic Terrorism
1984-2001
George Petros

　世界アングラ文化全般にライブハウスで連れゲロの匂い嗅ぎ見知り仲間気分が残っていた、1990年代ミニコミ文化をアノ世からの甘みたっぷりな裏声エーデルで妖しくブルブルさせたオカルトパンク系アイドルたちを一同に寄せ集めた、地獄のなつかし同窓会ぶっくです。

　手描きぷらすコピー切り貼りで作られた当時のあんぐらミニコミのザラザラした汚い紙面を、さらに荒くコピーした大漁のこ汚ちゃないシロクロよれよれ図版がかもす読者一切無用、立入り禁止風情をかき分けてみれば、西新宿〜中野の輸入レコード屋業界に恵みの雨を降らせたジェネシス・P・オリッヂ、ホワイトハウス、デス・イン・ジューン、リディア・ランチ、カレン・ブラック、G・G・アリン、スワンズ、フィータス、チャールズ・マンソンなどの純雑音家のデス顔や歌声あり。毒毒電波系専門出版社地獄の家社主としてその後、20世紀世紀末黙示録系オカルチャーに話題のタネを提供し続けたアダム・パーフリィや、大量殺人鬼プロファイリングブームの発火地点になった元マンソン文庫のジョン・エスニヒル、本書の編者をつとめたマンハッタンあんぐら梁山泊雑誌「出口」「秒針」のジョージ・ペトロスなど、主要すたっふないし関係者として1980年代ロサンゼルス最暗黒ハードコア古書店AMOK創業初期に暗躍した悪の枢軸的な読書中毒の怪人や、怪人たちの奇人嗜好ともそりのあうジョー・コールマン、ロバート・ウィリアムス、マイク・ダイアナ、ジョン・ウェイン・ゲイシーなどなどの純雑画家や洗脳いんちき宗教カリスマ人民寺院や、悪魔教会や愉快なパートリッジ家崇拝寺院教祖も小説家W・バローズはじめ、90年代アイドル総出演ムードの反文化本。

源泉　ファザー・ヨッド、ヤホワ 13　および源泉教団をめぐる語られることのなかった伝説
超レア音源 CD 付きサイケロック系カルト教団興亡史

イシス・アクエリアン
エレクトリシティ・アクエリアン

横 =17.9cm ＊縦 =25.5cm
約 670g
ソフトカバー
モノクロ＆カラー図版合計 200 点以上
288 ページ
CD1 枚付き
2007 年
バークレー、英語版
The Source Family
:Father Yod and His Magical, Mystical Rock and
Roll Commune
Isis Aquarian, Electricity Aquarian

　洗脳カルト教団を絵に描いたような怪しいコスプレ風衣裳の強烈な毒気に、サイケレコード収集マニアが必ず呪われる宇宙妄想系オカルトサイケバンド「ヤホワ 13」。謎謎謎に覆われていたその全貌を、教祖ファザー・ヨッドことジム・ベイカー氏からその生前じきじきに教団記録資料すべての保管管理を託された、元ヤホワ教団の女性信者みずからが著者となり、愚直に赤裸々にご開帳。

　1922 年生まれの本名ジェイムス・エドワード・ベイカーさんが、米国初の有機野菜料理高級レストラン「源泉（ソース）」で儲けたお金でファミリーに「父」として君臨し、魔薬メディテーションと即興サイケロック演奏、タントラ的セックス魔術の狂宴が延々と続くカルトコミューン活動に本格的にのめり込んでいった 1972 年ごろから、やがて世界終末予言妄想にとりつかれ、収入源のレストラン「源泉（ソース）」を売却して最終核戦争の攻撃目標であるアメリカ本土を脱出し、ハワイ移住。移住先では地元民から徹底的に嫌われて、たちまちボロボロなりながらサンフラシスコに戻ったも教団は、住居を求めて放浪の末も廃屋での一時しのぎが精一杯。再度ハワイ島に渡り、魔法のキノコを食べて一瞬正気に戻った教祖が、教団活動から足を洗うための最後の手段に死のハングライダー飛行を決行。ところが墜落死にも失敗。苦痛を紛らわせて死にたいと、教酒や麻薬や青酸カリなどを与えられて絶命。教祖死亡 2 年めの 1977 年に解散した教団は 1995 年に活動再開するも元信者の中には売春婦になったり、魔薬売買で刑務所に入る者も……教祖の伝記や教団史の流れ、ジョン・レノンはじめ超有名人を巻き添えにした教団ゴシップ話などが大トグロを巻くカルト本。

評価され過ぎブック

人気ミュージシャンへの毒舌音楽評論

ヘンリー・オウィングス編
作文＝チャンクレット編集同人一同

横=21.8cm ＊縦=28.6cm
約820g
ソフトカバー
204ページ
モノクロ図版入り
2006年
サンフランシスコ
英語版
The Overrated Book
:The Only Book You'll Ever Need
Henry H. Owings, Chunklet Staff

　人工馬味の調味料のようにわざとらしいホメ言葉をてんこ盛りにふりかけて、売り物本来の味のうすさを誤魔化す音楽げいのう893業界テクニックのデタラメなホメ殺し宣伝には、笑ってるうちにいつの間にか洗脳されてしまうようなオトロシさがあるのはわかっていても、気分にゆとりのある時などに、ぢぶんの大好きなバンドやミューヂシャンについてのトンチンカンな悪口を聞いたり読んだりすると、何だかカラ元気がわいてくるような効能も、あるといえばないようでもあり、ないといえばあるようでもありますが、全方位的苦情書き散らし記事ばかりを今回初めて1冊の単行本にまとめた、評価され過ぎ音楽ミニコミ「ちゃんくれっと」の行き方は、ホメ殺しとは正反対のケナシ活かし。
　音楽業界のなかでも特に自己暗示や自己催眠を利用したウソやペテンが通用しやすいインデーズ・パンク・アングラ方面など、カウンターかるちや＆サブカルチヤ系のカリスマあいどるから、より大掛かりな集団洗脳が世間のジョーシキをよそおってまかりとおる大物ロックスターや、それにとりつく業界人たちを標的にしての見境いなしのメッタ斬り攻撃は、上手くいくのも失敗してスベルのも一切お構いなしの狂犬ぶり。苦情の対象は、過大評価されすぎミュージシャン、演奏者やバンド、業界人、ファン、評価されすぎアルバム100、ライブを台なしにする地方都市についての悪口から、アルバムカバーの悪口、バンド成り上がり物語へのイヤミ、垂れ流しノイズ即興信者へのひやかし等の音楽分野も飛び越えて、映画監督、テレビ、バラエティ、男優女優への名指し攻撃から音楽にも芸能にも無縁の方面まで。狂犬病的ケナシの引き裂く嵐が吹き荒れています。

コラム

「ビザールな本」とインターネット（その2）

1990年代バブル崩壊の前後あたりに、どこかの新興宗教団体に経営権を支配されたというウワサが広まり、事実その教祖の著書を宣伝する巨大な垂れ幕がビルの外に掲げたりもするようになる以前までの、渋谷T書店の品揃えの素晴らしさは、何人もの証言が活字化されているため、伝説的なかたちで記憶のすみにひっかかっている方も多いかと思います。

海外書籍に関しては、最上階の洋書売り場には最先端の洋書誌をカウンターカルチャー系まで取り揃えられ、地下のミリタリーショップにはドイツ国内では発売禁止の類いの戦前ドイツ極悪政党機関誌復刻版や、アメリカン忍者ものにまじってエロ本ペーパーバックや女装マニア雑誌も散乱している凄まじさ。

まさか将来じぶんがこんな変な洋書店まがいのことをするようになるとは夢にも思っておらず、幼気だった当店は、ただ感心したり呆れたりするだけで1冊の本も買わずじまいだったのですが、いちばん凄かった頃のT書店を20倍30倍規模で濃厚化した自称「世界最高の書籍通販カタログ」が、先にコラム3でもちらりと触れた1975年創業（2006年に廃業）の通販書店「聳え立つパニック社 (Loompanics unlimited)」で、振り返って思うに、渋谷T書店の地下は「聳え立つパニック社」関連書籍の宝庫だった印象が強くあります。

この原稿を書く参考に「聳え立つパニック社」1994年カタログと、年数回発行のミニカタログ等に掲載された読み物記事の部分だけを抜き出して単行本化した『聳え立つパニック社グレイテストヒッツ：世界最高の書籍カタログ掲載の記事と読み物』（1990、ワシントン）を倉庫から引っ張り出してきて10数年ぶりに眺めているのですが、オルタナティブカルチャーやカウンターカルチャーやアポカリプスカルチャー、この世の外ならどこへでも系出版物が地下出版物も一般書籍の見境もなしにバンバン並んでいるム無軌道ぶり。

思い込んだら銀河の電気椅子までひとっ飛びの迫力は、20の歳月を経ても風化しているようには全然見えないのと同時に、なんでもかんであらゆる出来事のインパクトを瞬間的にクレープの皮よりも薄く平べったく引き延ばして潰してしまう、インターネット幻想の中に取り込まれてこのような通販書店が消滅していった背景にある、もう一回り大きな歴史の流れが今更の様に浮かんできます。

「聳え立つパニック社」カタログには「太陽で料理」「衣服着用の重要性」「潮吹き女性の魔法」「太陽で料理」「衣服着用の重要性」「潮吹き女性の魔法」などといった書名の、変なタイトルの本大賞や「ビザールな本」のリスト入りしていても違和感のない本が大量にあるのですが、決定的に違うのは、「聳え立つパニック社」カタログに収録されている1000点近い書籍には、すべて詳細なブックレビューが添えられていることです。

同じころに世界アングラ本専門通販書店総本山のように仰ぎ見られたサンフランシスコの『AMOK』社のカタログも、取扱書籍数の多さと、出版社の宣伝素材の丸写しが多い書評部分の充実度の低さを別にすれば、カタログ作りの基本的なスタイルは「聳え立つパニック社」カタログとまったく共通しています。そしてこの両者に共通のお手本が『全地球カタログ』であることは、それぞれの実物を横に並べてみれば一目瞭然なのでした。

『全地球カタログ』の雑誌版『全地球評論（ホール・アース・レビュー）』に散在してとりわけ目をひく新世代科学のいちばんバカバカしく見える要素だけに焦点を絞り込んだ『理性スレスレ・全地球カタログ』（1989）も、珍本レビューの本の鑑のごとく、その後に刊行された何冊かの珍本レビューカタログ本に大きな影響を及ぼしていましたね。

狂った胃袋たち　アメリカ料理黄金時代のウサン臭い創作お料理集

1950年代創作料理ケミカルイラストコレクション

ジェイムス・リレックス

横=25.0cm ＊縦=29.5cm
約470g
ハードカバー
カラー図版満載
176ページ
2007年
ニューヨーク
英語版
Gastroanomalies
:Questionable Culinary Creations from the Golden
Age of American Cookery
James Lileks

　世界じゅうを見渡しても、大味でマヅい料理の典型のように思われているアメリカ料理。料理の材料から調味料までがすべて大工場のベルトコンベヤから吐き出された不純度100%の人工的工業製品を、食べ物と無理に言い張っているだけなのだから、人間が食べるような味わいがあるハズなかっぺぃ？といった誤解や偏見や無理解を、やっぱりそうだったという納得と確信にまでこじらせてくれそうなほど、胃腸の粘膜や脳みそのヌカ床への悪い刺激をたっぷり含有している1950年代の、どぎつくカラフルな創作料理ビヂュアル図版資料を満載した、悪趣味レトロ台所ぐるめ本です。

　21世紀のアメリカ料理をコンピウタ性遺伝子組替え料理だとすれば、本書に寄せ鍋の具として詰め込まれている1950年代のそれは、電気オルガンやムーグで合成されたただの発がん性物質だけではなく、得体のしれない不眠症や嗜眠症の原因物質を凝りかためて作り損なったママゴト遊びのオモチャのよう。色彩だけをみても、地上核実験の巨大な火の玉が毒きのこ雲に変態化していく光景を、おシャレなサングラスをかけて見物しているような、あり得ない感が強烈に前面に押し出されてこれまた実にお見事とゆいますか、悪趣味物件として実にお見事。盛り付けのドロドロ感や異物感は、料理の本ではなく、治療がむつかしい人体の崩壊過程を記載した医学アトラスのカラー図版をみているような、トラウマむうどのショッキングにショッピングとクッキングがドッキングした、冷戦下ストレスだらけの胃袋の内壁ぞいをブラブラと歴史散歩しているような、悪趣味消化酵素が大噴射。見ているだけで食欲が衰える、下腹べりーダンスングーなダイエット本にも好適です。

吐き気むかむかケーキぶっく
悪趣味料理レシピ集

ブリトニー・シェチェラー
キャサリン・バーロウ

横 =20.3cm ＊縦 =20.3cm
約 210g
ソフトカバー
オールカラー
図版写真満載
64 ページ
2006 年、ユタ
英語版
Gross-Out Cakes
Britney Schetselaar
Kathleen Barlow

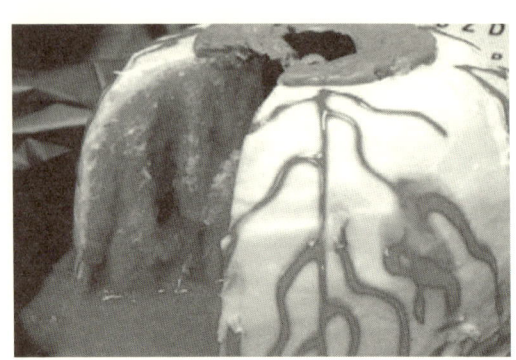

　たとえば年末宴会シーズンの冬の朝、路上で白い湯気をあげている置きゲロを観察するのでも、具材の配置や色合いなどにロマンチックなところがあったりすれば、ハートがキューンとなっちゃいます的な悪趣味ふぁんの皆様にぴったりな、最低ケーキレシピアイデア集です。

　「猫トイレケーキおよびその他の定番メニウ：ぢぶんで作れて食べられるホントの調理レシピ 30」とゆう長い副題の、口が肛門になったような印象を前菜代わりに本書自慢のむかむかメニウのぞいてみれば、猫トイレケーキが作れます食べられます。「ゴミ箱液汁の宴（うたげ）」が作れます食べられます。そのほかにも、腐れ膿汁詰めパイが。クレームブリュレの痰つば掛けが。タランチュラのトライフルが。チーズケーキの轢き逃げ動物死骸ソースのせが。牛のヨダレパイケーキの黒蠅添えが。鳥のフンの巣が。足指の爪いりトルテの足指股アブラ詰めが。蛇ケーキが。血の塊まりケーキが。粘液性ムースが。日数を経た風呂の水と、不潔な髪の毛ブラシと耳クソつき綿棒の盛り合わせが。鮮血ほとばしる脳みそが。グルグル目玉が。臆病風の焼き串が。ワンちゃんウンチウンチどろっぷが。虫けらウンコケーキが。鼻くそのブント焼ケーキが。切断された腕ケーキが。。

　といったようなカラフルなお下品料理の数々が、生々しいカラー写真による料理手順と完成型とともに、次ぎから次ぎと目の前のテーブルいっぱいに広げられていき、最後はお墓ケーキで締めくくり。どの頁をみても、お子ちゃまが喜びすぎるので禁じ手にするのがお約束の、下品ネタがお祭の露店のようにそこいらで店開き。幼稚なコドモと幼稚なオトナが一緒に作って愉しめるドッキリ料理本です。

毎日だだ

意外性たっぷりな料理を使うインテリアート

シアン・ボーネール

横 =15.5cm ＊縦 =12.2cm
約 170g
ハードカバー
オールカラー写真集
66 ページ
2007 年
イギリス
英語版
Everyday Dada
Sian Bonnell

　毎日同じことを同じように繰り返すフマジメさが醍醐味の家事。毎日のお約束事を破壊して、逃げ場のないところに逃げ道をつくるダダイズムの真剣な遊び。まるでおカユと堅焼きセンベイのように性格や趣味が不一致にも思える 2 つのことを、乙女ちっくなア〜ト魔術でぺったりひっつけた、変態的お料理アート写真集です。

　作者シアン・ボーネールさんが用意したメニューは「野外風景ちっくな料理術」「キレイなおウチ」「法医学的家事」「お給仕のヒント」の 4 こ。庭のすみっこ草むらに突き刺さった四角いビスケットたちが、角刈り＆パンチパーマの主婦軍団みたいに立ち話をはじめたり、つくりそこないのパン生地やくずビスケットなどをビニールの隣りにこちゃこちゃ並べちらかした意地汚い景色を「海辺の眺望」と命名してみたり。レース刺繍の代わりにテーブルいっぱいにひろげて飾った、どこからどうみても手打ち麺にしか見えない手打ち麺を「テーブルクロス」でございますと満面の笑顔で言いはってみたり。おなじくこれも手打ち麺にしか見えない手打ち麺を、皮張りソファーの背もたれに掛けて優雅なウットリ感を訴えかけてみたり。香りのよいハムやサラミをタイル代わりに床や壁にしきつめてみたり。重ねた野菜とハムをホチキスでパッチンしてみたり。壁の上の洋服かけのフックに目玉焼きをキュートにちょこんと置いてみたり。たくさん焼いた目玉焼きでトイレの便器の足もとを可愛く演出してみたり。

　調理済みの食べ物が、食器という衣服を剥ぎ取られたハダカのままの姿で装飾品やアクセサリー扱いされて、部屋のなかをひきずりまわされる屈辱露出プレイの連続が脳髄を直撃する、恐怖の家事＝反家事系ダダアートです。

観察図鑑　食肉の巻

全食肉事典

デビー・ブラウン

横=11.3cm＊縦=14.9cm
380g
ソフトカバー
312ページ
カラー写真80ページ入り
2005年
ペンシルヴァニア
英語版
Field Guide to Meat
Aliza Green

　お肉屋さんで買うことができる肉だけでなく、狩猟で撃ち落とした野鳥や野生動物、ガラガラ蛇などまでを「食肉」の範囲に含めてある、ハラワタ容積の大きさが特徴の食肉プチ百科です。記述項目は☆他の呼び名☆一般的記述☆特徴☆選び方☆購入単位☆保存方法☆下ごしらえ☆相性のよい食材など。

　試しに「ガラガラ蛇」のページを開くと☆ガラガラ蛇の一般常識は、アメリカ原産で、何百年も前から美味なお肉として食用にされてきたことや、合衆国で唯一、一切の規制なしに自由に捕まえたり、肉を販売して構わない動物であること。飲食店にとっては仕入れ値も高い高級食材であること。調理前に一晩塩漬けにする必要があること、などを紹介。

　☆ガラガラ蛇の食物的特徴は、肉はコツコツしていて色は繊細なシロ。トリニクとエビをまぜた風で多少、筋が多い。調理すると肉が骨からカニ肉のようにはがれて取れる。低脂肪、低コレステロール……などの事細かな説明が、お肉屋さんやスーパーで定番のウシ・子ウシ・ブタ・ヒツジなどだけなく、アリゲータ、アルマジロ、クマ、ビーバー、水牛、野牛、ヤギ、ロバ、ジャコウネズミ、オポッサム、ウサギ、野ウサギ、タヌキ、リスについて。トリについては、ニワトリの分解ばーじょんのあと、七面鳥、ホロホロ鳥、ガチョウ、ダチョウ、ライチョウ、ハト、ヤマシギ、エミュ、レア、ヤマウズラ、おフランス料理では最上級のトリ肉といわれるオルトラン（キノドアオジ？　コメクイドリ？？）やイタリアのベッカフィーコなど、ニポン語でネット検索してにても何のことかわからないイキモノまでを食べられる死骸の形に整形し、ウンチクまみれで手渡ししてくれる総合お肉デバートです。

淫な手造りケーキ

セクシー人形手作りケーキレシピ

デビー・ブラウン

横 =22.5cm ＊縦 =28.7cm
650g
ハードカバー
80 ページ
カラー写真図解豊富
2005 年
ロンドン
英語版
Naughty Cakes
:Step-by-Step Recipes for 19 Fabulous, Fun Cakes
Debbie Brown

　この世のものとしか思えないほどカワイい女性を見けたりしたとき、いやしくガツガツした食欲に「あー食べたい」などと禁断の寝言を言わせたり暴走させたりしないようにするための、お人形食べた愛をひそかに満足させる代用オヤツ。どこのお店にも売っていない、セクシィでばかみたいなニンゲンのすがたかたちをした甘甘のケーキを、自分で手作りしておいしく食べて、胃袋や血管の脳みそのなかに吸収してしまいましょ。とゆう何ともイタヅラっぽい手作りの色好みケーキを楽しむためのコツを伝授する虎の巻ガイドです。

　紹介されているケーキの作り方は全部で 19 種類。「黄金の熱い短ズボンをはいた尻」ケーキなど一部をのぞいて、どれもこれもが、ケーキ、とゆうよりは、ケーキ用の食財でこさえたセクシー人形ジオラマ花舞台。著者デビー・ブラウンさんは、手造りケーキ作り本のロングセラーを連発してきたプロフェッショナル女性お菓子職人だけあって、セクシー気配りの下ネタ大量投入による味つけ調整にも抜かりなし。「ヘルメット着用の上半身ハダカのジーパン男二人組（ひとりはヒゲづら）によるブロック積み上げ工事現場」ケーキとか、汚れマニアもニンマリのそのものずばり「泥の穴」入湯乱交チョコケーキ、前や後の窓からいくつものお尻が突き出している、花がらサイケなミドリの自動車「ヒップな露出狂」ケーキとか。

　異性愛主義者に限定されることなく一般的な趣味のかたがたを、どれかしらのレシピで納得させてくれる、幅広い趣味を抱擁するエッチなケーキの作り方あれこれレシピが、食欲と性欲との同時進行で適宜適度な刺激を補給しつつ、お料理本としてもキチンとていねいに紹介されています。

コラム

オンデマンド出版社と 21 世紀の珍本（その 1）

　いまどきの本の買い方といえば、必要なのは指紋や指力がすり減っていない指 1 本。20 世紀スパイ映画の小道具に登場する子供だましの空想的秘密兵器みたいなスマートフォンの画面に、指先についたコンビニ食品の油性分を軽くねっちょりこすりつけるだけで、画面のなかに本の中身をまるごと呼び出すことさえできる。というのですが、本の中身のデータだけを電子機械のなかに読み込むことと、本を買うことの違いを例えて言えば、お茶碗とスプーンで口や舌や歯などを総動員してご飯を食べるのを、流動食やビタミン栄養剤の錠剤の服用とをひとまとめにして、食事だから同じことと言うぐらいの違和感を感じるのが当たり前ではないでしょうか。

　ジェイムス・ハーキン『サイバービア』（邦訳、2009、日本放送出版協会）の書名がダグラス・ラシュコフ『サイベリア』（邦訳、1995）アスキーに邪魔されていつも分からなくなるのですが、たとえばサイバネティックアート集団・コープ・ヒンメルブラウ（空の青）の活動初期 1968 年のインテリヒッピー風な薔薇色ムードの写真資料と、2000 年代のインターネットをテーマにした作品の役場の会議室ムウドのビフォー & アフターなムウドの苦しい明と暗。

　その落差のなかには、1 度のクリックが無限の反復地獄に直結するように組み立てられている Web 社会から脱出するのには、朝昼夜の電源オフにして愚書や珍書にぶらさがってみるだけで十分、という厳粛な事実が照らし出されているともいないとも言えそうなのですが、ここでちょっと先走り過ぎた話を手前に引き戻しますよ。

　営業活動の守備範囲をもっぱらオンライン上だけに絞りこんでいるオンデマンド出版社というものがインターネット上には多数存在し、そのうち数社はそれぞれレーベル的に傘下の出版社名義を幾つも使い回しながら、書籍データ販売業を凄まじい勢いで繰り広げています。

　出版社が出版社であることの証明とも言えた、書籍を作り販売利益で会社を存続するという真っ当な経営方針を棄ててしまい、まるで書籍の墓堀人でもあるかのように、書籍を作る手間をはぶいてデータ販売に徹する姿勢のオンデマンド出版社については、電子データ至上主義を先導する Web 業界の大手企業が出版業界に投げ込んだ刺客ではないかという疑惑や懸念が、ネット上での大きな声にはならないものの、絶えることがありません。

　インターネット上の簡易百科事典として知られる「ウィキペディア」の特定の項目についての記述をプリントアウトしただけの製本も粗末なオンデマンド本や、古い画集を真っ黒けにスキャンしただけのオンデマンド本ばかり発行している出版社の本を、それとは気付かずにオンライン書店で 1 度購入したひとが、もう 1 度同じ出版社の本を購入するなどと本気で考える出版者が存在するのが不思議だし、そのような出版社が倒産もせずに何年も事業を継続しているだけでなく、最大大手オンライン書店がそれを販売もし、米国大手の書籍流通問屋でもそれらを取り扱っている事実は、バカバカしくも興味がつきないという以上に、末端泡沫駄本愛好業者の当店にとっては、深刻に腹立たしく感じるところがあります。なぜかといえば、タイトルだけみると珍本風だけれど、実際にはネット上の著作権フリー資料のコピー、しかもオンデマンド出版で発注がかかるまで実物はどこにも無いという出来映えのかんばしくないクローン人間めいた出版データが、インターネットの世界のなかに紛れ込むと、実在の書籍についてのデータと見境無しのごたまぜになって、一人前の存在感を持って大量に一人歩きをしているのです。そしてその中には、検索ヒット率を向上させるために、希少性の高いキーワードをタイトルに織り込んでいる書籍も多く、つまり、一見すると珍本風な書名のオンデマンド本が多いのです。しかも購入すれば、次回以降の書籍購買意欲を確実にげんなりと削ぎ落すような本が多数、オンライン書店にばらまかれている現状とは一体全体何でしょう。。

最悪のファッション　着るべきぢゃあなかった、けど着ちゃった服

大失敗ファッション図鑑

キャサリン・ハルウッド
ハードカバー

横 =22cm ＊縦 =22cm
約 700g
カラー＆モノクロ満載
184 ページ
2005 年
イギリス
英語
Worst Fashions
:What We Shouldn't Have Worn... But Did
Catherine Horwood

　センス最悪ファッションでバチッと決めたい時には迷わずこの 1 冊。最悪ファッションには不可欠な基本あいてむの数々を、1 項目につき見開き 2 頁ずつ、最悪写真図版たっぷりに最悪服装のポイントを伝授してくれる、貴重なファッションガイドブックです。

　オートクチュールぶうむの 1950 年代、60 年代ヒッピーふぁっしょん、サイケファッション、70 年代パンクニュウウエーブなどなど、過去 50 年の流行遅れでいっぱいの質流れ風ワードローブからひっぱりだした流行雑誌広告の切り抜きなど。ダンガリー、男性用ラッパズボン、スキーパンツ、パターン柄ズボン、ベルボトム、チェックのズボン、パラッチツォ、ドレインパイプなど悲劇のズボン。最悪背広はチキチータ、ダンシング・クィーンのアバのマンマ・ミーアなキャットスーツ、男性用つめエリの背広、ジャンプスーツにサファリスーツ、ジョン・トラボルタの真っ白な純白背広にシェル生地スーツなどを槍玉に。同様にして、最悪コートや最低スカートや、だめだめ帽子、最悪な靴選びやベルト選び、ヒドい髪型やデカい髪型から変なくちひげに至るまで。ラテックスや PVC やベルベットやクリプリンなど忘れられた新素材、パッチワーク、シープスキンにニットのドレス、マキシのドレスにカフタンに、ショルダーパッドや男性用ベルト止めウエストコート、男性用タンクトップ、男性用のデカえりや女性のホットパンツにバミューダショーツ、レッグウオーマーなどなど。

　しかも、この本の出来映えそのものが、構成も文字選びも図版の印刷仕上がりもどれもこれも中失敗ないし、大失敗というダメ押し気味のオマケもついた、魅惑の最悪ファッション大名行列本です。

悪趣味あみもの博物館

奇妙なレトロ編み物アイディアコレクション

スティッチィ・マクヤーンパンツ
(＝針目・編みパン男)

横=20cm ＊縦=18.4cm
約455g
ハードカバー
128ページ
カラー図版満載
2006年
アメリカ
英語版
Museum of Kitschy Stitches
:A Gallery of Notorious Knits
Stitchy Mcyarnpants

　色メガネでみた素敵な手編み・ニット1920-70年代ソレ系こてこてファンシーからハレンチまで、手芸やお裁縫の広告やカタログや型紙など、著者ご自慢の秘蔵コレクションによる悪趣味あみもの紙上ファッションショウの開幕。
　おサカナはあたまから腐っていくというコトワザどおり、洋服の着こなし全体を一挙にぶち壊しにするパワアを持つた、悪趣味な帽子のコレクションからスタート。宇宙人歓迎会風の帽子や、無意味な巨大毛玉かざりつき帽子など頭痛がズキズキし始めたら次は、70年代に大流行した石油臭むんむんのカラフルな、アクリル毛糸によるスケスケ系のホットなイケイケ手編み服。毛皮のもぢゃもぢゃを毛糸で模造した、パチもん毛皮の毛糸コート類。新製品ポリエステルの限られた可能性を最大限までムダに追求しようとして大失敗した、意味不明の抽象ガラや生地を使った手編み服の模範。暑苦しい以外にとりえがない手織り毛糸のガウンやドレス。腰のベルトはプードルの首輪、袖なし袖のつけねに巨大な肩パッドをいれて、逆台形の輪郭を強調した女王様ドレスなど古典的均整美をなぞりそこなって不自然な奥様むけ手編み。女性的なカワいさが気色ワルさをグッと引き立てる男性用手編み服各種。可愛さ足らないまま見苦しさ100倍の子どもむけ。胆汁のミドリ、赤痢の茶色、黄疸のゴールド、打撲の青、ボツリヌス菌のピンクなどびみょうにドス濁りした色パタンによる恐怖のマクラメ織り。ダメ押しで、ブキミで可愛すぎるヌイグルミやカーテン、枕、ザブトン、電燈カバーまですべて編み編み。全身アセモでムズムズかゆくなってもへっちゃらな、おマヌケむうどで読者をくるむヌクヌク手芸ぶっくです。

あべこべファッション　アート術としての衣服、1850-1930

ヨーロッパ奇天烈ファッション資料集

ジャン・リュック・メルシィ

横=22.4cm ＊縦=24.7cm
ソフトカバー
図版およそ100点
206ページ
2005年
マサチューセッツ
英語版=原著フランス語の英訳版
Against Fashion: Clothing as Art, 1850-1930 by Radu Stern

　それがフツーと世間では思われている、日頃見慣れたファッションが、目ざわりで神経にさわって腹が立って仕方が無いと感じる19世紀末から20世紀初期芸術家たちが、夢想におぼれたファッションに反逆するファッション、日常生活の重力圏から脱出するための宇宙服としての反ファッションをめぐる証言や、資料を整理した反ファッション的ファッションのおベンキョウ本です。

　登場するのは、赤チョッキのゴーティエやボオドレエルの小浪漫派ぢだいの奇人奇行趣味による、ブルヂョワ市民への嫌がらせ衣装にはじまり、女権拡張論や公衆衛生論にはかなく抵抗したモリスや、ゴドウィン伯の擬似中世趣味、モリスの赤い家を手本にしたアンリー・ヴァン・デ・ヴェルデのお花の村ブリューメンベルフの風景の一部ないし、組立部品のひとつとしての統一的衣服、アッパッパのクリムトとウィーン工作連盟、イタリア未来派の宇宙リフォーム計画に連なるジャコモ・バッラの未来正義のための服や、靴や帽子、蜂起する古代ロボットていこく軍男女武士そのまま風なロシア構成主義の鉄の規律に統制される制服、しんがりは大恐慌で破綻した、毛皮や金属もこきまぜた同時主義（Simultaneisum）夫婦の妻ソニア・ドローネ。概論ぷらす100点ほどのカラー＆白黒図版ぷらす、ブルマーの発明者でブルマー主義者の教祖アメリア・ブルーマー「衣服改革論」や、E.W.ゴドィウィン卿「ドレス講議」、オスカー・ワイルド「ファッション奴隷たち」、A・エクステル「構成主義者の衣服」、アポリネール「衣服改革」、B・サンドラール「彼女は服のうえからカラダを着ている」ほか、時代時代の最先端的あべこべファッション論を多数収録。

超現実のカラダ　呪物淫愛と流行服

超現実主義ファッションアート図鑑

ジスレイン・ウッド

横 =21.5cm ＊縦 =19.2cm
約 800g
ソフトカバー
カラー＆モノクロ図版豊富
96 ページ
2007 年
ニューヨーク
英語版
The Surreal Body: Fetish and Fashion
Ghislaine Wood

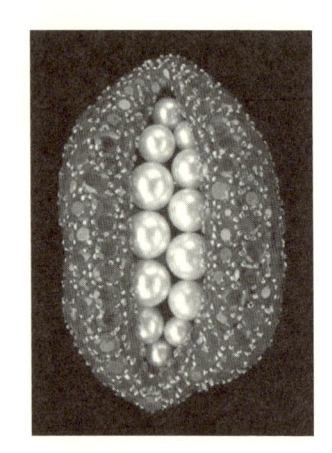

　超変態的にニンゲンのカラダの女性的神秘を崇拝するための萌えテクニックとして 1920、30 年代おフランスの元祖・超現実主義者たちが競って発明した秘法の数々と、そのワザを素早くものにして新しい流行服をつくりだしていったファッション業界との、持ちつ持たれつ＆出会いから別離まで二人三脚のエロス道中を、作品図鑑風にまとめたレトロ悪趣味アートふぁっしょん本。

　超現実主義者側からは、女性のカラダをばらばらに分解したり組み立て直したりに熱中のあまり、ブラックダリア事件の通称で知られる未解決の女性切断死体遺棄事件との関連をまことしやかに囁かれたことさえある残酷おしゃれアート人形の実例標本として、ハンス・ベルメールやマン・レイ、ラウル・ユバック）、キリコ、ヘルベルト・バイヤー、ダリ、マルセル・ジャンなどのお作品を陳列。ファション組からは、衝撃的ファッション女法皇エルザ・スキャパレリが堂々の土俵いり。超現実主義者と高級ファションデザイナーとの顔あわせの興奮は、1938 年パリ国際美術工業博覧会での、ランバンの夜会羽織りをつけたロベール・クーチュリエの巨大マネキンの展示で頂点に達して以後は、しおしおと沈静化。

　それぞれの元々の仕事場で、ファッション界はシュールなファッションを、超現実アーチストはファッショナブルなお人形遊ぶを続けていったのでしたといった、現実かどうか疑問に感じるほど明快な整理で戸惑わせつつ、ドラ・マールやメレ・オッペンハイム、レオノール・フィニ、ドロテア・タニングら女性シュルレアリストや『ヴォーグ』期のホルストも。江戸川乱歩『貼雑年譜』のオシャレな部分だけを拡人＆濃縮した倒錯ムードです。

オンデマンド出版社と 21 世紀の珍本（その 2）

　繰り返しになりますけれど、インターネット上には、ウィキペディアのデータをプリントアウトしただけの書籍を販売していることを自社 HP で公言しているオンデマンド出版社や、図書館に置いてある著作権切れの古書を乱暴にスキャンしたデータをプリントアウトしただけの、オンデマンド出版社がいくつも存在しています。

　あらかじめそのような書籍だと理解したうえで、それでもそういう本を入手することに何の問題もないのは勿論のこと。インターネットも一般にはまったく普及しておらず、オンライン書店など寝言に聞くことも珍しかった時代にも、膨大な貴重オカルト絶版本リストを持ち、注文に応じてシコシコと図版のつぶれたゼロックスコピー本を製造販売していたカリフォルニアの「健康調査（Health Research）」のような通販書店は存在していたのですが、それはあくまでも、原著やそれに類するものを他では入手するすべのない買い手が、納得も満足もできる商売だったから成立していたので、似ているようでもまったくの別件だったのでした。

　オンデマンド系出版社のなかにキチンとした出版社があるのは、出版衰退の原因を作ったのが旧来の書籍出版業界自身であったことと同様に言うまでもないとして、オープンソースデータの劣化バージョン販売に疑問を持たないオンデマンド出版社に関しては、珍奇タイトルに惑わされて飛びつく前に、それでも買うかどうか再考するのも無意味ではないように思います。

　そのためには、劣化オンデマンド出版物のでどころについての予備知識が必要になりますが、その出発点としておすすめ出来るのが、インターネット上の英文記事になってしまうのですが、英語版ウィキペディアの「Amazon.com controversies（アマゾン・ドットコムのさまざまな問題）」という記事のなかの「Sale of Wikipedia's material as books（ウィキペディアの内容が書籍として販売されている問題）」という項目に、アメリカのオンデマンド出版社 Books LLC とドイツのオンデマンド出版社 VDM の名前が挙げられ、それぞれの出版社について書かれたウィキペディア記事へのリンクがあります。

　リンクをたどって、アメリカのオンデマンド出版社 Books LLC についての英語版ウィキペディアの記事をみると、当該出版社が使用している出版社名義が 9 社。なかにはフランス語版ウィキペディアのオンデマンドプリントアウト専門出版社や、ドイツ語版ウィキペディアのオンデマンドプリントアウト専門出版社、クリエイティブ・コモンズ・ライセンスの表示 - 継承（CC BY-SA）対象物専門出版社なども含まれています。

　このオンデマンド出版社によって電子データ書籍化された英語版ウィキペディアの記事はグーグル・ブックス上の公開リストに自動的に収載されるシステムになっているとのこと。著作権フリーの書籍データを徹底的に商品データ化する意欲の凄まじさは、2009 年 1 年間に、子会社の 1 社が出版した書籍タイトル数 11887 点、親会社では 1 年間に 224460 タイトルを商品化したという驚異的なエピソードからも十分に伝わってくるのですが、話はまだ序の口だったのです。

　次にドイツのオンデマンド出版社 VDM についての英語版ウィキペディア記事をのぞいてみると、VDM 傘下のオンデマンド出版社名義一覧表が掲載されているのですが、列挙されている出版社の名義数がなんと 80 社勢もあるのです。しかも記事をよむと、この出版物の少なくともある一部を発行しているのは、聞けば誰でも知っている巨大オンライン書店だというエピソードもあり。そして何とも残念なことに、この 2 社関連の出版社名全部を頭のすみに留めておくだけでは、確信犯的に著作権フリーのオンライン資源の劣化バージョンを販売する出版社の毒牙から逃れることは困難で、図版真っ黒の著作権フリー画集を問屋経由で仕入れてしまった苦い経験が当店にもあるのでした。

どとっても小っちゃなくにぐに

ミニ独立国観光ガイド

孤独な惑星編

横 =13.2cm ＊縦 =19.8cm
約 270g
ソフトカバー
カラー写真図版豊富
160 ページ
2006 年
イギリス
英語版
Micronations
The Lonely Planet

　ロングセラー『自分で始める独立国づくりのコツ』（by アーウィン・ストラウス、1999）で実例として紹介されていたり、されていなかったりした世界に実在するウルトラ自営業者っぽい自称・独立国の数々を、実際の渡航と現地取材を通じてレポートするマイクロミニミニ「くに」めぐり世界旅行がいど本です。
　1960 年代イギリスで流行した海賊ラジオ局が発展的に独立、イギリス国家を敵に回しての長年にわたるツノつきあいツバ競り合いが時折はマスコミのニュースねたになることもある有名な「シーランド公国」。ゴシック民謡ロック隊ライバッハの参加する「NSK」。フランク・ザッパの歌をヒントに独立し、特製トイレで行われる選挙を通じてヤギやプードルが大統領に当選・就任したこともあるという「ワンガモモーナ国」。オーストラリアで同性愛結婚の禁止法案が成立したのをきっかけに独立した「サンゴ諸島ゲイ＆レズビアン王国」。独自の年号や 10 進法カレンダーの採用、中絶権の承認や安楽死の合法化などヤヤこしいようなスッキリしてるよな「アトランチウム帝国」、5 才男子のおもいつきで始められた「アエリカ帝国」などなど全体は「シリアス編」「狭い裏庭で独立編」「夢みる編」など、あいまい分類で整理して全部で 50 以上のちいさな「くに」を旅案内。
　びっくり歴史エピソードや、国際ミニミニこくオリンピックなどの観光イベント案内、小さい国でしか流通しないため国外入手困難な切手や通貨や、関係者の晴れ姿っぽい記念写真など、豊富で小ぶりなカラー写真図版を交えて紹介されています。旅立ったら出発地点と違う時空にしか住めなくなる楽しみもある、リアル別天地世界旅行ガイドです。

年中無休　誰も行きたくない観光地ワースト80

世界最悪旅行ガイドブック

マーチン・コーエン

横 =15.8cm ＊縦 =22.8cm
約 400g 弱
ソフトカバー
モノクロ図版＆地図入り
192 ページ
2006 年
ニューヨーク
英語版
No Holiday
:80 Places You Don't Want To Visit
Martin Cohen

　わざわざ旅行に行った先で途方もなくヒドい目にあわされても、他人からは自業自得やんけ！アホやん！など散々なボロかす言われること間違いなし。厳選された世界不適切観光名所 80 ケ所ガイドです。食べる寝る遊ぶ買い物をするなど、お財布の中身と下半身に蓄積されたエネルギーを放出する対象のことにしか触れない、世間一般の旅行ガイドの政治的姿勢とは 540 度ほど方向を変え、行く先々の土地土地の住人たちを相手に身軽な旅人ならでは一方的な密着取材を敢行。住人たちの身振り手振りにまでフンドシよりも堅く食い込んでいる、その地域特有の歴史や経済や社会の最新の状態をまじえて地獄世界の現地観察報告をしています。

　不適切不謹慎な観光旅行先と聞けば誰でもが思い浮かべそうな、チェルノブイリ、アフガニスタソ・サレルノ政治犯強制収容所、ロスアラモスの核施設、ボスニア・ヘルツェゴビナのモスタル、ニポンの靖国神社、北朝国と南朝鮮の非武装境界線、旧ソ連初の核実験をこのかた地上最悪の核惨事多発地帯と化したセミパラチンスク、インド・マクラナで日々新たな死者を見殺しにする採掘が続くプラチナ鉱山、毎日莫大な井戸水を汲み上げるコカコラ工場の建設で井戸が枯れ果ててしまい、頭にカメをのせて遠くまで水汲みにいく村、1984 年の世界最大の化学工場事故現場での汚染物質垂れ流しが今なお止まらず放置されているボパール、終戦 30 年後のいまも毎年新たな死傷者 2 万人を犠牲にフル稼働の続くベトナムの地雷リサイクル屋さん、話がコマ切れでどんどん進むので読みたくなくても読みやすく、辞書片手に少し拾い読みするだけで、時差ボケの如き頭痛や船酔いめくむかつきに襲われる旅の本。

奇天裂なおフランス

ヨーロッパの奇人変人観光ガイド

ピアーズ・レッチャー

横 =13.7cm ＊縦 =21.5cm
約 400g
ソフトカバー
カラー写真若干有り
索引付き
294 ページ
2003 年
イギリス
英語
Eccentric France
Piers Letcher

　奇妙キテレツ大好き大国アメリカでは、全国 50 州それぞれごとに何種類ものキテレツ観光ガイドブックしりーずが出版され、イギリスについても「オックスフォード篇」「ケンブリッジ篇」など数種類のキテレツ観光ガイドブックが出版されましたが、こちらおフランスのキテレツ観光に関しての出版物はぐっと少ない印象。おフランスゆかりの各界著名＆無名な奇人変人のかたがたの、他人にはマネのできない意固地なエピソード盛り沢山な伝記の紹介には、空飛ぶ変人たち、山登りの変人たち、変人技術者たち、変人科学者たち、変人王様たち、変人恋人、芸術的変人列伝、変人音楽家、変人芸人列伝、変人作家列伝。。といった調子でたくさんの頁が費やされています。

　もちろん、年間のトンマ祭、キテレツまつりスケヂュールや、キテレツ博物館、おフランス裏名物のキテレツ変人建築物や、キテレツ庭園めぐりなどなど、観光メニュウも地方別ではなくテーマ別に読みやすく整理。キテレツ旅館やキテレツ食堂については、おススメできるキテレツ充実店にはあまり数多く、巡り会うことがでけまへんでした、と素直なおわびがあり、著者のキテレツ報告の信頼度もますますアップ。旅行カバンに入れて旅先に持って歩くよりは、普段の通学通勤の電車のなかや自分のテントのなかで、その時の気分にあわせて拾い読みするのが楽しげな、寝たきり引きこもり旅行ガイドのお手本みたいな本です。

　秋の夜長にも冬の短い夜にもいつでもぴったり。がっこうの教科書みたいな観光案内書が似つかわしくないことを自慢せずにはいられない、個人主義ばんばんざいの不協和こくフランスのキテレツがいどにふさわしく、とっとと絶版になっています。

ぢぶんで作れるファンシーな棺桶

手づくり棺桶マニュアル

デイル・パワー

横 =21.7cm ＊縦 =27.9cm
約 225g
ソフトカバー
カラー写真図版満載
64 ページ
2001 年
ミズーリ州
英語版
Fancy Coffins to Make Yourself
Dale Power

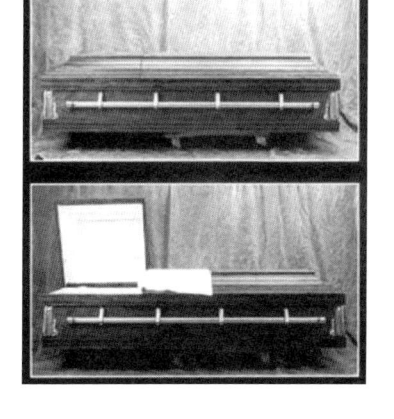

　たとえば墓地のことや墓石のこと。出来ることなら自分が死ぬ前にじぶんで決めて準備をしていきたいことは幾らでもありますが、出来ることもあれば出来ないこともありますね。死んでしまってから棺桶にはいれば、することは何もまま焼かれておしまいになるだけですが、生きているうちに棺桶があれば、棺桶のなかで昼寝をしたり、棺桶の上で昼寝をしたり、棺桶を横に置いて昼寝をしたり。はたまた、棺桶のなかでオヤツを食べたり、棺桶の上でオヤツを食べたり、棺桶を横に置いてオヤツを食べたり。自作なら工夫しだいで無限の使い道のあるために棺桶も作ることも出来そうですね。もしもドラキュラ城にお泊まりに行くことがあったら、どのようなマイ棺桶を持参してみたいか。マカロニ西部劇映画『続・荒野の用心棒』の主人公ジャンゴが棺桶を引きずりながら登場する場面を結婚式の披露宴などでマネするときには、どんなデザインな棺桶がよろしいか。棺桶づくりをマスターし、腕前さえ上達すれば自分が死ぬときまでに好きなデザインの棺桶が作れるかも。自分で使うにしても、プレゼントにしても、モノは手づくりが一番ぢゃい！という手づくり派ならば、きっとファンシーな棺桶が作れるようになるコツを、棺桶愛好の先達が指導するオールカラー写真図版 230 点いりマニュアル本です。
　最初に図面がありますので、材料集めもラクチン。書名の「ファンシーな」は、この本で基本を修得したずっと先の話なのか、課題の棺桶デザインがファンシーどころかショボいのも逆に好印象。本棚に置いた本書の表紙や背中を眺めながら、本書を片手に棺桶作りに夢中になっている自分の姿を、思い切りファンシーに想像したくなる珍本です。

大型ゴミ容器あさり：上級コース

ゴミ漁りハウツー本第 2 弾

ジョン・ホフマン

横 =21.5cm ＊ 縦 =28.0cm
約 285g
120 ページ
ソフトカバー
モノクロ写真図版少々
2002 年
コロラド
英語
Dumpster Diving: The Advanced Course
John Hoffman

　世界ではじめてのゴミ箱漁りハウツー本で、1995 年の有名人になりワイドショウなどにもでまくったジョン・ホフマンさんが、前著執筆時に投げ捨てたボツ原稿を、記憶のゴミためから吸湿して、エエ気分で書きなぐった、ゴミあさり虎の巻シリーズ第二弾。
　今回は「上級コース」のため、具体的なゴミ漁りテクニックについてはスコブル大胆に説明を省略してあるようで、おはなしはむしろ妄想含有度 90％は超えそうないきおいの、ゴミあさりのスバラシーさについての大小とりまぜた楽しいホラ話が中心。
　パソコソをたくの狭辞苑『新ハツカー辞典』の見出し項目「社会工学」のなかに、会社のゴミをあさらせてはいけましぇんとゆう数行があるそうなのですが、会社のすてゴミは宝の山とゆう共通認識が世間に大々的に知られるようになったのは、そもそもジョンさんの前著がベストセラーになったのがきっかけ。その 7 年後に発表された本書は、ゴミ漁の何が何ですばらし―のかとゆう自画自賛の方向ではなしがぐるぐる回り。自分とゴミを空間的にも時間的にも遮断していたはづの透明で、ぶあついカーテンがいつの間にか消えていき、地球を一周してじぶんの背中のシワやシミや開いた毛穴たちと、懐かしくしみじみ再会したようでもあれば、投げ捨てられた個人サイズの無意識と世間ぜんたいサイズの無意識コネまぜて、他人のでも自分のでもないようであるような、指紋のついた意識のカタチをコラージュする泥んこ遊びのような気がふつふつ。お品物をお金で購入することで、世界から隔離されていくのとは正反対の方向から、世界やヒトとコニチワする、テクニツクより気分をドッキュ～ンメントした、ゴミ萌えマニフェスト宣言です。

手編みのイヌ毛

イヌ毛の手編み読本

ケンドール・クロリアス
アン・モンゴメリー

横 =18cm ＊縦 =23cm
220g
ソフトカバー
102 ページ
モノクロ写真図版入り
1994 年
ニューヨーク
英語版
Knitting With Dog Hair
Kendall Crolius and Anne Montgomery

　本物のイヌの毛で縫う実用イヌ毛ニット編みもののばいぶる『イヌ毛の手編み』。ハウツー・イヌ毛の手編みのすべてを網羅したロングセラーなので、ご存知のかたも多いかもしれません。
　始めは、ふだんからウンチの匂いをかぎなれている身近なイヌのひとの毛をせっせと拾い集めるコツ。集めた毛を使って、フツー以上に素敵でイヌ臭さのしない毛糸を紡ぐまでのコツやお道具の使いこなし。ゴールデンレトリバー毛でつくる首巻き、ニューファンドランドとゴールデンレトリバーの混紡でつくる帽子、グレート・ピレネーの毛糸帽子、全米唯一のネコ毛ニット織り名人資格所有者ルイーズ・オドネルさん直伝のネコ毛ニット帽、雑種ネコとペルシャ猫あわせて 3 人のネコ毛製のセーター、イヌ毛ニット織り名人資格所有者ジェリー・ルーカスさんのイヌ毛織りジャケット、などなどおニンゲンさまが着用するための各種イヌ毛＆ネコ毛ニットのつくりかたから、おイヌさまぎきぢきに着用するお召しもののこさえかた。
　そして、出来上がったニットの洗濯や保存、お手入れまで。すべての作業の段取りを、シロクロ写真による図解をまじえてたったかたっと解説してあります。最後には、おイヌの犬種ごとに、体毛の特徴と、それを毛糸にして編んでいくときの向き＆不向きや注意点をわかりやすく整理した頁もあり。紡ぎ車を調達して、編み棒をそろえることができれば、テント村でイヌと二人ぐらしをするときの内職をかねた趣味としても面白そう。アレルギーの原因にはむしろなりにくい点に関してだけを取り上げるなら、羊毛よりもむしろ安心なぐらいという、イヌ毛ニットやネコ毛ニットの手づくりには意外に役立ちそうな本格的実用書。

ハゲあたま！　無毛のスゴイひとたちから愉快なスダレ髪まで

ハゲ大全

ケビン・ボールドウィン

横 =16.2cm ＊縦 =20.7cm
420g
ハードカバー
2005 年
ニューヨーク
英語
Bald!: From Hairless Heroes to Comic Combovers
Kevin Baldwin

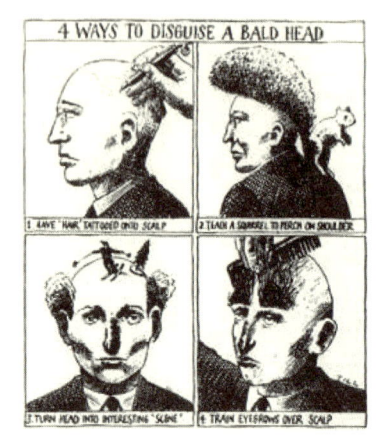

　「ハゲあたまイズびうちふる」の信念で輝くツルピカ頭の集団「あめりかハゲあたま人 (BHMA)」の会員で、直訳すると「ハゲ戦士」とゆう意味になるらしい、つごい名前の著者ボールドウィンさんが、ハゲあたまの魅力を、根元の毛穴のひとつひとつを楊子でほじくるような、浅すぎず深すぎずのびもーな丁寧さでほぢくり返して行く、ハゲ萌え専科のまにあっくウンチク本です。

　本格的ハゲあたまを目指すかたは必読の、ハゲあたまになるために効果のある意外な原因としてのヒ素、ヒゲ伸ばし、サイクリング、何種類かの特定の楽器を演奏すること（逆にハゲあたまになりにくい楽器の紹介もあり）など 26 種類についての、珍奇な古書をはじめ、各種データによる実例紹介をすべりはじめとして、針、アンモニア、こうもりの母乳など大事なハゲあたまを守るためには、絶対に真似しないのが何よりハゲ治療 26 種類についてのウンチク、世界史的有名ハゲ人の仰天実話でつづるハゲあたまの世界史。

　話題はハゲあたまに止まらず、ハゲ以上に周囲をなごませるスダレあたまや、カヅラハゲあたまなど必殺ハゲ隠しのための、詐欺師も出没するほどにまゆつばっぽいテクニックなどを親切に案内。ハゲあたまがハゲあたまでいるための見えない条件や、ハゲあたまがそこになければ実現することのなかった人類の運命までをも、一見ただの空白スペースのようにみえる無数のハゲあたまから、ぎうっと絞り出しています。

　すてきなハゲパパになりたい紳士の方々にも、ハゲパパの鼻毛を引き抜いて小銭稼ぎをしたい淑女の方々にも、抜け毛の穴ふさぎに好適な、頭のお毛毛という不思議な肉体部品の妖怪並みの存在感に圧倒される、無毛ウンチク小宝典。

コラム

電子書籍という幻想の終末と珍本の末路

　むかし歌謡曲界でグループサウンズブーム全盛期だったころ、演歌系レコード会社のプロヂューサーが、ブームをつぶすために意図的にファン離れを煽るような、ヒドいバンドを粗製濫造してデビューさせていた。そんなインタビュー記事を GS ファン向けミニコミで読んだ記憶があります。

　道ばたの草が食べられるかどうかを、ネコやウシを手本にして確かめてみたりするのが大好きなはずの人間の習性にもぴったりサイズの「本」を殺そうとしているのは誰なのか。

　簡略化や自動化や高速度化、高密度化などの道具を駆使して「本」をただの電子データに改造しようとするインターネット大企業の圧倒的なパワーに踏みつけられた結果、産業としてはすでに滅亡したのも同然な出版環境を乗り越えて、紙に印刷され、綺麗に製本された 20 世紀までのような型の本がこれからも生き延びていくのは、本というものが、まるで無駄な無限の道くさのかたまりである限りは、無限に間違いのないことのように思えます。

　なぜ無限になるのかといえば、本を本として成り立たせている道くさ的要素のかずかずには、過去・未来・現在を自由自在に行ったり来たりするタイムマシン的性質がそなわっているように見えるからです。

　本の持つタイムマシンというかタイムトンネル的な特性を作動させるスイッチや扉がどこにあるのかを手さぐり式にたどってみると、それらしきものがあちこちにたくさんありそうな出入り口のうちで一番大きそうなもののひとつは、本を手に取ろうとする瞬間よりもずっと手前のほう、たとえば本屋さんの店内や図書室の入り口などはいかにも、1 冊ずつそれぞれがタイムトンネルの出入り口だらけの本をよせ集めた巨大なタイムトンネルの迷路への入り口のように見えます。

　そしてもっと手前のほう、本屋さんに行きたい気分が玄関で靴やサンダルを用意して待っていたりすることも本というタイムトンネルからの手招きなのはもちろんのこと、本屋から遠ざかっていたり、しばらく本屋に行っていないことさえ気にもならないという特殊な心理状態もまた、たくさんの本から暗示を受けた模造記憶の産物と考えることも 21 世紀の現在では可能かもしれないのです。

　1 つのものを手に取ったときにそれが本だと感じさせるすべての要素のうち、文字情報の部分だけを劣化データ化したものを、インターネットの世界では「電子書籍」と呼ぶことになっています。

　本が電子書籍になるとき、まずまっさきに不要な要素として、印刷されている文字以外の余白の部分は完全に削除されて捨てられてしまい、その結果として、ただの人工物を超えた魔法的オブジェとしての本の魅力の源泉としての、表面と裏面のある紙片を積み重ねて束ねて綴じ合せたものという特徴が、電子書籍にはまったく欠け落ちているように見えます。

　文字と余白が絶え間ない反転をくりかえし、文字では書かれていない言葉や声の群れが余白の部分に現れたり消えたりを繰り返す奇異な光景に彩られた紙片が積み重なった本

コラム

は、記憶と物忘れのお宝さがしのための地図帳であるはずなのに、魔法の地図帳にいちばん大切な肉体の物質性が、電子書籍にはあまりにも希薄すぎるように見えるのですが、その欠落した肉体性をインターネットのネットワーク機能全体が補っているために、単なる電子データに電子化された書籍のような幻想をくっつけることが可能になっている。

　言い方を変えれば、数限りない本を飲みんで電子データとして吐き出し続けるインターネットは丸ごと全体として巨大過ぎて通読することが誰にもできない1冊の本なので、細切れにして切り売りされる電子書籍という電子データの1冊ぶんずつは実は、インターネットがひりだす屁のようなもの。

　そして、もしも紙に印刷された本が消滅することがあるとすれば、少しの時間差をはさんで同時に、電子書籍という幻想が消滅するのも避けられない必然であり、それどころか、電子書籍という小さな幻想がまっさきに絶滅し、インターネットという無意味に巨大な本がそれ自体の体重を支えきれずに恐竜のごとく絶滅し、最後には、何週間も何ヶ月もお客さんのこない珍本専門書店の棚でホコリの積もった本だけが、人類史上最後の本として地球上に残されている。そんなバカバカしい未来が訪れるのは、明日かもしれない。今日かもしれない。まだ気づいていないだけで、昨日のことだったかも知れない、のです？

あとがき

　思い切り大げさな話になりますが、陰謀論愛好家のひとびとが好んでやり玉にあげるハゲ頭のドイツ人音楽家が残した有名なとんち問答のひとつに「アウシュビッツ以後、アホアホ本を書くのは野蛮なことなんぢゃないの、どうなの」というちょっとイヤミな皮肉がありますね。

　野蛮というコトバそのものがいまでは禁句のようになっていることは無視してこのナゾナゾへの答えを考えてみると、「アウシュビッツを理由にアホアホ本を書くのを止めることこそ野蛮なんじゃらほひ。アウシュビッツを忘れることと同じほど野蛮なことなんじゃらほひほひ？」という、答えにならない疑問が沸いてきます。

　『馬鹿神ばんざい（痴愚神礼賛）』の前書きで、自身のおぢいさんよりもヒイおぢいさんよりもずっと前に死んでしまっていて会ったことも見たこともない1000年もそれ以上も昔の時代にあたるのかどうかも分からない古代ギリシャの埋もれた珍本作者たちを称賛するエラスムスさんが、アホだと思っていないエラいひとたちをこき降ろすかと思えば、ボンヤリしてるみたいなひとたちをホメまくるアホアホ押しの強さや、エラスムスさんからさらに500年も最近のオランダ人著者M･V･ボクセルさんが『アホらしさの百科事典』（2003、英訳版）に記した頭上高くアホアホの旗がひるがえる楽園風景に浸っていると、みな殺しの唄がどこからら聴こえてくるときこそ光る珍本は光るという当然の事実を強く感じないわけにはいきません。

　そしてその反面、どんな時代が来ても光ることのない珍本とも何ともつかない本がこれまたぎょうさん並んでいるなあ、というのがこの小著を眺めての、著者としては少し不自然な感慨です。

　お世話になってきた皆々さま、今回初めての皆々さま、いつも上っ面みたいな感謝しか出来なくてすいません。これに懲りずこれからもどうぞ宜しくです。

2012年8月　どどいつ文庫・イトー

世界珍本読本
キテレツ洋書ブックガイド

2012 年 9 月 1 日初版第 1 刷発行
2012 年 12 月 15 日第 2 刷発行

どどいつ文庫

3才のとき近所の古本屋で漫画雑誌ふろく本の1冊10円の山をほじくって崩しそうになり店のオバさんに叱られた。その後、特に何ということもなく現在に至る。世界のキテレツ洋書やそれほどでもない洋書などの超零細個人輸入販売店。倒気酔都の舞雲奇様区と鯛凍区と黄多区と粗可愛区のすきま付近で地味にショウルウム販売ちゅう。最新よりも微妙に少し古めの情報は検索「どどいつ文庫」でホームページを。

http://www5f.biglobe.ne.jp/~dobunko/
dobunko@mail.goo.ne.jp

著者	どどいつ文庫
編集 & 装幀	濱崎誉史朗
発行人	松田健二
発行所	**株式会社 社会評論社**
	東京都文京区本郷 2-3-10
	Tel 03-3814-3861 Fax. 03-3818-2808
	http://www.shahyo.com
印刷 & 製本	倉敷印刷株式会社